Modélisation des systèmes d'information décisionnels

Emmanuel Ferragu

Modélisation des systèmes d'information décisionnels

Techniques de modélisation conceptuelle et relationnelle des entrepôts de données

Préface de Philippe Nieuwbourg

Vuibert

Modélisation des systèmes d'information décisionnels, Emmanuel Ferragu

ISBN 978-2-311-01243-9

Registre de l'éditeur : 645

Contact : informatique@vuibert.fr

Web : www.vuibert.fr

Collaboration éditoriale : Jean-Philippe Moreux

Mise en page : Euklides

À Jeanne Ferragu

Table des matières

Chapitre 9

Intégration de la gestion temporelle dans la modélisation logique des dimensions........... 169

Chapitre 10

Modélisation logique des relations factuelles........... 199

Préface

Pas un jour ne passe sans que mon activité professionnelle ne me donne l'occasion de rencontrer une entreprise qui me décrit son système d'information décisionnel. C'est une chance de pouvoir ainsi collecter les meilleures comme les moins bonnes pratiques. Et parmi les difficultés les plus fréquemment rencontrées, celle de l'absence ou de la mauvaise modélisation des données du système décisionnel figure en bonne place sur le podium. Pourquoi ?

Tout simplement parce que la priorité est rarement mise sur l'organisation : le quotidien occupe déjà toute l'attention. Les systèmes opérationnels sont pensés en fonction de leurs contraintes de fonctionnement. Temps de réponse, consommation de ressources, sont optimisés pour que les factures, les paies, les opérations comptables soient exécutées dans les meilleures conditions. Il sera toujours temps de penser à l'analyse des données… plus tard… mais ce plus tard arrive un jour ! Et lui aussi dans l'urgence.

Plutôt que de prendre le temps de concevoir le modèle du système décisionnel qui répondra aux questions des prochaines années, beaucoup préfèrent bricoler avec l'existant. Ne leur jetons pas la pierre, ils ont leurs raisons. Mais si vous souhaitez que votre architecture décisionnelle, et donc multidimensionnelle, réponde rapidement aux besoins de vos utilisateurs, il vous faut procéder méthodiquement.

Autre explication à cette méconnaissance, le manque de manuels ou de documents de référence sur la modélisation des systèmes décisionnels. Les plus « universitaires » auront su se plonger dans les articles scientifiques souvent en anglais. Mais les « ouvriers » du système d'information que nous sommes, regrettaient l'absence d'un ouvrage didactique mais complet sur le sujet. Le livre que vous avez entre les mains, rédigé par un expert du sujet, Emmanuel Ferragu, vous conduira sur les routes de la modélisation des données, d'abord d'un point de vue conceptuel, puis logique. Il vous faudra travailler un peu, certes. Mais votre système d'information décisionnel s'appuiera alors sur des fondations solides ; il sera conçu pour durer.

Bonne lecture à tous, et félicitations à l'auteur de ce livre, qui restera de longues années dans votre bibliothèque de référence.

Philippe Nieuwbourg
animateur du site www.decideo.fr

Avant-propos

Une bonne modélisation des données est l'un des facteurs clés de réussite de tout projet décisionnel. En effet, de nombreuses initiatives dans le domaine du décisionnel échouent au moins en partie à cause d'une modélisation des données inapte à répondre aux besoins des utilisateurs.

Or, s'il existe de nombreux ouvrages en français sur la modélisation des bases de données en général, très peu d'entre eux sont focalisés sur la modélisation des entrepôts de données, cœurs des systèmes d'information décisionnels (SID[1]). En effet, ces ouvrages s'appuient presque tous sur des méthodes ou des langages tels que Merise ou UML faisant appel à des techniques de modélisation telles que le modèle entité-association ou le modèle objet. Si ces techniques de modélisation sont tout à fait adaptées pour la conception des bases de données des systèmes d'information opérationnels (SIO), la conception des entrepôts de données ou des data marts présents dans les SID requiert la mise en œuvre d'une technique de modélisation particulière que l'on appelle couramment modélisation multidimensionnelle ou encore modélisation en étoile.

Cette technique, inventée et popularisée par Ralph Kimball, n'a jusqu'à présent fait l'objet que d'un seul ouvrage en français, *Entrepôts de données. Guide pratique de modélisation dimensionnelle, 2ᵉ édition* aux Éditions Vuibert (cf. bibliographie à la fin de cet ouvrage), qui est une traduction d'un livre coécrit par Ralph Kimball et Margy Ross il y a plus de dix ans. De plus, l'ouvrage de Kimball n'aborde pas la modélisation conceptuelle des données mais uniquement la modélisation logique des données sur les bases de données relationnelles. Or, je ne suis pas le seul à penser que toute bonne démarche de modélisation des données d'un système d'information – que celui-ci soit opérationnel ou décisionnel – doit débuter par une étape de modélisation conceptuelle.

1. Si le lecteur a oublié la signification d'un acronyme en cours de lecture, il pourra se référer à la section « Sigles » à la fin du présent ouvrage.

Ce sont l'absence d'ouvrage en français récent sur le sujet ainsi que la volonté d'aborder les deux principales étapes de la modélisation des SID (modélisations conceptuelle et logique) qui m'ont conduit à entreprendre la rédaction de ce livre.

Objectif du livre et public visé

Ce livre a pour objectif de fournir au lecteur un ensemble complet de techniques de modélisation multidimensionnelle, forme de modélisation privilégiée pour la conception des SID. Il ne s'agit pas d'un ouvrage universitaire à vocation théorique mais avant tout d'un ouvrage à but pratique, pour la rédaction duquel l'auteur s'est appuyé non seulement sur des lectures d'ouvrages anglophones mais également sur son expérience acquise au cours de la réalisation de multiples projets en clientèle. Tous les concepts et les techniques présentés dans ce livre sont en effet illustrés par des exemples concrets, au travers de nombreux tableaux et figures.

À la différence de la plupart des ouvrages parus récemment et ayant trait à l'informatique décisionnelle, ce livre n'est pas un guide pratique d'utilisation d'un quelconque logiciel. Il ne fait d'ailleurs aucune référence à un éditeur particulier et se veut entièrement indépendant des outils d'implémentation.

Ce livre s'adresse principalement aux architectes, modélisateurs et concepteurs d'entrepôts de données ou de *data marts* ainsi qu'aux étudiants en école d'ingénieurs ou en master SIAD (systèmes d'information et aide à la décision) mais également à tout professionnel de l'informatique travaillant dans le domaine des SI décisionnels (maître d'ouvrage, chef de projet, développeur, DBA, etc.).

Prérequis à la lecture du livre

La lecture de ce livre s'effectue de manière progressive, en allant du plus général vers le plus détaillé, les techniques de base étant présentées avant les techniques avancées, de telle sorte que le lecteur non familier avec les concepts du décisionnel puisse s'y retrouver.

Cependant, je suis parti du principe que le lecteur connaissait les techniques classiques de modélisation des bases de données relationnelles, en particulier avec le modèle entité-association (nécessaire à la bonne compréhension de la 1ère partie de cet ouvrage) et avec le langage SQL (nécessaire pour la lecture de la 2e partie).

Organisation du livre

Ce livre est organisé autour d'une introduction et de deux parties (pour de plus amples détails sur le contenu des différents chapitres, le lecteur est invité à consulter la table des matières) qui ont respectivement pour objet de traiter de la modélisation conceptuelle et de la modélisation relationnelle des composants des SID dont la conception s'appuie sur la modélisation multidimensionnelle.

Introduction : systèmes d'information décisionnels et modélisation multidimensionnelle

Cette introduction permet de poser les fondements des concepts présentés dans cet ouvrage. Elle a pour objectif de présenter ce qu'est un SID par opposition à un SIO, de décrire les limites du modèle entité-association et les avantages du modèle multidimensionnel pour la modélisation des SID et enfin d'exposer les différentes architectures couramment utilisées pour la mise en œuvre d'un SID et de montrer dans quels éléments de ces architectures l'on utilise le modèle multidimensionnel.

Partie 1 : modélisation conceptuelle multidimensionnelle

Cette première partie a pour objectif de définir les différents constituants de ce que nous appellerons un modèle conceptuel multidimensionnel (MCMD). Elle introduit et développe notamment les concepts de dimension, de hiérarchie, de fait, d'indicateur en s'appuyant sur une notation graphique originale, dédiée à la représentation conceptuelle des modèles de données multidimensionnels.

Partie 2 : modélisation relationnelle multidimensionnelle

Cette deuxième partie s'appuie sur la partie précédente en décrivant les différentes techniques permettant, à partir d'un MCMD, d'aboutir à un modèle dit « en étoile » ou « en flocon », c'est-à-dire d'un modèle logique de données « implémentable » dans une base de données relationnelle. J'insisterai en particulier dans cette partie sur les différentes techniques de modélisation relationnelle des différents types de hiérarchies ainsi que sur la prise en compte des changements d'ordre temporel pouvant affecter les dimensions. Par ailleurs, je présenterai certaines techniques d'optimisation d'un modèle relationnel telles que les dimensions dégénérées, les dimensions fourre-tout ou encore les dimensions géantes et les minidimensions. Enfin, le dernier chapitre sera dédié à la présentation des agrégats et des tables de faits dites « fusionnées ».

Contact

Le lecteur pourra me contacter à l'adresse email suivante :
emmanuel_ferragu@yahoo.fr

Introduction : systèmes d'information décisionnels et modélisation multidimensionnelle

Système d'information opérationnel et système d'information décisionnel

Un **système d'information opérationnel** (SIO) a pour objectif premier de servir de support à la réalisation des activités d'un ensemble de processus métier. Par exemple, un SIO dédié au processus de vente assistera les commerciaux dans l'enregistrement des commandes des clients et des expéditions des articles commandés alors qu'un SIO de gestion des ressources humaines permettra l'enregistrement d'informations sur les salariés, les contrats de travail, les salaires et les primes, les entretiens de carrière et permettra également la génération des fiches de paie. Chaque fois qu'une activité est réalisée dans un SIO, on dit que l'on a réalisé une **transaction**, c'est pourquoi les SIO sont également appelés **systèmes transactionnels**.

Au fur et à mesure de l'émergence des SIO, dans les années 1970 et 1980, force fut de constater que ces systèmes, s'ils étaient efficients pour produire et stocker des données, se révélaient particulièrement inaptes à restituer de l'information aux décideurs des entreprises et des organisations au sens large. Les raisons de ce constat sont les suivantes :

- Un SIO est conçu pour permettre l'exécution de transactions (autrement dit d'insertions, de mises à jour et de suppressions) « unitaires » (ou « atomiques ») dans une base de données. En effet, dans un système de gestion des ventes, on va enregistrer les ventes ou les expéditions une par une ; dans un système de gestion des ressources humaines, on enregistrera les informations salarié par salarié. De plus, les transactions exécutées dans les SIO sont « prévisibles » : elles sont connues à l'avance car elles sont programmées au sein du logiciel autour duquel est conçu le SIO. Or, pour que l'exécution de ces transactions unitaires et prévisibles soit efficace et s'effectue sans erreur, le modèle de données sous-jacent au SIO doit être un modèle de type entité-association et hautement normalisé (on utilise en règle général la 3e forme normale). Mais les informations utiles à la prise de décision doivent être accédées non pas unitairement mais en masse (par exemple, l'ensemble des ventes effectuées au cours de l'année 2012). De plus, les demandes d'informations de la part des décideurs de l'entreprise sont par nature imprévisibles contrairement aux transactions effectuées dans les SIO. Or, nous verrons dans la section suivante qu'un modèle de données hautement normalisé n'est pas adapté pour la récupération « imprévisible » d'informations en masse.

- Dans un SIO, les données enregistrées sont constamment modifiées et parfois supprimées sans que les anciennes valeurs de ces données ne soient conservées : une fois qu'une commande a été livrée, l'historique des différents statuts par lesquels cette commande est passée (« en attente de traitement », « en préparation », « expédiée ») peut souvent être supprimé. Lorsqu'un client change d'adresse, son ancienne adresse est remplacée par la nouvelle car la conserver est inutile pour le système de gestion des ventes. Or, l'historique des valeurs modifiées constitue un ensemble d'informations utiles pour les décideurs d'une entreprise ou d'une organisation : par exemple, connaître l'adresse d'un client au moment où il a passé une commande (et non pas son adresse actuelle) est utile en matière de géomarketing.
- Même si depuis la fin des années 1990, de nombreux projets de rationalisation du SI ont vu le jour par l'intermédiaire de la mise en place de progiciels de gestion intégrés (PGI), les SIO d'une organisation ne sont en règle général pas intégrés : ils ont été construits brique par brique, sans cohérence d'ensemble, au fur et à mesure de l'émergence de nouveaux besoins d'automatisation de processus métier. Ils fonctionnent le plus souvent « en silo », relativement indépendamment les uns des autres, ne s'échangeant des données les uns avec les autres que par l'intermédiaire d'interfaces point à point. Chaque SIO possède sa propre base de données, d'où une très grande redondance de données au sein de l'ensemble du système d'information de l'organisation. De plus, les données redondantes (c'est-à-dire présentes dans plusieurs SIO) sont souvent incohérentes car elles ne peuvent pas être mises à jour en même temps dans chaque SIO dans lesquels elles sont présentes ; elles ne sont synchronisées que périodiquement. Or, les informations nécessaires à la prise de décision sont le plus souvent éparpillées dans de multiples SIO ; il est donc nécessaire de les rassembler dans un endroit unique et de les mettre en cohérence pour pouvoir les exploiter de manière optimale.

Le constat de l'inaptitude des SIO à restituer les données qu'ils stockent a amené les organisations à construire des systèmes à part, dédiés à la restitution d'informations, que l'on a appelé des **systèmes d'information décisionnels** (SID)[1]. Par opposition à un SIO dont l'objectif est l'exécution d'un processus métier, un SID a pour but l'évaluation de la performance des processus. Il a pour vocation de faciliter la prise de décision en fournissant des réponses à des questions telles que : quelle fut l'évolution du chiffre d'affaires et de la marge brute pour chaque catégorie de produits entre le premier semestre de cette année et celui de l'année précédente ? Quelle est la rentabilité moyenne des clients du secteur des grandes entreprises par rapport à celui des ETI[2] et à celui des PME ? Quelle fut l'évolution annuelle des encours de crédit octroyés à la clientèle professionnelle par les différentes agences de mon réseau bancaire ?

Un SID est donc un système d'information dédié aux décideurs d'une organisation et permettant, au moyen d'une base de données et d'une interface d'accès aux données, aux utilisateurs d'obtenir des informations utiles à la prise de décision.

Le tableau 1 illustre les principales différences entre les SIO et les SID.

Critère	SIO	SID
Objectif	Exécution de processus métier	Évaluation de la performance des processus métier
Mode d'interaction entre les utilisateurs et la base de données	Insertion, mise à jour, suppression et sélection de données	Sélection de données
Périmètre d'interaction entre les utilisateurs et la base de données	Transactions unitaires	Sélection de données en masse
Type d'utilisation	Prédéfinie, prévisible	Non prédéfinie, imprévisible
Complexité des requêtes des utilisateurs	Faible	Elevée
Optimisé pour	La performance des transactions unitaires	La performance des requêtes de sélection des données en masse
Fréquence de mise à jour de la base de données	Mises à jour en temps réel, au fur et à mesure de l'exécution des processus métier	Mises à jour périodiques en mode « batch »[3]
Historique des données utilisées	Données courantes	Données courantes mais aussi et surtout historiques
Degré de normalisation des données	Hautement normalisé (3e forme normale)	Dénormalisé

Tableau 1 **Différences entre les SIO et les SID**

1. Les anglophones utilisent le terme de *decision support system* (DSS).

2. Entreprise de taille intermédiaire.

3. La tendance évolue aujourd'hui vers une mise à jour des SID en quasi temps réel.

Limites du modèle entité-association pour les SID

Le modèle conceptuel utilisé aujourd'hui couramment pour la conception des bases de données des SIO est le **modèle entité-association**, en 3e forme normale.

En guise d'illustration, la figure 1 représente de manière simplifiée et macroscopique[1] un exemple de modèle entité-association relatif à la vente, à l'après-vente et au stockage de produits dans une entreprise.

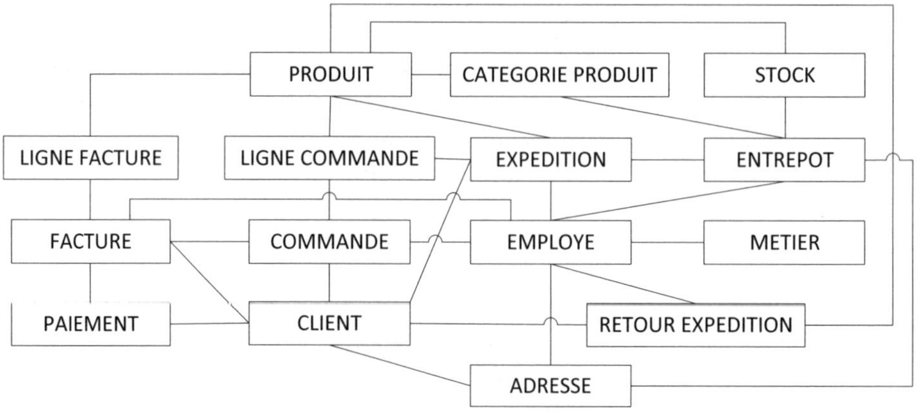

Figure 1 **Exemple de macro-modèle entité – association**

De nombreux auteurs ont montré les limites de ce modèle pour la modélisation des SID. Pour une démonstration complète et illustrée des inconvénients de cette technique de modélisation pour la conception des SID, le lecteur pourra se référer au livre de Ralph Kimball, *Entrepôts de données. Guide pratique de modélisation dimensionnelle, 2e édition* ou encore au livre de Jean-Marie Gouarné, *Le projet décisionnel. Enjeux, modèles et architectures du Data Warehouse.*

Je me contenterai donc de rappeler ces limites, qui sont les suivantes :

- La normalisation des données induite par le modèle entité-association a pour conséquence la création dans la base de données de très nombreuses tables afin d'éviter la redondance des données stockées. L'exécution de requêtes à vocation décisionnelle requiert alors l'accès à ces tables via la réalisation de nombreuses jointures. La présence de ces multiples jointures rend les requêtes d'extraction difficiles à optimiser et en général très lentes. Ce problème est exacerbé par la nécessité de conserver dans les SID un historique des données (contrairement aux SIO pour lesquels seules les données courantes ont le plus souvent besoin d'être conservées). En effet, l'historisation des données entraîne l'apparition de relations N..N (plusieurs à plusieurs) entre les données, ce qui a pour conséquence la création de tables supplémentaires.

1. Les attributs, les associations et les cardinalités des associations sont absentes de la figure.

- La plupart des modèles entité-association contiennent de nombreuses boucles, c'est-à-dire des chemins multiples pour naviguer d'une table à une autre. En face de la présence de ces boucles, l'utilisateur est alors contraint de choisir les bons chemins de navigation entre les tables en fonction des questions qu'il se pose. Si un mauvais chemin est choisi, la réponse fournie par le moteur de base de données ne sera pas celle attendue par l'utilisateur. La complexité du modèle de la base de données occasionnée par la présence de ces boucles peut être masquée à l'utilisateur via la mise en place d'une couche « sémantique » intermédiaire, mais on ne fait que déplacer le problème de l'utilisateur vers le concepteur de l'interface utilisateur du SID : c'est un premier pas mais cela n'est pas suffisant.
- Ceci n'est pas véritablement une limite en tant que telle mais il est clair que les avantages procurés par le haut degré de normalisation du modèle entité-association, à savoir la performance des transactions unitaires et la cohérence des données manipulées par ces transactions, sont sans objet pour les SID. En effet, l'objectif premier des SID est la récupération d'informations en masse et non pas la réalisation de transactions unitaires.

Pour résumer, on peut dire que le modèle entité-association en 3e forme normale, s'il est adapté à l'insertion de données unitaires nécessaire à un SIO, est inadapté à l'extraction de données en masse requise par un SID.

Avantages du modèle multidimensionnel pour les SID

Face aux limites exposées dans la section précédente, Ralph Kimball a inventé et popularisé une autre technique de modélisation dédiée au décisionnel qu'il appela *dimensional modeling* et que nous traduirons par **modélisation multidimensionnelle**.

Un **modèle multidimensionnel** est un modèle de données dédié à l'analyse d'un processus métier et optimisé pour cette analyse. Dans un modèle multidimensionnel, les données sont représentées en fonction des besoins d'analyse des utilisateurs. Dans un tel modèle, les processus métier et les activités réalisées au sein de ces processus sont décrits en termes de **faits** mesurés par des **indicateurs**, ainsi qu'en termes de **dimensions**. Un fait représente un événement (ex : la vente d'un produit à un client à une date donnée dans un magasin) ou une situation (ex : le stock d'un produit dans un entrepôt à une date donnée) et un indicateur constitue la mesure d'un fait (ex : le montant d'une vente, la quantité vendue d'un produit, le nombre de produits en stock). Les dimensions associées à un fait représentent le contexte de survenue du fait. Elles sont utilisées pour décrire le fait. Par exemple, les dimensions associées à un fait de vente d'un produit pourraient être les suivantes : Client (à qui le produit a été vendu), Produit (vendu), Magasin (lieu de la vente), Date (de la vente).

La figure 2 représente au niveau macroscopique un exemple de modèle multidimensionnel dédié à l'analyse des ventes.

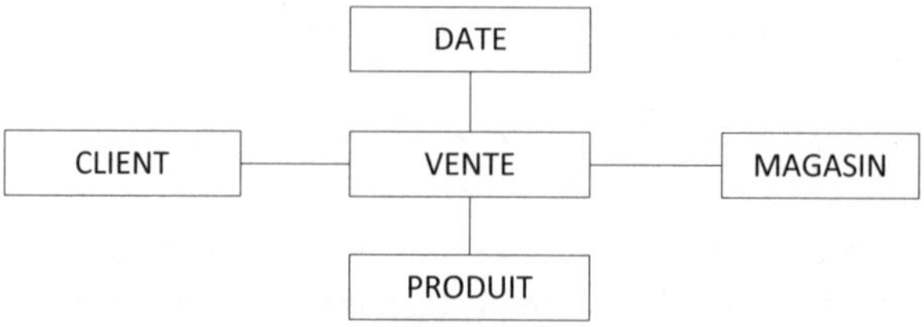

Figure 2 **Exemple de macro-modèle multidimensionnel**

Le rectangle Vente au centre de la figure symbolise les faits de vente alors que les rectangles Date, Client, Produit et Magasin en périphérie représentent les dimensions.

Le principal avantage d'un modèle multidimensionnel par rapport à un modèle entité-association réside peut-être dans sa simplicité : cela saute aux yeux lorsque l'on compare le modèle de la figure 2 avec celui de la figure 1. Un modèle tel que celui de la figure 2 est en effet très simple à comprendre pour un utilisateur alors que celui de la figure 1 est difficilement lisible pour les non-initiés.

L'autre avantage majeur d'un modèle multidimensionnel est qu'il est dédié aux décideurs de l'organisation. Il peut donc et doit donc être conçu avec eux, en fonction de la vision qu'ils ont des processus métier et de leurs besoins d'analyse par rapport à chacun de ces processus. Les faits, indicateurs et dimensions contenus dans un modèle multidimensionnel ne sont pas simplement obtenus au moyen d'un travail d'optimisation d'un modèle entité-association via des techniques telles que la dénormalisation. Au contraire, ces faits, indicateurs et dimensions sont modélisés à l'issue d'un travail collaboratif entre les concepteurs d'un SID et les utilisateurs de celui-ci. Seuls les utilisateurs sont à même de sélectionner les processus métier et, au sein de ces processus, les activités dignes d'intérêt pour eux. Seuls les utilisateurs sont à même de définir les indicateurs qui permettront de mesurer la performance des processus sélectionnés et les dimensions au travers desquelles ils souhaiteront analyser ces indicateurs.

Lawrence Corr et Jim Stagnitto, dans leur ouvrage *Agile Data Warehouse Design*, ont une vision intéressante de ce que représente un modèle multidimensionnel. En effet, ils définissent les dimensions et les indicateurs d'un modèle multidimensionnel comme étant les éléments permettant de répondre au sujet d'un processus métier à des questions telles que les suivantes : Qui (*Who*) ? Quoi ou Qu'est ce qui (*What*) ? Quand (*When*) ? Où (*Where*) ? Pourquoi (*Why*) ? Comment (*HoW*) ? Combien (*hoW many*) ? Ils appellent d'ailleurs ces sept questions les 7Ws[1]. Les six premières questions permettent d'identifier les dimensions alors que la septième permet de définir les indicateurs. Si l'on considère le modèle de la figure 2, on s'aperçoit que les dimensions Date, Client, Produit et Magasin permettent effectivement de répondre respectivement aux questions suivantes : quand (a eu lieu la vente) ?, qui (a acheté le produit) ?, quoi ou plutôt qu'est-ce qui (a été vendu) ? où (a eu lieu la vente) ?

1. En référence à la lettre W présente dans chacune des questions.

Architecture des SID

Les premiers SID conçus au sein des entreprises étaient des systèmes avec très peu d'utilisateurs, élaborés parfois par les utilisateurs eux-mêmes, exploitant le plus souvent les données d'un seul SIO. Ces systèmes étaient la plupart du temps composés uniquement d'un extracteur de données et d'une petite base de données ou d'un tableur. Comme les SIO avant l'arrivée des PGI, les premiers SID furent développés au coup par coup, en dehors de toute démarche d'urbanisation. Puis, au début des années 1990, les concepts de **data warehouse** (DW) et de **data mart** (DM) firent leur apparition, popularisés par des auteurs tels que Bill Inmon et Ralph Kimball. Aujourd'hui, selon l'architecture que l'on retiendra, le *data warehouse* et/ou les *data marts* forment le cœur de tout système d'information décisionnel digne de ce nom.

Remarque : la traduction française de « data warehouse » est « entrepôt de données » alors que la traduction de « data mart » est « magasin de données ». Cela dit l'expression de « magasin de données » n'est presque jamais employée dans le milieu des spécialistes du décisionnel. Dans la suite du présent ouvrage, j'emploierai donc le terme d'entrepôt de données pour signifier indifféremment un data warehouse ou un data mart et, lorsque je voudrai différencier les deux, j'emploierai les termes anglais.

Il n'existe pas d'architecture standard unique pour un SID, aucun consensus n'ayant jusqu'à présent émergé sur ce que pouvait être l'architecture idéale. D'ailleurs, il n'existe pas de définition unique de ce qu'est un data warehouse ou un data mart, certains auteurs utilisant le terme data warehouse pour désigner ce que d'autres appellent un data mart[1], et réciproquement. De même, la technique de modélisation multidimensionnelle ne joue pas toujours un rôle de la même importance en fonction de l'architecture implémentée : nous allons voir que, dans l'architecture proposée par Ralph Kimball, elle joue un rôle fondamental alors que celle proposée par Bill Inmon donne une part plus importante à la modélisation entité-association.

Ce livre n'a pas pour objectif de décrire en détail et de discuter des avantages et des inconvénients des différentes architectures de SID pouvant être mises en œuvre dans le cadre d'un projet décisionnel : il a pour sujet la modélisation multidimensionnelle. Cependant, la mise en œuvre de cette technique de modélisation s'inscrit nécessairement dans une de ces architectures. Il est par conséquent utile de décrire brièvement les grands types d'architecture couramment utilisés pour la mise en place des SID et d'indiquer dans quelles briques de ceux-ci la modélisation multidimensionnelle est utilisée.

1. Les termes de « data warehouse » et de « data mart » sont conceptuellement très proches. En réalité, leur utilisation dépend de l'architecture choisie : dans certaines architectures, il n'existe que des data marts alors que dans d'autres, il peut n'exister qu'un data warehouse sans data marts associés ou encore un data warehouse associés à des data marts. (Le plus souvent, le data warehouse est centralisé et unique pour une entreprise alors que, quand on fait référence à des data marts, il en existe en général plusieurs.)

On peut classer les architectures des SID en trois[1] grands types :

- l'architecture **data marts en silo**,
- l'architecture **corporate information factory** ou **enterprise data warehouse** (B. Inmon),
- l'architecture **dimensional data warehouse** ou **bus architecture** (R. Kimball).

Data marts en silo

La figure 3 représente l'architecture d'un SID contenant des data marts construits en silo.

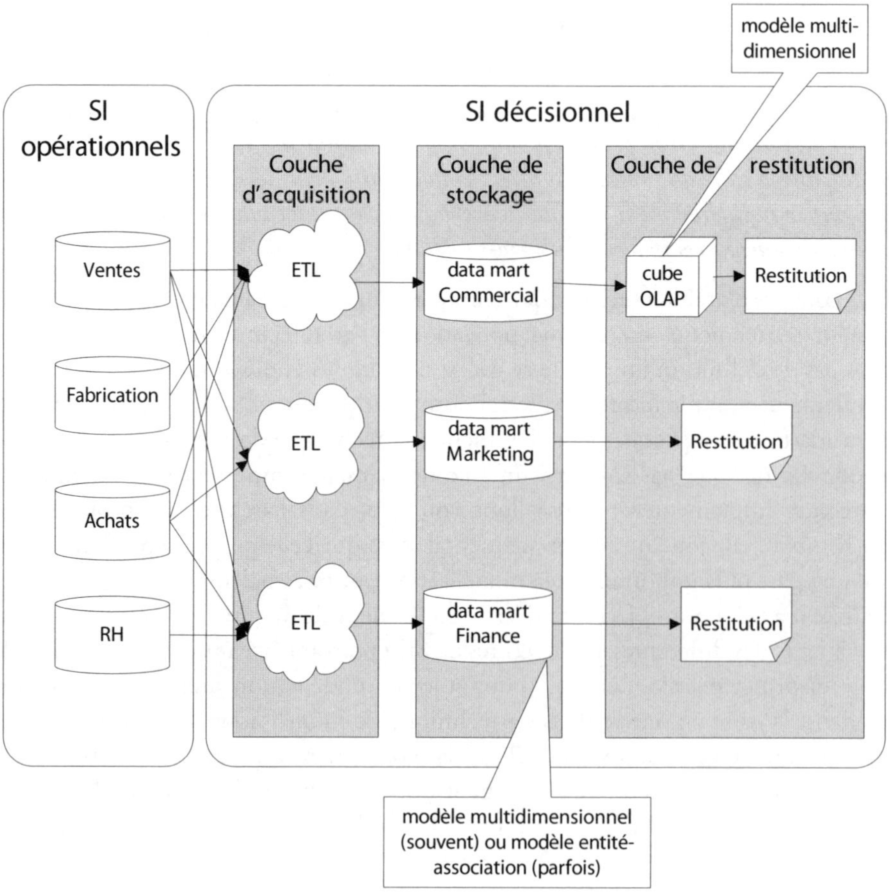

Figure 3 **Architecture « data marts en silo »**

1. Il s'agit d'un parti pris, certains auteurs retenant une autre classification : il n'existe là encore pas de consensus sur une typologie d'architectures pour les SID.

Décrivons cette figure. La partie gauche représente les systèmes d'information opérationnels d'une entreprise (un ensemble d'applications transactionnelles telles que les applications de gestion des ventes, de la fabrication, des achats ou encore des RH) alors que la partie droite représente son système d'information décisionnel. Ce dernier est constitué de trois couches :

- La **couche d'acquisition** est une couche de traitements dont l'objet est d'extraire (*Extract*), de transformer (*Transform*) et de charger (*Load*) les données depuis les différents SIO vers la deuxième couche du SID que l'on appellera la couche de stockage. Le logiciel utilisé pour effectuer ces traitements est communément appelé **ETL**[1] et cette couche est donc également parfois nommée **couche ETL**.
- La **couche de stockage** est constituée d'un ensemble de bases de données (dont la technologie est la plupart du temps « relationnelle ») appelées « data marts ». Ces data marts sont destinés à satisfaire les besoins d'analyse de certaines fonctions de l'entreprise telles que le Marketing, le Commercial et la Finance.
- Comme son nom l'indique, la **couche de restitution** a pour vocation de restituer aux utilisateurs du SID l'information contenue dans les data marts de la couche de stockage, sous la forme de rapports ou de tableaux de bord. Cette couche peut dans certains cas contenir un ou plusieurs **cubes OLAP** (*On-Line Analytical Processing*) qui sont des espaces de stockage optimisés pour la restitution et l'analyse de données multidimensionnelles et dont la technologie de stockage est le plus souvent non-relationnelle[2].

On notera qu'au sein de ce type d'architecture, les data marts de la couche de stockage sont le plus souvent modélisés avec le modèle multidimensionnel alors que les cubes OLAP de la couche de restitution sont eux toujours modélisés avec ce modèle.

Dans cette architecture, les data marts sont construits indépendamment les uns des autres et ne sont pas « intégrés » les uns aux autres : c'est pourquoi on dit qu'ils sont « en silo ». En effet, chacun de ces data marts est construit pour satisfaire les besoins décisionnels d'un département ou d'une Business Unit en particulier (exemple : Marketing, RH). Pour chaque data mart, les données utiles pour la restitution sont extraites depuis une ou plusieurs applications source, puis transformées et chargées dans le data mart : chaque data mart fait l'objet d'un traitement ETL distinct[3].

1. Pour *Extract - Transform - Load.*

2. On aurait pu également placer les cubes OLAP dans la couche de stockage au lieu de la couche de restitution. Cela dit, même s'ils stockent des données, ces données sont redondantes avec celles stockées dans les data marts car les cubes OLAP sont dans la très grande majorité des cas alimentés à partir des data marts. Leur fonction première n'est donc pas de stocker les données mais plutôt de les stocker sous une forme qui les rend plus exploitables pour réaliser certains types de restitutions.

3. Dans le schéma de la figure 3, il est écrit « SI décisionnel » au singulier mais, étant donné qu'il n'existe pas de vision d'ensemble du SID et que chaque data mart est construit en silo, on pourrait tout aussi bien employer le pluriel en considérant qu'il existe dans cette architecture autant de SI décisionnels que de data marts.

Cette architecture était celle qui prévalait au début de l'ère des SID car elle possède l'avantage de permettre la mise en place rapide de data marts et donc d'applications décisionnelles. En effet, avec cette architecture, la mise en place des premiers data marts d'une entreprise peut être effectuée très rapidement et à moindre coût car elle ne nécessite ni d'avoir une vision d'ensemble des données de l'entreprise, ni de définir un langage commun partagé par les différents départements ou BU de l'entreprise : le département qui a besoin de construire son data mart le conçoit comme il l'entend, avec sa propre vision des données présentes dans les SIO et il n'extrait des applications source que les données dont il a besoin, en fonction de ses usages.

Cependant, même s'il a pu permettre des « victoires rapides », aucun architecte digne de ce nom ne peut aujourd'hui recommander l'adoption de ce type d'architecture dans le cadre de la mise en place d'un SID à l'échelle d'une entreprise ou d'une organisation. En effet, les inconvénients de ce type d'architecture se font de plus en plus ressentir au fur et à mesure de la mise en place de nouveaux data marts :

- Chaque nouveau data mart requiert la mise en œuvre de nouveaux traitements ETL et nécessite parfois d'extraire depuis une application source les mêmes données que celles extraites pour les besoins d'un autre data mart. Nous aboutissons donc très rapidement à une redondance des traitements d'extraction des données source (ce qui peut impacter négativement les performances des systèmes transactionnels) et à une redondance des traitements d'alimentation des différents data marts, conduisant là aussi à des problèmes de performance et surtout à une démultiplication des efforts de maintenance.
- Les différents data marts étant conçus indépendamment les uns des autres, ils contiennent souvent des données identiques mais nommées différemment de par l'absence d'adoption d'un langage commun. Au-delà du surcoût de stockage et de maintenance engendré par la redondance des données stockées dans ces différents data marts en silo, le principal inconvénient provient ici de l'absence de langage commun : différents départements de l'entreprise risquent de produire des restitutions incohérentes entre elles, aboutissant à une « guerre du chiffre » entre les départements et à une frustration du « top management » de l'entreprise.
- En termes de restitutions d'informations, la présence de différents data marts construits sans vision d'ensemble et probablement avec des technologies de stockage différentes rend très laborieuse voire impossible la production de tableaux de bord de synthèse exploitant des données présentes dans plusieurs data marts.

Même si ce type d'architecture n'est pas très recommandable, il me fallait l'évoquer car il fut mis en œuvre dans de très nombreuses entreprises et l'est encore fréquemment aujourd'hui, en particulier dans les deux cas de figure suivants : dans une approche tactique nécessitée par exemple par l'existence de contraintes réglementaires devant être satisfaites de manière urgente; ou lorsqu'il n'existe pas de volonté forte de la part du management de s'engager dans une démarche d'urbanisation du SID à l'échelle de l'entreprise.

Les deux types d'architecture que je vais décrire à présent diffèrent du premier par le fait qu'ils s'inscrivent dans une démarche de mise en place d'un SID intégré, dont les différents composants sont conçus en cohérence les uns avec les autres. Je me garderai bien de recommander l'un ou l'autre de ces types d'architecture car ils ont chacun leurs avantages et leurs inconvénients, leurs défenseurs et leurs détracteurs.

Corporate information factory (CIF) ou enterprise data warehouse (EDW)

La figure 4 représente de manière simplifiée un SID conçu selon l'architecture élaborée et défendue par Bill Inmon (que l'on considère généralement comme l'inventeur du data warehouse), et que lui-même a dénommée *corporate information factory*.

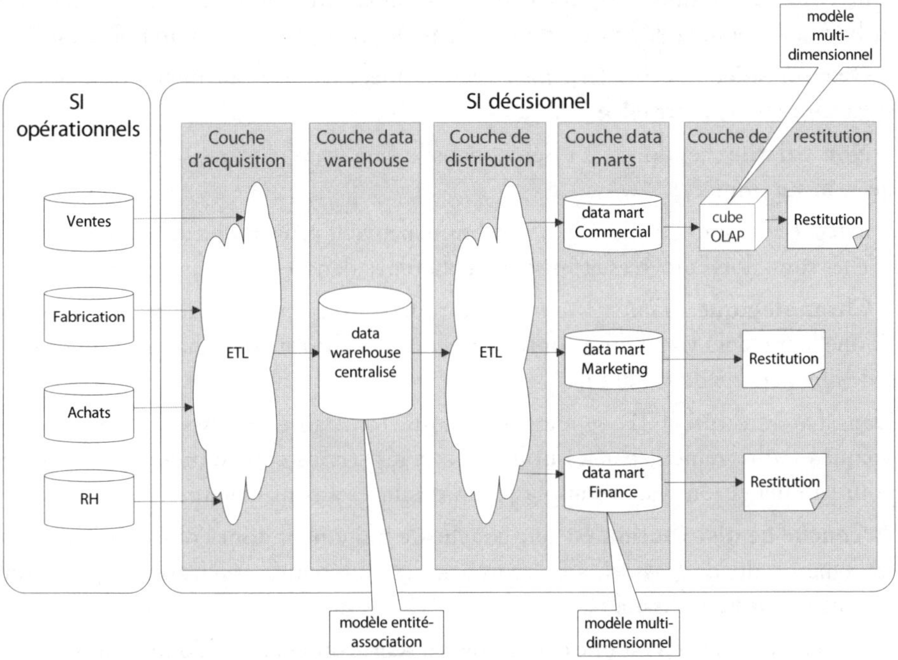

Figure 4 **Architecture corporate information factory (CIF) ou enterprise data warehouse (EDW)**

Dans une telle architecture, le SID est constitué des cinq couches suivantes :

- La **couche d'acquisition** est une couche de traitements permettant d'extraire, de transformer et de charger les données depuis chacun des SIO vers le data warehouse centralisé. Contrairement à ce qui était le cas pour la couche d'acquisition de la première architecture, celle-ci n'est pas constituée de traitements ETL indépendants et parfois redondants alimentant chacun son propre data mart, mais au contraire d'un ensemble cohérents de traitements alimentant un unique data warehouse et pour lesquels les données source ne sont extraites qu'une seule fois.

- **La couche data warehouse** est une couche de stockage contenant un data warehouse centralisé qui est unique pour l'organisation et que l'on qualifie parfois de data warehouse d'entreprise (*enterprise data warehouse*, d'où l'un des noms désignant cette architecture). Dans cette architecture, le data warehouse est une base de données relationnelle conçue avec une approche dite *top-down*, c'est à dire à partir d'un modèle de données d'entreprise préalablement défini. Celui-ci est de type entité-association (en troisième forme normale). Le data warehouse contient des données dites « atomiques », c'est-à-dire du niveau le plus détaillé possible. De plus, il n'a pas vocation à être «requêté» directement par les utilisateurs mais il sert de source unique de données pour l'alimentation d'autres applications destinées aux utilisateurs. Selon la définition données par Bill Inmon, le data warehouse est :

    ◦ **Orienté Sujet** (*Subject Oriented*) : les données relatives au même domaine ou sujet sont reliées entre elles.

    ◦ **Non volatile** : les données insérées dans le data warehouse ne sont jamais modifiées, ni supprimées.

    ◦ **Intégré** : les données d'un data warehouse peuvent provenir de différentes sources et elles sont alors intégrées et mises en cohérence dans le data warehouse.

    ◦ **Chronologique** (*Time-variant*) : contrairement à une base de données opérationnelle, un data warehouse contient des données historisées (chaque donnée possède une période de validité).

- Dans l'architecture CIF, le data warehouse centralisé n'a pas vocation à être « requêté » directement par les utilisateurs mais sert de source unique de données pour l'alimentation d'autres applications destinées aux utilisateurs1.
- La **couche de distribution** est une couche de traitement dont l'objet est d'alimenter à partir du data warehouse centralisé les différentes applications qui seront exploitées par les utilisateurs.
- La **couche data marts** est une couche de stockage contenant les données distribuées par la couche de distribution et en provenance du data warehouse centralisé. Tout comme pour la première architecture, les data marts servent à satisfaire les besoins de restitution des différents départements de l'entreprise et sont le plus souvent conçus

1. Ces applications sont le plus souvent des data marts mais, dans l'architecture CIF, elles peuvent également être des applications de *Customer Relationship Management* (CRM), des applications de *data mining* et d'autres applications d'aide à la décision.

avec la modélisation multidimensionnelle. Les data marts contiennent en général des données agrégées par rapport à celles du data warehouse.

- Enfin la **couche de restitution** est identique à celle de la première architecture présentée.

Par rapport à la première architecture, les avantages de l'architecture CIF sont les suivants :

- L'effort d'acquisition des données depuis un SIO ne doit pas être sans cesse renouvelé à chaque création d'un data mart car la couche d'acquisition permet une mutualisation des traitements.
- La présence du data warehouse centralisé garantit en partie[1] la cohérence des données entre les différents data marts et donc la cohérence des informations présentées par les différentes restitutions.
- La modélisation en 3e forme normale du data warehouse facilite l'alimentation d'applications autres que des data marts pour lesquelles la modélisation multidimensionnelle ne serait pas adaptée (applications de CRM ou de data mining par exemple).

Dimensional data warehouse ou bus architecture

La figure 5 représente un SID conçu selon l'architecture *dimensional data warehouse*[2] définie par Ralph Kimball.

Il s'agit d'une architecture à trois couches et, de ce point de vue, elle est similaire à l'architecture « data marts en silo » (mais nous allons voir qu'elle en diffère sur beaucoup d'autres points) :

- La **couche d'acquisition** est basée sur les mêmes principes que celle de l'architecture CIF : elle intègre dans un data warehouse unique des données de différents SIO qui ne sont extraites qu'une seule fois.
- Alors que l'architecture CIF contenait plusieurs couches de stockage, la **couche de stockage** est ici unique. Elle est constituée d'un data warehouse modélisé avec la technique de modélisation multidimensionnelle. Tout comme pour l'architecture CIF, le data warehouse est implémenté sur une base de données relationnelle et contient des données atomiques, intégrées et historisées. Dans cette architecture, le data warehouse et les data marts ne sont pas deux éléments distincts : le data warehouse est défini comme étant un ensemble de data marts (ex : data marts commercial,

1. En partie seulement car, même si les données du data warehouse sont cohérentes et s'appuient sur un « langage commun », rien n'empêche les concepteurs des data marts de réintroduire de l'incohérence par la mise en œuvre de règles de gestion hétérogènes dans les différents data marts (par exemple en donnant dans deux data marts le même nom à deux indicateurs alimentés avec des règles différentes).

2. Cette architecture est également appelée « *bus architecture* » ou « architecture en bus », le « bus » étant selon Kimball un ensemble de dimensions et de faits dits « conformes » (nous reviendrons sur ce dernier terme dans la suite de cet ouvrage).

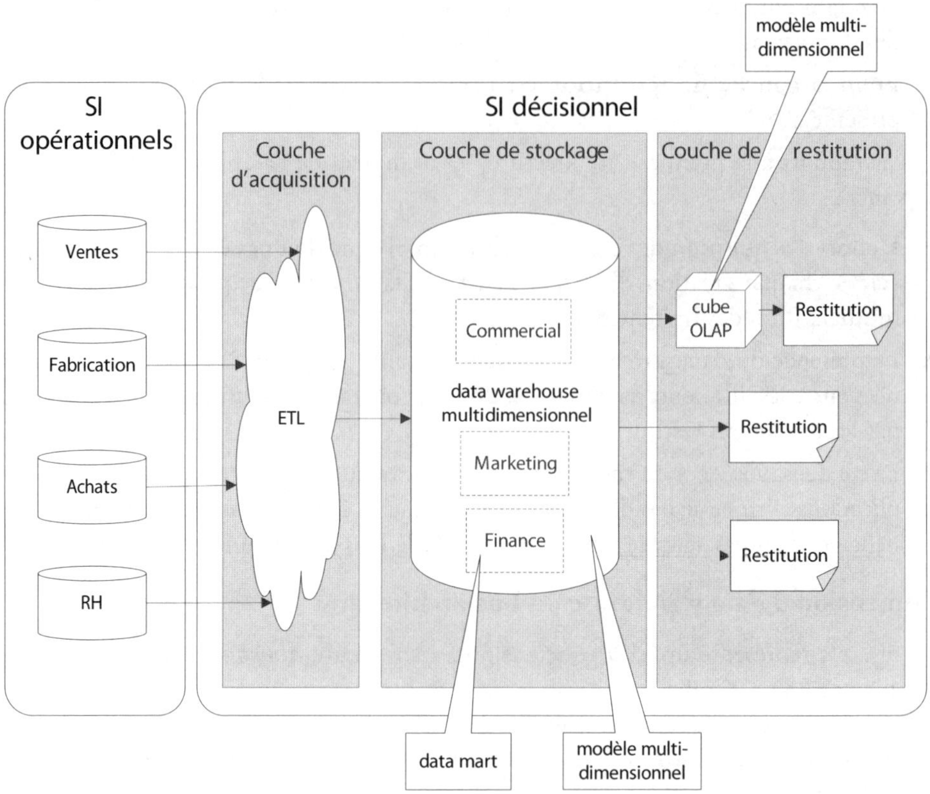

Figure 5 **Architecture dimensional data warehouse**

marketing et finances) conçus non pas en silo mais en s'appuyant sur ce que Kimball appelle des dimensions et des faits « conformes », c'est-à-dire des dimensions et des faits définis de manière unique en s'appuyant sur un langage commun. Les data marts formant le data warehouse sont donc intégrés les uns avec les autres, un data mart n'étant qu'une partie du data warehouse dédiée au suivi de certains processus métier. L'approche de construction du data warehouse est ici de type « *bottom-up* » dans le sens où le data warehouse s'enrichit au fur et à mesure de la construction de nouveaux data marts.

- Enfin, la **couche de restitution** est identique à celle présente dans les deux autres architectures.

Nombreux sont ceux qui opposent les deux architectures d'Inmon et de Kimball alors qu'elles sont finalement beaucoup plus proches l'une de l'autre qu'elles ne le sont de l'architecture « data marts en silo » : elles sont toutes les deux basées sur une couche d'acquisition construite sur les mêmes principes et sur un data warehouse unique dont la conception s'appuie sur un langage commun.

Cependant, il faut souligner les différences fondamentales suivantes :

- Dans l'architecture de Kimball, le data warehouse est modélisé avec le modèle multidimensionnel alors que dans celle d'Inmon, il est modélisé en 3e forme normale avec le modèle entité-association.
- Dans l'architecture de Kimball, le data warehouse est accessible directement par les utilisateurs alors que dans celle d'Inmon, seuls les data marts sont accessibles aux outils de restitution.
- Dans l'architecture d'Inmon, les data marts contiennent le plus souvent des données agrégées alors que dans celle de Kimball, ils contiennent des données de détail.

Par rapport au sujet qui nous intéresse dans cet ouvrage, c'est-à-dire la modélisation multidimensionnelle, il faut retenir que cette technique de modélisation est fondamentale et omniprésente pour la conception des SID avec l'approche de Kimball, mais qu'elle est également utilisée pour la conception des data marts dans les deux autres architectures.

Synthèse

- Les systèmes d'information opérationnels (SIO) ne sont pas adaptés pour la restitution d'informations aux décideurs d'une entreprise ou d'une organisation, d'où l'émergence de systèmes dédiés appelés systèmes d'information décisionnels (SID).
- Le modèle entité-association en 3e forme normale rend très difficile l'exploitation des données à des fins décisionnelles, d'où l'apparition du modèle multidimensionnel dans lequel les données sont représentées en fonction des besoins d'analyse des utilisateurs, sous la forme de faits contenant des indicateurs et associés à des dimensions.
- Il existe trois grands types d'architecture pour l'implémentation des SID : l'architecture « data marts en silo », l'architecture *corporate information factory* (CIF) défendue par Bill Inmon et l'architecture *dimensional data warehouse* recommandée par Ralph Kimball. Pour chacune de ces architectures, les données exploitées par les utilisateurs sont modélisées avec le modèle multidimensionnel (même pour l'architecture CIF dans laquelle le data warehouse, modélisé avec le modèle entité-association, n'est pas directement accessible par les utilisateurs). Les techniques de modélisation qui seront abordées dans cet ouvrage s'appliquent donc à l'ensemble du data warehouse dans l'architecture de Kimball et aux data marts dans l'architecture d'Inmon.

Partie I

MODÉLISATION CONCEPTUELLE MULTIDIMENSIONNELLE

Nombreux sont ceux qui considèrent désormais comme une évidence le fait que la conception de la base de données d'un système d'information opérationnel s'effectue selon une démarche en trois étapes :

- Tout d'abord, la réalisation du **modèle conceptuel de données** (MCD) qui décrit de façon formelle les données qui seront utilisées dans le SI, ainsi que les liens existant entre ces données, cela indépendamment de la manière dont ces données doivent être stockées. Il existe différents formalismes pour la représentation du MCD, en particulier le modèle entité-association utilisé dans la méthodologie Merise ainsi que le **diagramme de classes** utilisé dans le langage UML.
- Ensuite, la conception du **modèle logique de données** (MLD) dont l'objet est de transcrire (ou « dériver ») le MCD en un modèle décrit dans un formalisme adapté pour son implémentation sur une base de données d'un type particulier : relationnelle, objet, réseau, hiérarchique, etc.
- Enfin, la dérivation du **modèle physique de données** (MPD) à partir du MLD décrit l'implémentation effective du modèle avec un logiciel de base de données particulier en permettant l'utilisation des spécificités et des techniques d'optimisation de ce logiciel.

Malheureusement, cette démarche est rarement adoptée pour la conception des bases de données conçues selon le modèle multidimensionnel, autrement dit pour la conception du data warehouse dans l'approche architecturale de Kimball et des data marts dans les autres types d'architecture. En effet, les concepteurs de SID font presque toujours l'impasse sur l'étape de modélisation conceptuelle. La conception d'un data mart ou d'un data warehouse débute donc le plus souvent par la modélisation logique des données, c'est-à-dire par la conception d'un modèle de données relationnel constitués de tables de faits et de tables de dimension (modèle en étoile ou en flocon) ou même directement par la conception d'un cube OLAP (qui est un modèle physique de données car il dépend du logiciel utilisé pour l'implémentation du cube).

Selon moi, les raisons de cette impasse sur l'étape de modélisation conceptuelle pour la conception des SID sont les suivantes :

- Il n'existe actuellement aucun formalisme universellement reconnu pour la modélisation conceptuelle multidimensionnelle. En effet, les différents modèles conceptuels utilisés habituellement pour la description des données (modèle entité-association, diagramme de classes) ainsi que les notations graphiques associées à ces modèles permettent de manipuler des concepts tels que les entités, les associations ou les attributs mais ne font pas appel aux concepts propres à la modélisation multidimensionnelle tels que les faits, les indicateurs et les dimensions[1].

- Il n'existe pas non plus de véritable consensus sur les définitions des notions conceptuelles utilisées dans le monde du décisionnel et sur les relations entre ces notions. Qu'est-ce qu'un indicateur? Qu'est-ce qu'un fait, une dimension, un membre d'une dimension, une hiérarchie? Qu'est-ce qu'un niveau d'une hiérarchie, quelles sont les relations entre niveaux, hiérarchies et dimensions?

Or, débuter la conception d'un SID par la modélisation logique des données ou encore directement par la modélisation physique d'un cube OLAP me paraît être un facteur d'échec du projet pour les trois raisons suivantes :

- Un modèle logique fait appel à des concepts d'ordre technique (exemples : table, champ, clé primaire pour le modèle relationnel) difficilement compréhensibles pour les utilisateurs non avertis. Il est par conséquent hasardeux de concevoir ou de faire valider un modèle logique par le métier.
- À l'instar des modèles employés pour la conception de MCD, les formalismes utilisés pour la modélisation logique des données (langage relationnel, objet, etc.) ne font pas appel aux concepts propres au décisionnel (fait, dimension, etc.).
- Débuter les travaux de modélisation par la conception du MLD au lieu du MCD est un raccourci pouvant entraîner une mauvaise analyse ou une analyse incomplète du besoin car ce raccourci oblige le concepteur à effectuer des choix dépendant du type de base de données sous-jacent au modèle (relationnel, objet, etc.).

Comme c'est le cas pour les SIO, il me paraît donc indispensable de débuter les travaux de modélisation des SID par une étape de modélisation conceptuelle des données. Je m'appuierai pour cela sur un formalisme conçu pour la modélisation conceptuelle des modèles multidimensionnels. Ce formalisme définit les différentes notions propres au décisionnel (fait, dimension, etc.) au travers d'un métamodèle ainsi que d'une notation graphique permettant la modélisation conceptuelle d'un data warehouse ou d'un data mart. Cette modélisation étant par nature « multidimensionnelle », les modèles basés sur ce formalisme seront appelés **modèles conceptuels multidimensionnels** (MCMD).

Le formalisme proposé s'appuie principalement sur les travaux réalisés par Elzbieta Malinowski et Esteban Zimanyi et présentés dans leur ouvrage *Advanced Data Warehouse Design: From Conventional to Spatial and Temporal Applications* (cf. bibliographie), ainsi que, dans une moindre mesure, sur ceux présentés par Matteo Golfarelli et

1. Ralph Kimball, bien qu'ayant popularisé la modélisation multidimensionnelle, n'a pas proposé de formalisme pour la représentation conceptuelle de modèles multidimensionnels, utilisant le modèle relationnel, donc un modèle logique, pour illustrer ses propos.

Stefano Rizzi, dans leur livre *Data Warehouse Design: Modern Principles and Methodologies.* Il a été élaboré puis mis en œuvre par l'auteur au cours de différents projets en entreprise.

La démarche de modélisation proposée pour la conception d'une base de données décisionnelle multidimensionnelle est illustrée par la figure suivante.

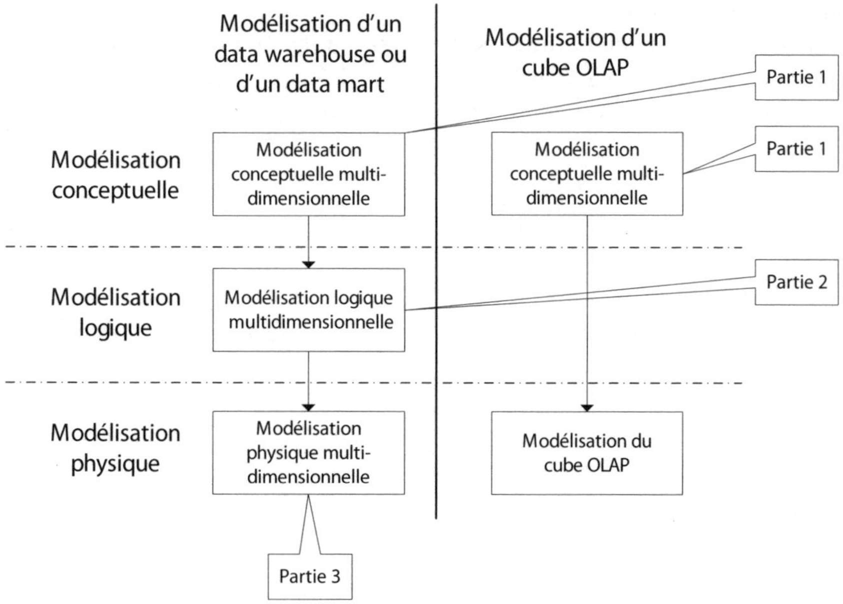

Figure 1 **Démarche de modélisation d'une base de données décisionnelle**

Pour la modélisation d'un data warehouse ou d'un data mart (implémenté sur une base de données relationnelle[1]), la démarche est donc constituée de trois étapes : modélisation conceptuelle (sujet de la première partie de cet ouvrage), puis logique (deuxième partie) et enfin physique.

Pour la modélisation d'un cube OLAP, la démarche comprend deux étapes : modélisation conceptuelle puis modélisation physique. En effet, il n'existe pas véritablement de modèle logique pour les cubes OLAP[2] car leur implémentation est trop dépendante du logiciel choisi.

1. Quel que soit le type d'architecture choisi, un data warehouse ou data mart est quasiment toujours implémenté sur une base de données relationnelle.

2. Quoiqu'on pourrait considérer que le langage MDX constitue un standard pouvant servir de support à la définition d'un modèle logique de données (pour les cubes OLAP dont la technologie est compatible avec ce langage).

Je n'aborderai pas dans cet ouvrage le sujet de la modélisation physique des cubes OLAP car, là encore, les techniques de modélisation sont dépendantes de l'architecture logicielle et il faudrait alors considérer tous les logiciels du marché, ce qui dépasse le cadre de cette étude.

La modélisation physique d'un data warehouse ou data mart ne sera pas étudiée non plus car, là encore, la modélisation physique d'une base de données relationnelle est spécifique au logiciel utilisé.

Pour aborder le sujet de la modélisation conceptuelle multidimensionnelle, nous allons partir d'un MCMD complet basé sur un cas d'école. Ce cas d'école et le MCMD associé, qui serviront ensuite à illustrer les différents concepts traités, sont présentés dans le chapitre suivant.

Chapitre 1

Cas d'école : l'analyse des ventes d'une entreprise de distribution

Supposons que nous souhaitions suivre le processus de vente dans une entreprise multinationale de distribution.

1.1 Description de l'entreprise

Voici ce que l'on peut dire sur le processus de vente, sur les produits, sur les employés et sur l'organisation commerciale de cette entreprise :

- Les ventes sont réalisées dans des magasins : il s'agit de commerce de proximité, donc pas de vente à distance, ni par internet, ni via d'autres canaux.
- Les ventes sont réalisées par le passage en caisse des différents produits achetés par les clients. Chaque passage en caisse donne lieu à un ticket de caisse remis au client par un employé appelé « caissier ».
- Aucun programme de fidélité n'ayant été mis en place pour les clients des différents magasins, l'entreprise n'a actuellement aucun moyen d'identifier ses clients.
- Certains produits peuvent être vendus par l'intermédiaire d'un employé présent en magasin et que l'on appelle « conseiller ».
- Chaque employé est rattaché à un superviseur.
- Certains produits font parfois l'objet de promotions ponctuelles.
- Les produits font l'objet d'une classification : ils sont regroupés en sous-catégories, elles-mêmes regroupées en catégories.

- Les magasins se situent dans différents pays sur l'ensemble des continents du globe. Certains de ces pays, tels que la France, sont « découpés » en départements.
- Les magasins sont également regroupés selon une organisation de vente composée de districts de vente, appartenant eux-mêmes à un pays, chaque pays appartenant à une région de vente.
- Dans certains pays, un taux de TVA est appliqué à la vente des produits. Ce taux dépend du pays et de la catégorie du produit vendu.

1.2 Besoins d'analyse

Les responsables de l'entreprise souhaitent pouvoir analyser les ventes réalisées selon les axes suivants :

- Selon l'axe Temps : par date (en distinguant les différents jours de la semaine mais aussi les jours de solde et les jours fériés), par semaine, par mois, par trimestre et enfin par année.
- Selon l'axe Produit : pour chaque référence de produit mais aussi pour les différents catégories et sous-catégories de produit. Les responsables souhaitent suivre particulièrement les ventes de livres, d'ordinateurs et de télévisions, en analysant les ventes suivant les caractéristiques propres à chacun de ces produits.
- Selon l'axe Magasin : pour chaque magasin mais également suivant le critère d'analyse géographique (regroupement des magasins par département pour certains pays, mais aussi par pays et par continent) et suivant le critère de l'organisation de vente propre à l'entreprise (district de vente, pays et région de vente).
- Selon l'axe Employé : par caissier mais aussi par conseiller participant à chaque vente. Les ventes doivent également pouvoir être affectées aux superviseurs en suivant les liens hiérarchiques existant entre les différents employés.
- Selon l'axe Promotion : afin d'identifier la part des ventes ayant fait l'objet d'une promotion.

Les indicateurs devant faire l'objet d'un suivi sont la quantité vendue des produits, les montants de vente hors taxe (HT) et TTC ainsi que le nombre de références distinctes des produits vendus.

1.3 Modèle conceptuel multidimensionnel correspondant au cas d'école

La figure 1.1 représente le MCMD que nous avons réalisé suite à l'analyse des besoins de pilotage du processus des ventes exprimés par les responsables de l'entreprise de distribution.

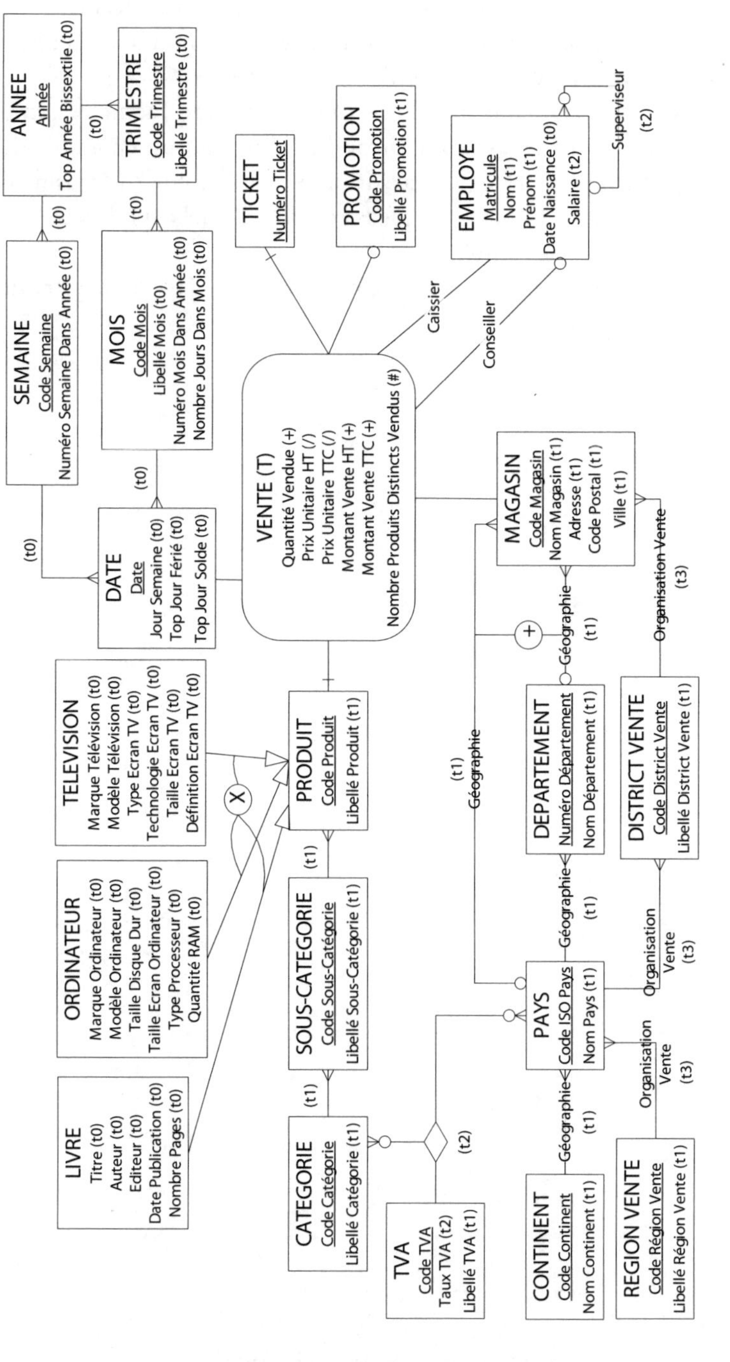

Figure 1.1 **Schéma factuel Vente**

Dans les chapitres qui vont suivre, je vais fournir au lecteur les clés de lecture du diagramme de la figure 1.1 et exposer les concepts qui ont permis d'aboutir à ce diagramme[1].

Néanmoins, on peut dès à présent dire que le diagramme ci-dessus représente ce que l'on appelle un **schéma factuel**, un MCMD étant constitué d'un ou de plusieurs schémas factuels. Ce schéma est constitué d'une unique **relation factuelle** appelée Vente (représentée par un rectangle aux coins arrondis) associée à un ensemble de **dimensions** qui sont les suivantes : Date, Ticket, Promotion, Employé, Magasin et Produit. Un schéma factuel porte le même nom que la relation factuelle qu'il contient : celui de la figure 1.1 sera donc appelé Vente.

Avant d'aborder les relations factuelles, je vais présenter, dans le chapitre suivant, les concepts relatifs aux dimensions.

1. À ce stade, il est donc tout à fait normal que le lecteur ne parvienne pas à « déchiffrer » un tel diagramme.

Chapitre 2

Dimensions

2.1 Définition d'une dimension

Une **dimension** est un regroupement de données faisant partie d'un même domaine sémantique et d'un même domaine d'analyse. Les dimensions sont utilisées pour analyser les relations factuelles. Elles constituent le contexte de ces relations. Un terme équivalent à celui de dimension est « axe d'analyse ».

Le schéma factuel de la figure 1.1 contient les six dimensions suivantes : Date, Produit, Magasin, Employé, Promotion et Ticket. La figure suivante représente les dimensions Produit et Promotion.

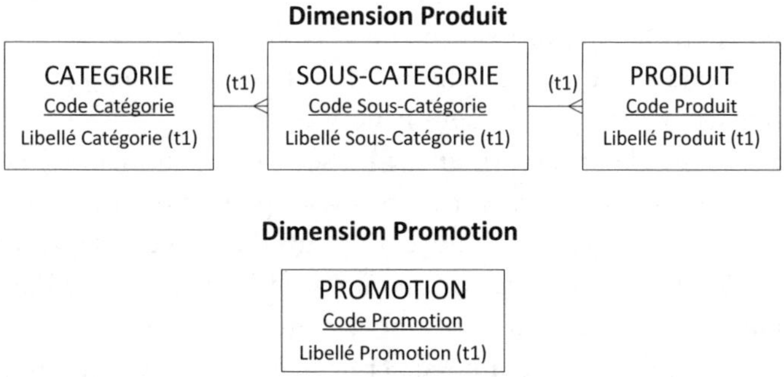

Figure 2.1 **Dimensions Produit et Promotion du schéma factuel Vente**

Dans le formalisme que je propose, une dimension est soit un **niveau**[1], soit une ou plusieurs **hiérarchies**, chaque hiérarchie étant composée d'un ensemble de niveaux.

1. Éventuellement « sur-type » d'autres niveaux (cf. section 2.5).

Par exemple, la dimension Promotion est composée uniquement du niveau Promotion (représenté par un rectangle) alors que la dimension Produit est composée d'une hiérarchie elle-même composée des niveaux Produit, Sous-catégorie et Catégorie[1].

Une dimension constituée d'un niveau unique porte le même nom que le niveau en question. Une dimension constituée d'une ou plusieurs hiérarchies porte le nom du niveau le plus fin de la (ou des) hiérarchie(s). J'expliciterai par la suite la notion de « niveau le plus fin » et nous verrons que les hiérarchies composant une dimension à plusieurs hiérarchies partagent nécessairement le même niveau le plus fin.

Les dimensions servent à répondre à des questions telles que : quand ?, quoi ?, qui ?, à qui ?, où ? etc., que l'on peut se poser sur un processus métier. Par exemple, les dimensions du schéma factuel Vente répondent aux questions : quand ? (dimension Date), quoi ? (dimension Produit), où ? (dimension Magasin), qui ? (dimension Employé), sous quelles conditions ? (dimension Promotion). Le schéma factuel Vente pourrait également contenir une dimension Client qui répondrait à la question à qui ?

2.2 **Niveaux**

Un niveau est une notion ayant un sens métier et digne d'intérêt pour le reporting et l'analyse. Un niveau représente un ensemble d'objets partageant les mêmes caractéristiques. La notion de niveau est similaire à celle d'entité dans le modèle entité-association, ou de classe dans le diagramme de classes UML.

Dans un diagramme d'un MCMD, les niveaux sont représentés par des rectangles. Chaque niveau possède un nom (au singulier) qui, dans un diagramme, apparaît en majuscules en haut du rectangle représentant le niveau.

Les instances ou occurrences d'un niveau sont appelées **membres**. Par exemple, le niveau Catégorie du schéma factuel Vente peut contenir les membres « Livre », « Appareil électronique », « Alimentation » ou encore « Habillement ».

Un niveau est caractérisé par un ensemble d'**attributs**. Dans un diagramme, les attributs apparaissent en minuscules sous le nom du niveau.

Chaque niveau possède un **identifiant** et un seul. Un identifiant est composé d'un ou de plusieurs attributs. L'identifiant d'un niveau permet de distinguer de manière unique les membres d'un niveau. Les autres attributs d'un niveau dépendent fonctionnellement de l'identifiant. Dans les diagrammes, les noms des attributs composant l'identifiant d'un niveau sont soulignés pour être mis en évidence.

Le principe de modélisation des niveaux et de leurs attributs est celui de la 3e forme normale du modèle entité-association. On peut résumer ce principe de la manière suivante :

---

1. En réalité, la dimension Produit contient également les niveaux Livre, Ordinateur et Télévision, sous-types du niveau Produit. Mais nous aborderons cette particularité dans la section 2.5.

- Un attribut est monovalué, c'est-à-dire que pour un membre donné d'un niveau, un attribut ne peut pas prendre plusieurs valeurs.
- Un attribut ne faisant pas partie de l'identifiant d'un niveau dépend fonctionnellement de (autrement dit, sa valeur est déterminée par) :
  - l'identifiant du niveau auquel il appartient ;
  - tout l'identifiant (dans le cas d'un identifiant composé de plusieurs attributs, il ne dépend pas uniquement d'un sous-ensemble des attributs composant l'identifiant) ;
  - rien que l'identifiant (il ne dépend pas d'un attribut ne faisant pas partie de l'identifiant).

Par exemple, la figure 2.2 représente le niveau Catégorie du MCMD des ventes ainsi que des exemples de membres de ce niveau.

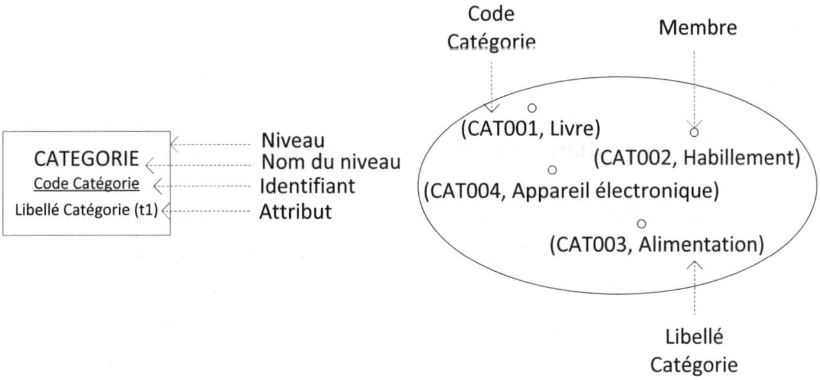

Figure 2.2 **Le niveau Catégorie et ses membres**

2.3 Hiérarchies

2.3.1 Définition d'une hiérarchie

Une **hiérarchie** est constituée d'un ensemble de niveaux reliés entre eux par des **relations hiérarchiques** (cf. section suivante).

Une dimension peut être constituée d'une ou de plusieurs hiérarchies et chaque hiérarchie appartient à une dimension et à une seule.

Dans le cas d'une dimension constituée d'une unique hiérarchie, le nom de la hiérarchie est le même que celui de la dimension à laquelle elle appartient.

Par exemple, la dimension Produit du schéma factuel Vente représentée par la figure 2.1 est constituée d'une unique hiérarchie formée des niveaux Produit, Sous-catégorie et Catégorie. On appellera donc cette hiérarchie « Produit ».

Dans le cas d'une dimension constituée de plusieurs hiérarchies (on parle de dimension à hiérarchies multiples), les hiérarchies seront nommées suivant les **critères d'analyse** auxquels elles font référence.

Par exemple, la figure 2.3 montre la dimension Magasin qui comprend deux hiérarchies :

- une hiérarchie formée des niveaux Magasin, Département, Pays et Continent
- une autre formée des niveaux Magasin, District Vente, Pays et Région Vente.

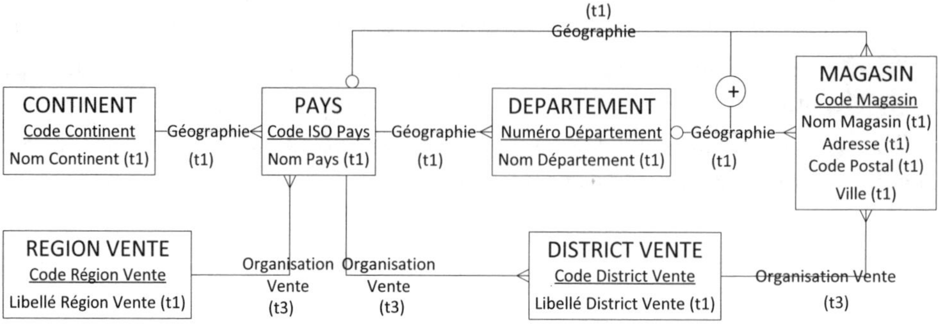

Figure 2.3 **Dimension constituée de plusieurs hiérarchies**

La première hiérarchie permettant d'analyser les données suivant le critère géographique, on nommera cette hiérarchie « Géographie »; la deuxième reflétant l'organisation des ventes de l'entreprise, on la nommera « Organisation Vente ».

Afin de pouvoir distinguer visuellement les deux hiérarchies Géographie et Organisation Vente, le nom de chaque hiérarchie est indiqué dans le diagramme sur les relations entre les niveaux dont elle est constituée.

Remarque : différentes hiérarchies peuvent avoir un ou plusieurs niveaux en commun. En effet, dans la dimension Magasin, le niveau Pays fait partie des deux hiérarchies Géographie et Organisation Vente.

2.3.2 Relations hiérarchiques

Les niveaux d'une hiérarchie sont reliés entre eux par ce que l'on appelle des relations hiérarchiques.

Chaque relation hiérarchique associe deux niveaux. Les relations hiérarchiques sont « orientées », dans le sens où les deux niveaux associés par une relation hiérarchique ne jouent pas le même rôle : l'un de ces deux niveaux est dénommé le **niveau parent** et l'autre est dénommé le **niveau enfant**.

On peut définir une **cardinalité minimale** et une **cardinalité maximale** du côté du niveau parent et du côté du niveau enfant de la relation hiérarchique. De manière générale, les cardinalités maximales du niveau parent et du niveau enfant d'une relation hiérarchique sont respectivement 1 et N (on parle de relation 1..N ou de relation « un à plusieurs ») car chaque membre du niveau parent peut être associé à plusieurs membres du niveau enfant mais chaque membre du niveau enfant ne peut être associé qu'à un seul membre du niveau parent.

Remarque : nous verrons qu'il existe un type particulier de relation hiérarchique pour lequel les relations entre membres sont du type N..N (« plusieurs à plusieurs »). Ce type de relation hiérarchique est appelé une relation hiérarchique « généralisée ».

Dans un diagramme MCMD, une relation hiérarchique est représentée par une ligne reliant deux niveaux. Les cardinalités sont indiquées par une notation directement inspirée de la notation *Crow's foot* utilisée dans les diagrammes entité-association.

La figure 2.4 illustre la notation utilisée pour représenter les cardinalités des relations hiérarchiques.

- Chaque membre du niveau A est associé à un membre du niveau B et à un seul
- Chaque membre du niveau B est associé à un ou plusieurs membres du niveau A
- Niveau A est le niveau enfant et Niveau B le niveau parent

- Chaque membre du niveau C est associé à zéro ou à un membre du niveau D
- Chaque membre du niveau D est associé à zéro, un ou plusieurs membres du niveau A
- Niveau C est le niveau enfant et Niveau D le niveau parent

Figure 2.4 **Représentation des cardinalités des relations hiérarchiques**

À titre d'exemple, les niveaux de la hiérarchie *Organisation Vente* appartenant à la dimension *Magasin* sont reliés entre eux par trois relations hiérarchiques : une relation hiérarchique entre les niveaux *Magasin* et *District Vente*, une deuxième entre les niveaux *District Vente* et *Pays* et une troisième entre les niveaux *Pays* et *Région Vente*. Dans la relation hiérarchique entre les niveaux *Magasin* et *District Vente*, *Magasin* est le niveau enfant et *District Vente* est le niveau parent. En effet, comme l'illustre la figure 2.3, chaque magasin est rattaché à un district de vente et à un seul et chaque district de vente contient plusieurs magasins.

2.3.3 Forage au sein des hiérarchies

Le **forage** (on parle également de **navigation**, *drill* en anglais) au sein d'une hiérarchie consiste à la parcourir en suivant les chemins formés par les liens entre ces membres. On distingue le **forage descendant** (*drill-down*) et le **forage ascendant** (*drill-up*).

Le forage descendant consiste à parcourir les membres de la hiérarchie depuis le niveau le plus « agrégé » (niveau n'ayant aucun niveau parent associé) vers le niveau le plus « fin » (niveau n'ayant aucun niveau enfant associé) et, inversement, le forage ascendant consiste à parcourir les membres d'une hiérarchie depuis le niveau le plus fin vers le niveau le plus agrégé.

Par exemple, dans la figure 2.5 qui représente un extrait des membres de la hiérarchie *Organisation Vente*, le forage descendant consiste à parcourir les membres de la hiérarchie depuis le niveau *Région Vente* vers le niveau *Magasin*. Par opposition, le forage ascendant consiste à parcourir les membres depuis le niveau *Magasin* vers le niveau *Région Vente*.

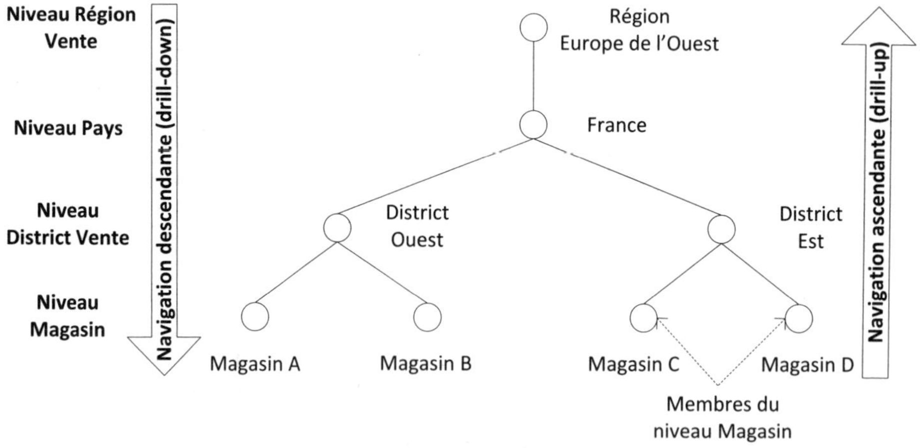

Figure 2.5 **Forages descendant et ascendant au sein d'une hiérarchie**

On peut également définir les concepts suivants relatifs aux membres d'une hiérarchie :

- **Racine** : un membre racine d'une hiérarchie est un membre appartenant au niveau le plus agrégé (ou le plus élevé) d'une hiérarchie. Par exemple, le membre « Région Europe de l'Ouest » est la racine de la hiérarchie Organisation Vente.
- **Feuille** : un membre feuille d'une hiérarchie est un membre appartenant au niveau le plus fin (ou le plus bas) d'une hiérarchie. Les membres du niveau Magasin sont les feuilles de la hiérarchie Organisation Vente.
- **Parent** : un membre A est le parent d'un membre B s'il appartient au niveau immédiatement supérieur au niveau du membre B et si le membre B lui est rattaché. Le membre District Ouest est le parent du membre Magasin A.

- **Ancêtre** : un membre A est l'ancêtre d'un membre B s'il appartient à un niveau supérieur au niveau du membre B et si le membre B lui est rattaché (directement ou indirectement). Les membres District Ouest, France et Région Europe de l'Ouest sont des ancêtres du membre Magasin A. (Le parent d'un membre est également son ancêtre.)
- **Enfant** : un membre A est l'enfant d'un membre B si B est son parent. Les membres District Ouest et District Est sont les enfants du membre France.
- **Descendant** : un membre A est le descendant d'un membre B si B est son ancêtre. Les membres District Ouest, District Est, Magasin A, etc., Magasin D sont les descendants du membre France. (Un enfant d'un membre est également son descendant.)

2.3.4 Hiérarchies simples et hiérarchies alternatives

On peut classer les hiérarchies en deux grands types : les **hiérarchies simples** et les **hiérarchies alternatives**.

Une hiérarchie alternative est une hiérarchie constituée d'un ensemble de hiérarchies simples ayant certains niveaux en commun. On dit qu'une telle hiérarchie est « alternative » car, pour la parcourir, nous avons l'alternative d'emprunter les relations hiérarchiques de l'une ou l'autre (mais pas des deux[1]) des hiérarchies simples la composant.

La figure 2.6 (cf. page suivante) illustre le concept de hiérarchie alternative en décrivant la hiérarchie alternative Date de la dimension éponyme, ainsi que les différents « chemins » que l'on peut emprunter pour la parcourir.

La hiérarchie Date est une hiérarchie alternative car elle est formée de deux hiérarchies simples :

- la hiérarchie composée des niveaux Date, Mois, Trimestre et Année ;
- la hiérarchie composée des niveaux Date, Semaine et Année.

Remarque : une semaine pouvant être « à cheval » sur deux mois, il existe donc une relation N..N entre le niveau Mois et le niveau Semaine, c'est pourquoi le niveau Semaine n'est pas placé entre le niveau Date et le niveau Mois mais directement entre le niveau Date et le niveau Année (en considérant qu'une semaine ne peut pas être à cheval sur deux années).

Il ne faut pas confondre hiérarchie alternative et hiérarchies multiples d'une même dimension. La hiérarchie alternative de la dimension Date est une unique hiérarchie alors que les hiérarchies multiples Géographie et Organisation Vente de la dimension Magasin sont bel et bien plusieurs hiérarchies. En effet, une hiérarchie fait référence à un critère d'analyse unique. Dans le cas d'une hiérarchie alternative, il n'existe qu'un seul critère d'analyse (le « temps » dans le cas de la hiérarchie alternative Date) et dans

1. Dans le cas d'une hiérarchie alternative regroupant uniquement deux hiérarchies simples.

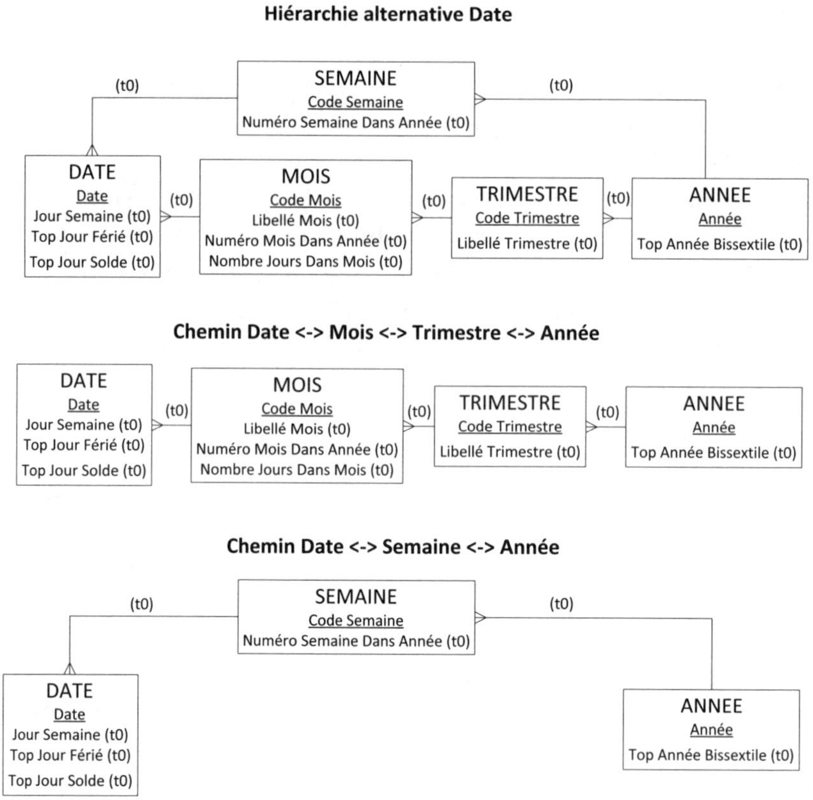

Figure 2.6 **Hiérarchie alternative Date**

le cas de hiérarchies multiples, il existe autant de critères d'analyse que de hiérarchies (les critères d'analyse Géographie et Organisation Vente dans le cas des hiérarchies multiples de la dimension Magasin).

Intéressons-nous à présent aux hiérarchies simples. On peut les classer en deux grands types : les **hiérarchies équilibrées** et les **hiérarchies déséquilibrées**.

2.3.5 Hiérarchies équilibrées

Une hiérarchie équilibrée (les anglophones utilisent le terme de *balanced hierarchy*) est une hiérarchie simple pour laquelle, du point de vue des membres des niveaux la composant, chaque membre d'un niveau parent possède au moins un enfant et chaque membre d'un niveau enfant est rattaché à un parent et à un seul. Autrement dit, les membres d'une hiérarchie équilibrée peuvent être représentés sous la forme d'un arbre dont toutes les branches ont la même longueur.

Du point de vue de sa représentation graphique, une hiérarchie équilibrée est une hiérarchie pour laquelle :

- il n'existe qu'un seul chemin possible entre les niveaux qui la composent ;
- toutes les relations hiérarchiques entre ses différents niveaux sont de la forme >—— .

Comme le montre la figure 2.7, la hiérarchie Produit est une hiérarchie équilibrée. En effet, ses membres sont représentés sous la forme d'un arbre possédant cinq branches représentées par des lignes en pointillés et ces cinq branches sont de la même longueur (on peut même dire qu'elles sont de longueur 2).

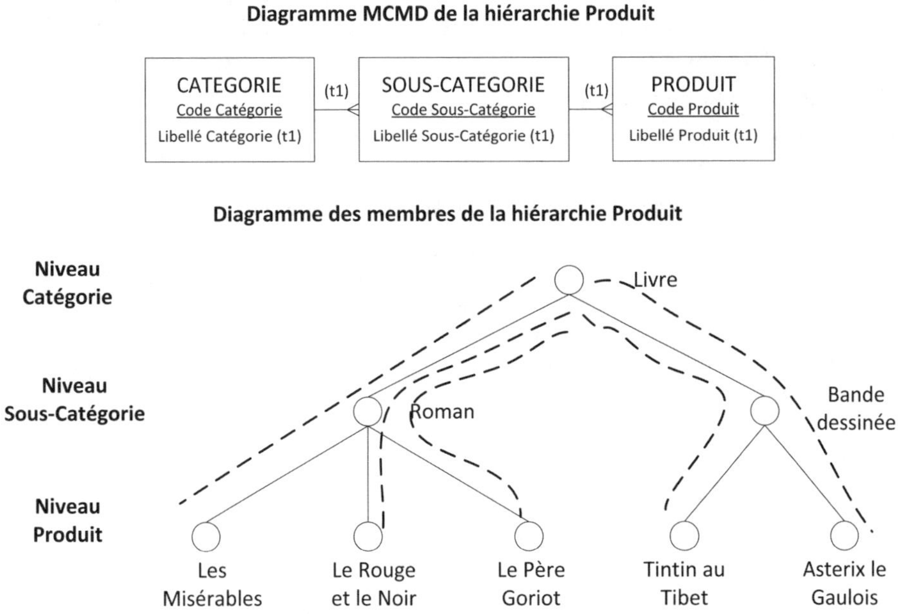

Figure 2.7 **Représentation de la hiérarchie Produit**

Par ailleurs, toutes les relations hiérarchiques du diagramme conceptuel de la hiérarchie Produit sont de la forme >—— .

2.3.6 Hiérarchies déséquilibrées

Par opposition à une hiérarchie équilibrée, une hiérarchie déséquilibrée (*unbalanced hierarchy*) est une hiérarchie simple pour laquelle certains membres parents n'ont pas d'enfants et/ou certains membres enfants n'ont pas de parent. Les membres d'une hiérarchie déséquilibrée peuvent être représentés sous la forme d'un arbre dont toutes les branches n'ont pas la même longueur.

On distingue trois types de hiérarchies déséquilibrées : les **hiérarchies récursives**, les **hiérarchies à niveau manquant** et les **hiérarchies incomplètes**.

Hiérarchies récursives

Une hiérarchie récursive est une forme particulière de hiérarchie déséquilibrée dont la particularité est de ne contenir qu'un seul niveau à la fois parent et enfant de la même relation hiérarchique.

Par exemple, la dimension Employé du schéma factuel Vente contient une unique hiérarchie associant le niveau Employé avec lui-même au travers de la relation hiérarchique Superviseur. La hiérarchie Superviseur ne contenant que le niveau Employé, il s'agit d'une hiérarchie récursive.

La figure 2.8 représente la hiérarchie Superviseur du point de vue du diagramme conceptuel et du diagramme des membres.

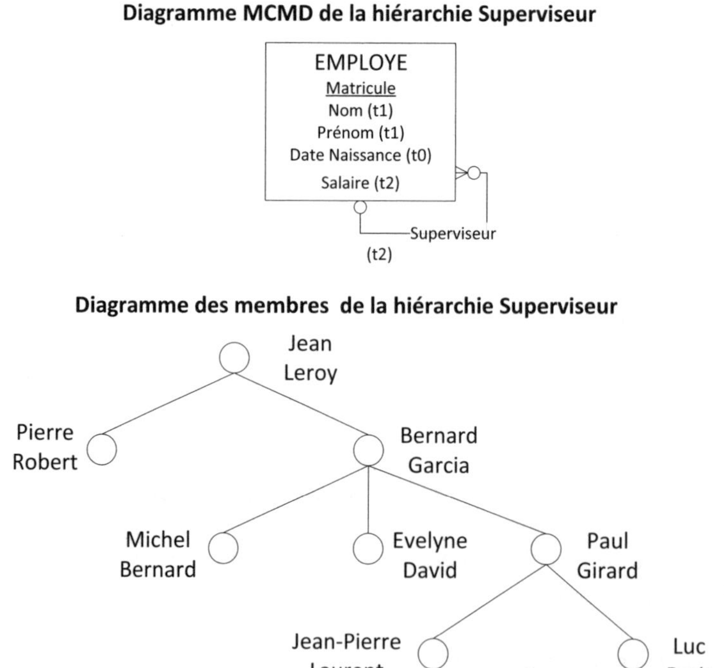

Figure 2.8 **Représentation de la hiérarchie Superviseur**

Le diagramme des membres met en évidence le caractère déséquilibré de cette hiérarchie. Il s'agit en effet d'un arbre dont la longueur des branches varie entre 1 et 3.

Hiérarchies à niveau manquant

Une hiérarchie à niveau manquant (les auteurs anglophones utilisent de manière équivalente les expressions *noncovering hierarchy*, *ragged hierarchy* ou *skip-level hierarchy*) est une hiérarchie déséquilibrée pour laquelle certains membres sont rattachés à un membre parent qui n'appartient pas au niveau immédiatement supérieur. Une hiérarchie à niveau manquant est nécessairement composée d'au moins trois niveaux.

Par exemple, la hiérarchie Géographie de la dimension Magasin est une hiérarchie à niveau manquant. En effet, dans cette hiérarchie, composée des niveaux Magasin, Département, Pays et Continent, certains membres du niveau Magasin ont pour membre parent un membre du niveau Pays et non pas du niveau Département (niveau immédiatement supérieur au niveau Magasin).

La figure 2.9 représente le diagramme conceptuel et le diagramme des membres de la hiérarchie Géographie.

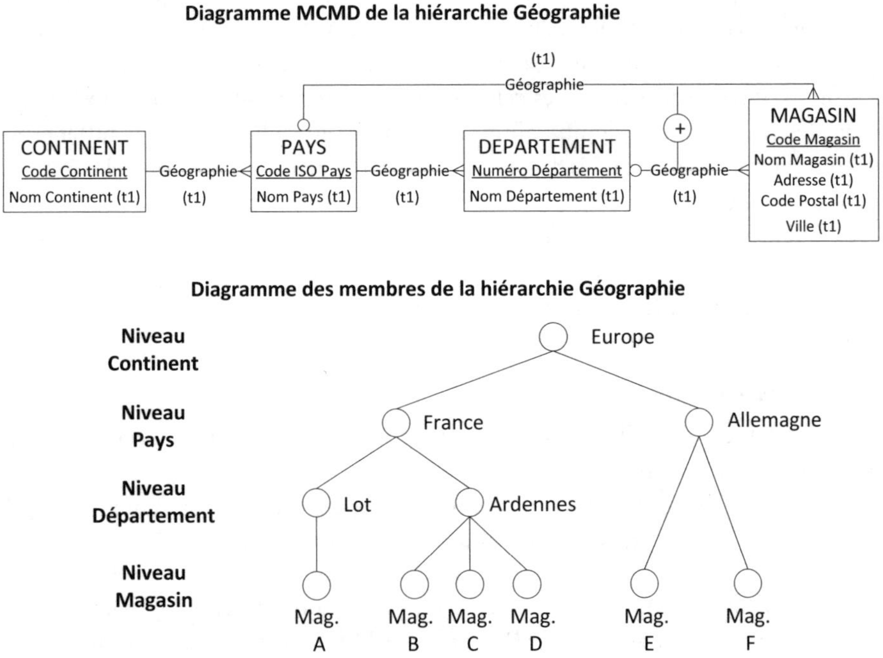

Figure 2.9 **Représentation de la hiérarchie Géographie**

Sur le diagramme des membres de cette figure, on remarque aisément que le niveau Département est parfois « manquant », les magasins A à F étant rattachés à des départements alors que les magasins G, H et I sont directement rattachés à un pays.

Sur le diagramme conceptuel, le niveau Magasin est relié à la fois au niveau Département et au niveau Pays par deux relations hiérarchiques. Ces relations hiérarchiques sont de cardinalité minimale 0 (symbole ○——) du côté des niveaux parents Département et Pays, ce qui signifie qu'un magasin n'est pas toujours rattaché à un département et n'est pas toujours rattaché à un pays. On remarque également que ces deux relations hiérarchiques sont graphiquement reliées par le symbole —⊕— ce qui signifie que ces deux relations sont **exclusives** et **totales** :

- « Exclusives » signifie qu'un membre donné du niveau Magasin ne peut pas être à la fois rattaché à un membre du niveau Pays et à un membre du niveau Département.
- « Totales » signifie qu'un membre donné du niveau Magasin est obligatoirement rattaché soit à un membre du niveau Pays, soit à un membre du niveau Département (il ne peut pas n'être rattaché ni à un pays, ni à un département).

Le symbole ⊕ est emprunté à la notation Merise 2 pour la représentation des contraintes ensemblistes dans les modèles conceptuels de données.

On peut également utiliser pour relier deux relations hiérarchiques dans les diagrammes MCMD les symboles suivant également empruntés à la notation Merise 2 :

—Ⓣ— représente la contrainte de totalité seule (pas de contrainte d'exclusivité). Si cette contrainte était placée sur les relations hiérarchiques entre les niveaux Magasin, Pays et Département, cela signifierait qu'un magasin est obligatoirement rattaché à un pays ou à un département mais aussi qu'un magasin peut être à la fois relié à un pays et à un département.

—⊗— représente la contrainte d'exclusivité seule (pas de contrainte de totalité). Dans notre exemple, cette contrainte signifierait qu'un magasin ne peut pas être à la fois rattaché à un pays et à un département et qu'un magasin peut n'être rattaché ni à un pays ni à un département.

Hiérarchies incomplètes

Une hiérarchie déséquilibrée qui n'est ni récursive, ni à niveau manquant sera qualifiée de hiérarchie incomplète.

Le diagramme du schéma factuel Vente ne contient pas de hiérarchie incomplète. Je ferai donc appel à d'autres exemples pour illustrer ce concept.

Exemple 1 : la figure 2.10 représente le diagramme conceptuel et le diagramme des membres d'une hiérarchie incomplète appelée DAB (distributeur automatique de billets) et représentant l'organisation d'un réseau d'agences bancaires.

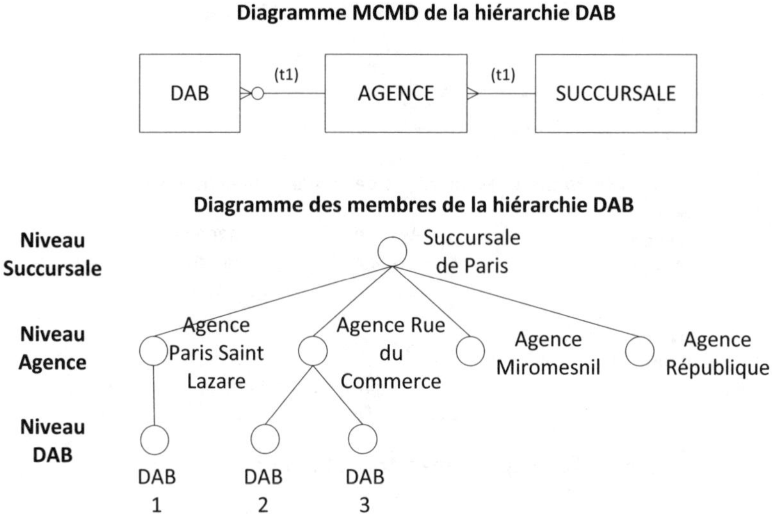

Figure 2.10 **Représentation de la hiérarchie DAB**

Le diagramme des membres montre que dans cette hiérarchie, certains membres de niveau parent n'ont pas de membre de niveau enfant associé. En effet, les agences Miromesnil et République ne contiennent pas de DAB. Le diagramme des membres est par conséquent un arbre dont les branches sont de longueur variable et on peut donc dire que la hiérarchie DAB est une hiérarchie déséquilibrée.

De plus, cette hiérarchie n'est pas une hiérarchie récursive car elle est constituée de plusieurs niveaux (DAB, Agence et Succursale).

Enfin, il ne s'agit pas non plus d'une hiérarchie à niveau manquant car :

- les membres parents des membres du niveau DAB appartiennent tous au niveau immédiatement supérieur, le niveau Agence ;
- les membres parents des membres du niveau Agence appartiennent tous au niveau immédiatement supérieur, le niveau Succursale.

La hiérarchie DAB n'étant ni récursive, ni à niveau manquant, on la qualifiera de hiérarchie incomplète.

Exemple 2 : notre deuxième exemple de hiérarchie incomplète sera également tiré du domaine bancaire. Par rapport à la hiérarchie de la figure 2.10, la hiérarchie Employé de la figure 2.11 présente le cas inverse dans lequel certains membres d'un niveau enfant n'ont pas de membre de niveau parent associé. En effet, si au moins un employé travaille dans chaque agence, certains employés de la banque effectuent des remplacements dans diverses agences et ne sont donc affectés à aucune agence. C'est le cas dans notre exemple de l'employé Jacques Garnier qui n'est affecté à aucune agence.

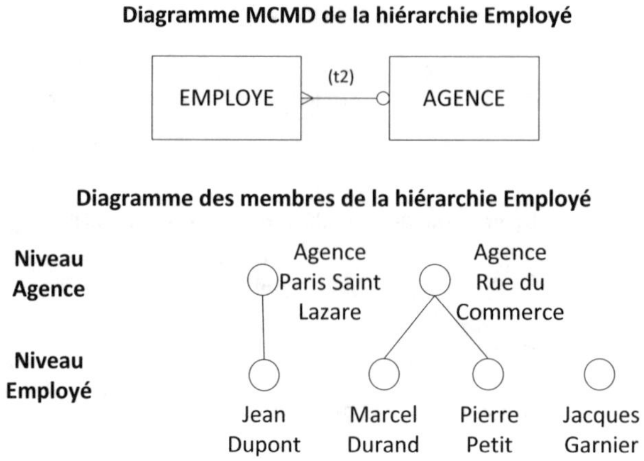

Figure 2.11 **Représentation de la hiérarchie Employé**

2.3.7 Hiérarchies généralisées

Tous les exemples de hiérarchies que l'on a vus jusqu'à présent sont des hiérarchies que l'on peut qualifier de « standard ».

Par opposition aux **hiérarchies standards**, les **hiérarchies généralisées** sont des hiérarchies simples pour lesquelles au moins une des différentes relations hiérarchiques entre leurs niveaux est du type N..N (plusieurs à plusieurs). Autrement dit, une hiérarchie généralisée contient au moins une relation hiérarchique pour laquelle un membre du niveau enfant peut être rattaché à plusieurs membres du niveau parent (la cardinalité maximale du niveau parent de la relation hiérarchique est strictement supérieure à 1). Au niveau du diagramme des membres, contrairement aux hiérarchies simples standard, une hiérarchie généralisée n'est pas représentée par un arbre mais par un graphe.

Le concept de hiérarchie généralisée est indépendant de ceux des hiérarchies équilibrée, déséquilibrée, récursive, à niveau manquant ou incomplète. En effet, une hiérarchie équilibrée ou déséquilibrée peut très bien être généralisée ou standard.

À titre d'exemple, la figure 2.12 présente une hiérarchie généralisée emprunté une nouvelle fois au domaine bancaire. Cette hiérarchie est constituée des deux niveaux Compte et Client. On peut la qualifier de « généralisée » car un client peut être titulaire de plusieurs comptes et un compte peut être détenu par plusieurs clients cotitulaires. Le diagramme des membres de la figure 2.12 illustre le fait que la relation hiérarchique entre Compte et Client est de type N..N : le client Jean Leroy détient les deux comptes Compte 1 et Compte 2 et le Compte 2 est un compte joint codétenu par Marie Leroy.

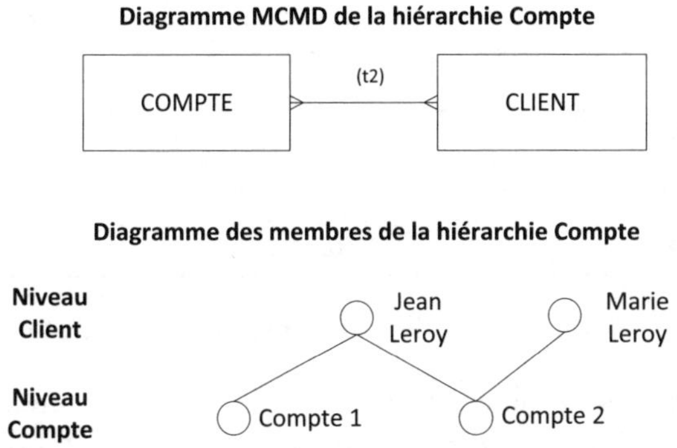

Figure 2.12 **Représentation de la hiérarchie Compte**

Les hiérarchies généralisées peuvent poser problème pour agréger les valeurs d'un indicateur, en occasionnant ce que l'on appelle des double-comptages.

Prenons en considération le modèle de la figure 2.13 et supposons que l'on souhaite analyser l'indicateur Solde de la relation factuelle[1] Situation Compte suivant la hiérarchie Compte.

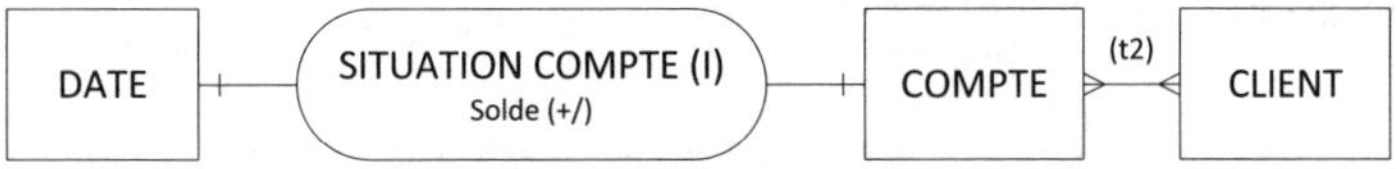

Figure 2.13 **Schéma factuel Situation Compte**

Le tableau 2.1 présente les soldes au 01/01/2011 des deux comptes de notre exemple, ainsi que la somme de ces soldes sur la ligne Total : 3 500 €.

Date	Compte	Solde (€)
01/01/2011	Compte 1	1 000
01/01/2011	Compte 2	2 500
01/01/2011	Total	3 500

Tableau 2.1 **Soldes par compte**

Dans le tableau 2.2, le niveau Client a été ajouté. Le compte 2 étant détenu à la fois par Jean Leroy et par Marie Leroy, ce tableau fait apparaître deux lignes pour ce compte et le solde de ce compte apparaît donc en double. En conséquence, dans le calcul du solde total, le solde du compte 2 est pris en compte deux fois et le tableau fait apparaître un solde total de 6 000 € au lieu de 3 500 €.

1. Les concepts de « relation factuelle » et d'« indicateur » seront exposés en détail dans les sections suivantes.

Date	Client	Compte	Solde (€)
01/01/2011	Jean Leroy	Compte 1	1 000
01/01/2011	Jean Leroy	Compte 2	2 500
01/01/2011	Marie Leroy	Compte 2	2 500
01/01/2011	**Total**		**6 000**

Tableau 2.2 **Soldes par client et par compte**

Afin de résoudre cette problématique, nous avons trois solutions que je vais à présent décrire. Mais je préviens d'ores et déjà le lecteur qu'aucune d'entre elles n'est entièrement satisfaisante.

- **1re solution : transformer la hiérarchie généralisée en hiérarchie standard**

Cette solution consiste à définir pour chaque compte un client titulaire principal et à associer à chaque compte ce client et lui seul. Cette solution entraîne une modification du schéma factuel qui devient celui de la figure suivante.

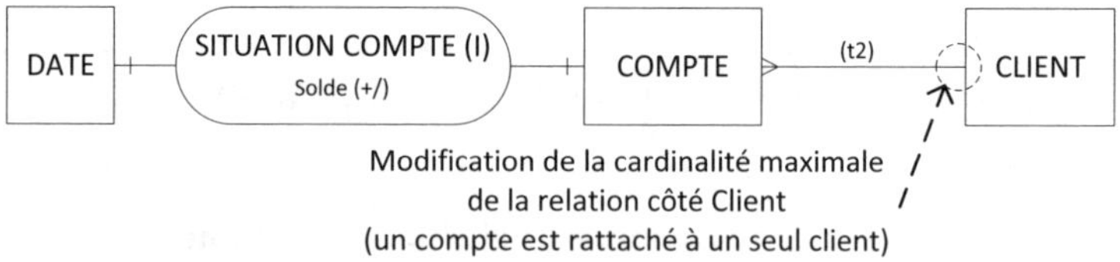

Figure 2.14 **Modification du schéma factuel engendrée par la 1re solution**

Cette solution n'est pas idéale car elle occasionne une perte d'information, la relation existant entre les comptes et les clients n'étant pas traduite fidèlement. De plus, le choix du client principal d'un compte s'effectuera nécessairement de manière plus ou moins arbitraire (selon les valeurs d'un ou de plusieurs attributs du niveau Client ou bien de manière aléatoire), ce qui pourra engendrer des biais dans l'analyse des données. Par exemple, si l'on choisit de définir le client titulaire principal d'un compte joint en fonction du sexe du client, attribuant chaque compte joint au cotitulaire de sexe Masculin ou Féminin, une analyse des soldes de compte suivant l'attribut Sexe fera apparaître des chiffres artificiellement « gonflés » pour le sexe retenu dans la règle d'attribution du client principal à un compte. Et que fait-on pour les comptes dont les co-titulaires sont tous de même sexe ? (Pour prendre en compte ce cas de figure, nous sommes alors obligés de trouver un critère différentiateur complémentaire.)

- **2e solution : utiliser un coefficient de distribution des données**

Dans cette solution, la hiérarchie Compte demeure généralisée mais on associe à chaque instance de la relation hiérarchique entre Compte et Client un coefficient de telle sorte que, pour un compte donné, la somme des coefficients associés à chacun des co-titulaires de ce compte soit égale à 1.

Pour illustrer cette solution, considérons le tableau 2.3.

Compte	Client	Coefficient de distribution
Compte 1	Jean Leroy	1
Compte 2	Jean Leroy	0,5
Compte 2	Marie Leroy	0,5

Tableau 2.3 **Utilisation d'un coefficient de distribution**

Dans ce tableau, pour un compte donné, le coefficient est calculé en divisant 1 par le nombre de clients co-titulaires du compte en question. Il en ressort que la somme des coefficients associés à un compte est égale à 1 et que tous les coefficients associés à un compte ont la même valeur.

On peut alors définir l'indicateur « Solde avec coefficient » de la manière suivante :

Si le niveau Client entre en jeu dans la constitution du tableau ou du rapport
*Alors Solde avec coefficient = Solde * Coefficient*
Sinon Solde avec coefficient = Solde

Le coefficient n'est donc utilisé dans la formule de calcul du solde que lorsque le niveau client est utilisé dans le rapport.

Si l'on reprend les soldes du tableau 2.1 et que l'on ajoute le niveau Client, on peut donc constituer le tableau 2.4.

Date	Client	Compte	Solde (€)	Coefficient	Solde avec coefficient (€)
01/01/2011	Jean Leroy	Compte 1	1 000	1	1 000
01/01/2011	Jean Leroy	Compte 2	2 500	0,5	1 250
01/01/2011	Marie Leroy	Compte 2	2 500	0,5	1 250
01/01/2011	**Total**		**6 000**		**3 500**

Tableau 2.4 **Soldes avec coefficient par client et par compte**

Ce tableau montre qu'au niveau de la ligne Total, le solde est correct si l'on multiplie celui-ci par le coefficient de distribution.

Le mode de calcul du coefficient doit être correctement choisi pour ne pas biaiser les analyses. (L'attribution d'un même coefficient à l'ensemble des membres n'est pas toujours la meilleure option ; il est également possible d'utiliser un facteur de pondération.)

Si l'utilisation d'un coefficient de distribution règle le problème de double-comptage lors de la totalisation des soldes, cette utilisation n'est pas toujours appropriée. En effet, si l'on souhaite connaître les soldes des différents comptes dont Jean Leroy est titulaire ou cotitulaire, l'utilisation du coefficient dans le calcul des soldes entraînera la production du tableau 2.5.

Client : Jean Leroy

Date	Compte	Solde avec coefficient (€)
01/01/2011	Compte 1	1 000
01/01/2011	Compte 2	1 250

Tableau 2.5 **Soldes avec coefficient par compte**

Les résultats présentés dans ce tableau ne sont probablement pas ceux attendus par les utilisateurs, le solde du compte 2 étant égal à 2 500 € et non pas 1 250 €.

Un autre inconvénient de cette solution réside en la difficulté de faire en sorte que le coefficient ne soit utilisé que lorsque le niveau Client entre en jeu dans la restitution que l'on souhaite produire. En effet, tous les logiciels de reporting ne sont pas en mesure d'adapter la formule de calcul d'un indicateur en fonction du contexte de la restitution à produire.

- **3e solution : supprimer la hiérarchie généralisée et modifier la relation factuelle**

Une dernière solution pour éviter les double-comptages est de transformer le schéma factuel initial pour aboutir à celui de la figure suivante.

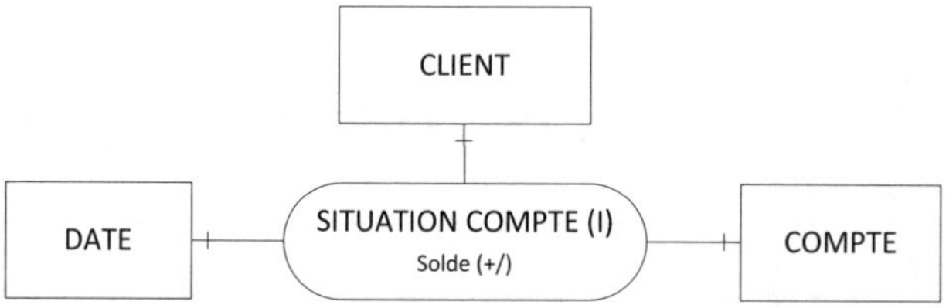

Figure 2.15 **Modification du schéma factuel engendrée par la 3e solution**

La hiérarchie généralisée entre Compte et Client a été supprimée et la relation factuelle Situation Compte a été modifiée par l'ajout d'un lien avec le niveau Client. Dans le modèle de la figure 2.15, le solde de la relation factuelle ne représente plus le solde d'un compte mais la part du solde d'un compte détenu par un client. L'obtention du modèle de la figure 2.15 nécessite également d'appliquer un coefficient de distribution pour obtenir les parts de soldes détenus par chaque client et les stocker ensuite dans la relation factuelle Situation Compte.

L'avantage de cette solution par rapport à la solution précédente est que la formule de l'indicateur Solde reste toujours la même lorsque l'on analyse les soldes suivant les attributs des niveaux Compte et Client. (Il n'est pas nécessaire d'introduire dans le calcul du solde un coefficient de distribution lorsque l'on fait intervenir le niveau Client, ce coefficient étant déjà pris en compte.)

Son inconvénient est que l'on perd de l'information car le modèle ne permet plus d'analyser de manière directe les relations entre les comptes et les clients (cette analyse doit être effectuée de manière indirecte, via la relation factuelle).

2.4 Niveaux interdimensionnels

Il arrive parfois que l'on doive relier un niveau à plusieurs autres niveaux appartenant à des dimensions différentes. C'est le cas du niveau TVA du schéma factuel Vente. La figure suivante représente un extrait de ce schéma.

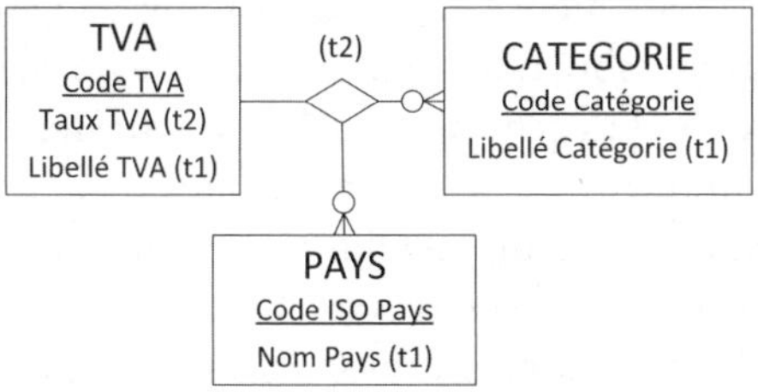

Figure 2.16 **Niveau TVA associé aux deux niveaux Catégorie et Pays**

Dans la figure 2.16, le niveau TVA est associé au niveau Catégorie appartenant à la dimension Produit et au niveau Pays appartenant à la dimension Magasin. Le niveau TVA n'est pas associé aux niveaux Catégorie et Pays par des relations hiérarchiques ou par deux associations distinctes mais par une seule association « à trois pattes » que l'on qualifie dans le modèle entité-association d'association « ternaire[1] ».

Le niveau TVA n'appartient ni à la dimension Produit ni à la dimension Magasin : il constitue une dimension en tant que telle. Je qualifierai un niveau tel que TVA de **niveau interdimensionnel**.

Comme dans la notation UML, le symbole ◇ est utilisé pour associer les différents niveaux participant à une association n-aire.

Les cardinalités des associations ternaires se lisent de la manière suivante. Soit une association ternaire associant les niveaux A, B et C. Un couple de cardinalités (Cardinalité minimale, Cardinalité maximale) = (m,n) du côté du niveau A signifie que toute paire donnée de membres des niveaux B et C est associée à au minimum m membres et au maximum n membres du niveau A. Dans notre exemple, la cardinalité (1,1) du côté du niveau TVA signifie qu'à un pays et à une catégorie de produits donnés correspond un code TVA et un seul. En revanche, la cardinalité (0,N) du côté du niveau

1. Plus généralement une association à « n pattes » est qualifiée d'association « n-aire ».

Catégorie, matérialisée par le symbole —<, signifie que pour un code TVA et un pays donné, on peut avoir de 0 à N catégories de produits associées. En bref, ce qu'il faut retenir, c'est que l'association d'une catégorie de produits et d'un pays donnés permet de déterminer un code TVA (et donc un taux de TVA) unique.

2.5 Relation d'héritage entre niveaux

Comme les entités du modèle entité-association, les niveaux d'un MCMD peuvent être associés les uns aux autres via des **relations d'héritage**[1].

Une relation d'héritage est une relation entre deux niveaux dont l'un sera appelé le **niveau général** et l'autre le **niveau spécialisé**[2]. On dit également que le niveau général est un **sur-type** du niveau spécialisé et inversement que le niveau spécialisé est un **sous-type** du niveau général.

Un niveau spécialisé possède les mêmes attributs que le niveau général dont il est le sous-type et il possède également ses propres attributs. En particulier, l'identifiant d'un niveau spécialisé est nécessairement l'identifiant du niveau général dont il est le sous-type. Autrement dit, un membre d'un niveau spécialisé possède les mêmes caractéristiques qu'un membre du niveau général auquel il est rattaché, en plus d'autres caractéristiques qui lui sont propres. On peut dire également qu'un membre d'un niveau spécialisé est un type particulier d'un membre du niveau général associé.

Plusieurs niveaux spécialisés peuvent hériter d'un même niveau général. De plus, dans la très grande majorité des cas[3], un niveau spécialisé hérite d'un seul niveau général.

Une relation d'héritage est représentée graphiquement par une flèche allant du niveau spécialisé vers le niveau général.

Pour illustrer le concept d'héritage, considérons la figure suivante issue du schéma factuel Vente.

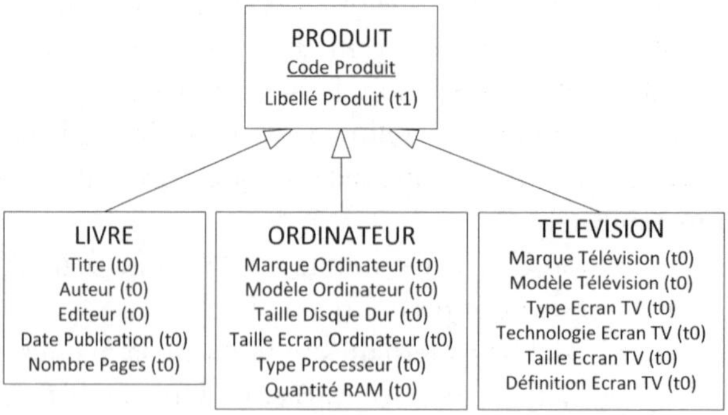

Figure 2.17 **Niveaux Livre, Ordinateur et Télévision héritant du niveau Produit**

1. On peut également parler de relation de « généralisation ».

2. Attention à ne pas confondre niveau général et niveau spécialisé d'une relation d'héritage avec niveaux parent et enfant d'une relation hiérarchique.

3. Sauf dans le cas particulier de l'héritage multiple.

La figure 2.17 représente trois niveaux Livre, Ordinateur et Télévision héritant du niveau Produit. Autrement dit, le niveau Produit a pour sous-types les niveaux Livre, Ordinateur et Télévision. Les livres, les ordinateurs et les télévisions sont effectivement des types particuliers de produits. La relation d'héritage peut aussi se lire « est un » du niveau spécialisé vers le niveau général : on peut dire par exemple qu'un livre « est un » produit, qu'un ordinateur et une télévision sont des produits. En revanche, la réciproque n'est pas vraie : un produit n'est pas nécessairement un livre.

Le niveau Livre possède ses propres attributs (Titre, Auteur, Nombre Pages, etc.) mais il « hérite » également des attributs du niveau Produit puisqu'il en est un sous-type : le niveau Livre a donc aussi comme attributs le Code Produit et le Libellé Produit. De même, les niveaux Ordinateur et Télévision possèdent leurs propres attributs mais ont également comme attributs le Code Produit et le Libellé Produit. En particulier, le Code Produit étant l'identifiant du niveau Produit, il est aussi l'identifiant des niveaux Livre, Ordinateur et Télévision.

Un autre exemple classique d'héritage entre niveaux est représenté par la figure suivante.

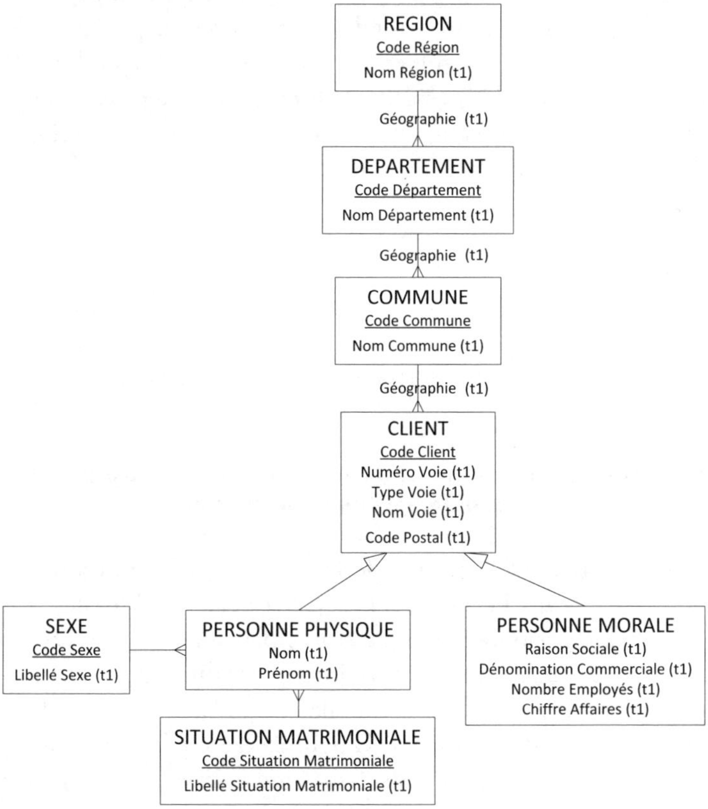

Figure 2.18 **Niveaux Personne Physique et Personne Morale héritant du niveau Client**

Dans la figure 2.18, le niveau général Client a pour sous-types les niveaux spécialisés Personne Physique et Personne Morale. En effet, un client peut être soit une personne physique, soit une personne morale. Comme le montre la figure, le niveau général et les niveaux spécialisés d'une relation d'héritage peuvent chacun être associés à d'autres niveaux via des relations hiérarchiques : le niveau Client est associé via la hiérarchie Géographie aux niveaux Commune, Département et Région alors que le niveau Personne Physique est associé aux niveaux Sexe et Situation Matrimoniale. En effet, tous les clients, qu'ils soient des personnes physiques ou des personnes morales, résident dans une commune alors que seules les personnes physiques possèdent un sexe et une situation matrimoniale.

À l'instar de ce que l'on a fait pour les hiérarchies à niveau manquant, il est également possible de placer des contraintes ensemblistes sur les relations d'héritage.

Si l'on reprend l'exemple de la figure 2.17, on peut dire que les niveaux Livre, Ordinateur et Télévision sont « exclusifs » les uns des autres, c'est-à-dire qu'un produit ne peut pas être à la fois un livre et un ordinateur, ne peut pas être à la fois un livre et une télévision et enfin ne peut pas être à la fois un ordinateur et une télévision. En revanche, la contrainte de « totalité » ne s'applique pas ici car les livres, les ordinateurs et les télévisions ne représentent pas la totalité des produits. (Il existe des produits qui ne sont ni des livres, ni des ordinateurs, ni des télévisions.) On peut donc enrichir le diagramme de la figure 2.17 avec une contrainte d'exclusivité, comme dans la figure suivante.

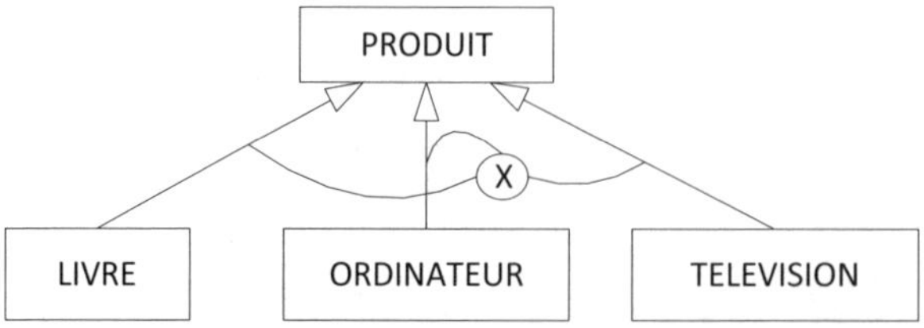

Figure 2.19 **Ajout d'une contrainte d'exclusivité entre les relations d'héritage des différents types de produit**

Si l'on reprend à présent l'exemple de la figure 2.18, la contrainte d'exclusivité s'applique entre les niveaux Personnes Physique et Personne Morale car un client ne peut être à la fois une personne physique et une personne morale. De plus, on peut cette fois-ci appliquer également la contrainte de totalité car un client est soit une personne physique, soit une personne morale et ne peut pas être ni l'un ni l'autre. On peut donc enrichir le diagramme de la figure 2.18 avec la contrainte d'exclusivité et de totalité, symbolisée par le symbole ⊕, comme dans la figure suivante.

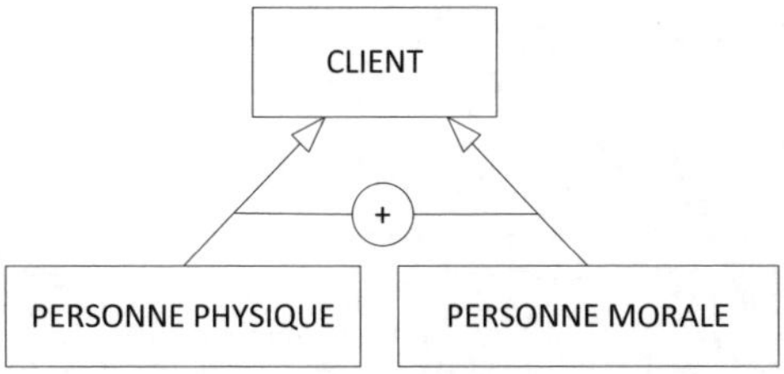

Figure 2.20 **Ajout d'une contrainte d'exclusivité et de totalité entre les relations d'héritage des différents types de client**

Chapitre 3

Gestion des modifications temporelles intervenant au sein des dimensions

Les associations entre membres d'un niveau parent et membres d'un niveau enfant d'une relation hiérarchique peuvent subir des modifications au cours du temps : à un instant t0, un membre E1 d'un niveau enfant peut être en relation avec un membre P1 du niveau parent associé et à un instant t1 postérieur à t0, E1 peut ne plus être en relation avec P1 mais avec un autre membre P2.

De même, au sein d'un niveau, la valeur d'un attribut relatif à un membre du niveau peut être modifiée au cours du temps.

On peut définir quatre manières de prendre en compte les modifications temporelles de relations entre membres de niveaux reliés par une relation hiérarchique et les modifications de valeurs des attributs d'un niveau. Ces quatre manières sont présentées dans les sections suivantes.

3.1 Gestion temporelle de type 1

Gérer une relation hiérarchique ou un attribut par une **gestion temporelle de type 1** signifie que lorsqu'un membre parent d'une relation hiérarchique ou lorsqu'un attribut d'un niveau change de valeur, l'on souhaite analyser l'ensemble des faits d'une relation factuelle en relation avec la relation hiérarchique ou l'attribut en question suivant la nouvelle valeur. L'expression « l'ensemble des faits » signifie à la fois les faits survenus antérieurement au changement de valeur et les faits survenus postérieurement à ce changement.

Prenons un exemple issu du schéma factuel Vente : considérons la relation factuelle Vente et uniquement les dimensions Date et Produit et supposons que la relation factuelle Vente contienne les faits du tableau 3.1.

Date	Produit	Quantité Vendue
01/03/2012	Le père Goriot	2
05/03/2012	Le père Goriot	1

Tableau 3.1 **Faits de vente**

Supposons maintenant que le 03/03/2012, le Produit « Le père Goriot », qui était affecté à la sous-catégorie « Roman » depuis le 01/01/2010 se voit attribué la sous-catégorie « Roman du XIXe siècle ». Ce changement est illustré par le tableau 3.2.

Date	Produit	Sous-catégorie
01/01/2010	Le père Goriot	Roman
03/03/2012	Le père Goriot	Roman du XIXe siècle

Tableau 3.2 **Changement de sous-catégorie**

Si l'on décide de gérer la relation hiérarchique entre les niveaux Produit et Sous-catégorie de la hiérarchie Produit avec une gestion temporelle de type 1, on obtiendra le tableau 3.3.

Date	Produit	Sous-catégorie	Quantité Vendue
01/03/2012	Le père Goriot	Roman du XIXe siècle	2
05/03/2012	Le père Goriot	Roman du XIXe siècle	1

Tableau 3.3 **Utilisation d'une gestion temporelle de type 1**

Dans ce tableau, on fait comme si « Le père Goriot » avait toujours fait partie de la sous-catégorie « Roman du XIXe siècle ». La vente du 01/03/2012, bien qu'antérieure à la modification de sous-catégorie intervenue le 03/03/2012, est affectée à la nouvelle sous-catégorie. La vente du 05/03/2012, postérieure au changement de sous-catégorie est bien entendu également affectée à la nouvelle sous-catégorie.

Ainsi, la somme des valeurs de l'indicateur Quantité Vendue pour le produit « Le père Goriot » est affectée à la nouvelle sous-catégorie « Roman du XIXe siècle » et l'on peut produire le tableau 3.4.

Mois	Sous-catégorie	Quantité vendue
Mars 2012	Roman du XIXe siècle	3

Tableau 3.4 **Quantités vendues par sous-catégorie avec une gestion temporelle de type 1**

Le type de gestion temporelle est propre à une relation hiérarchique ou à un attribut et doit donc être identique pour toutes les relations factuelles avec lesquelles la relation hiérarchique ou l'attribut en question est lié, et pour chaque indicateur de l'ensemble de ces relations factuelles. Autrement dit, on ne peut pas adopter une gestion de type 1 pour l'indicateur Quantité Vendue et une gestion d'un autre type pour l'indicateur Montant Vente HT de la relation factuelle Vente, ni même pour un indicateur qui appartiendrait à une autre relation factuelle : cela ne serait pas logique et cela ne manquerait pas d'engendrer des incohérences au sein des restitutions.

Il est à remarquer que la gestion temporelle de type 1 a pour conséquence la production de résultats potentiellement différents lorsqu'un même rapport est produit à des dates différentes.

Considérons en effet les ventes du tableau 3.5, relatives au mois de février 2012.

Date	Produit	Quantité vendue
01/02/2012	Le père Goriot	1
10/02/2012	Le père Goriot	1
20/02/2012	Les Misérables	1
22/02/2012	Le père Goriot	2

Tableau 3.5 **Ventes unitaires de février 2012**

Supposons que le 01/03/2012, le produit « Le père Goriot » est affecté à la sous-catégorie « Roman » et le produit « Les Misérables » est affecté à la sous-catégorie « Roman du XIXe siècle », et que l'on produise à cette date le tableau 3.6 relatif aux ventes par sous-catégorie du mois de février 2012.

Mois	Sous-catégorie	Quantité vendue
Février 2012	Roman	4
Février 2012	Roman du XIXe siècle	1

Tableau 3.6 **Ventes par sous-catégorie de février 2012**

Le 03/03/2012, le produit « Le père Goriot » change de sous-catégorie en étant désormais affecté à la sous-catégorie « Roman du XIXe siècle ».

Si, le 04/03/2012, l'on souhaite reproduire le tableau des ventes par sous-catégorie de février 2012, on obtiendra le tableau 3.7, différent du tableau 3.6.

Mois	Sous-catégorie	Quantité vendue
Février 2012	Roman du XIXe siècle	5

Tableau 3.7 **Ventes par sous-catégorie de février 2012 après le changement de type 1**

3.2 Gestion temporelle de type 2

Adopter une **gestion temporelle de type 2** signifie que lorsqu'un membre parent d'une relation hiérarchique ou lorsqu'un attribut d'un niveau change de valeur, l'on souhaite analyser les faits antérieurs à ce changement suivant l'ancienne valeur et les faits postérieurs suivant la nouvelle valeur.

Reprenons notre exemple en adoptant une gestion temporelle de type 2 à la relation hiérarchique entre les niveaux Produit et Sous-catégorie.

Si l'on considère les ventes du tableau 3.1 et le changement de sous-catégorie pour le produit « Le père Goriot » illustré par le tableau 3.2, on obtient avec une gestion temporelle de type 2 le tableau 3.8 et le tableau 3.9 suivants (correspondant respectivement au tableau 3.3 et au tableau 3.4).

Date	Produit	Sous-catégorie	Quantité vendue
01/03/2012	Le père Goriot	Roman	2
05/03/2012	Le père Goriot	Roman du XIXe siècle	1

Tableau 3.8 **Utilisation d'une gestion temporelle de type 2**

Mois	Sous-catégorie	Quantité vendue
Mars 2012	Roman	2
Mars 2012	Roman du XIXe siècle	1

Tableau 3.9 **Quantités vendues par sous-catégorie avec une gestion temporelle de type 2**

Il est à remarquer que, contrairement à la gestion temporelle de type 1, l'historique n'est jamais modifié par la gestion de type 2. Autrement dit, un rapport relatif aux ventes par sous-catégorie du mois de février 2012 produit début mars 2012 et le même rapport produit début avril 2012 seront nécessairement identiques.

3.3 Gestion temporelle de type 3

La **gestion temporelle de type 3** consiste, suite à un changement de valeur d'un attribut ou d'un membre parent d'une relation hiérarchique, à laisser la possibilité à l'utilisateur du système d'analyser l'ensemble des faits (aussi bien les faits antérieurs que les faits postérieurs au changement) soit suivant l'ancienne valeur, soit suivant la nouvelle valeur de l'attribut ou du membre en question.

Ce type de gestion temporelle est beaucoup moins utilisé que les types 1 et 2.

Si l'on adopte la gestion temporelle de type 3 à notre exemple des ventes du tableau 3.1 et du changement illustré par le tableau 3.2, on pourra produire au choix soit le tableau 3.10 (analyse suivant la nouvelle valeur de sous-catégorie), soit le tableau 3.11 (analyse suivant l'ancienne valeur).

Mois	Sous-catégorie	Quantité vendue
Mars 2012	Roman du XIXe siècle	3

Tableau 3.10 **Analyse suivant la nouvelle valeur de sous-catégorie (type 3)**

Mois	Sous-catégorie	Quantité vendue
Mars 2012	Roman	3

Tableau 3.11 **Analyse suivant l'ancienne valeur de sous-catégorie (type 3)**

On notera que le tableau 3.10 est strictement identique au tableau 3.4 et que l'analyse suivant la nouvelle valeur pour une gestion de type 3 est équivalente à une gestion de type 1.

La gestion de type 3 est souvent utilisée pour gérer les changements dans les dimensions basées sur l'organisation d'une entreprise, afin de comparer, suite à une réorganisation, les résultats suivant la nouvelle organisation à ceux suivant l'ancienne organisation et de constater l'impact de la réorganisation sur ces résultats.

3.4 Gestion temporelle hybride ou gestion temporelle de type 12

Dans certains rares cas, les besoins en matière de gestion temporelle d'un attribut ou d'une relation hiérarchique sont conflictuels.

Pour un même attribut ou relation hiérarchique, on peut en effet avoir besoin d'analyser l'ensemble des faits suivant la dernière valeur de l'attribut ou du membre parent de la relation (gestion de type 1) ou dans d'autres cas d'analyser les faits suivant la valeur historique (gestion de type 2).

Il s'agit donc d'une **gestion temporelle hybride** combinant les types 1 et 2 que l'on peut également qualifier de **gestion temporelle de type 12**.

3.5 Absence de gestion temporelle (type 0)

Il arrive qu'un attribut ou une relation hiérarchique ne soit jamais modifié. Dans ce cas, aucune gestion temporelle n'est à appliquer. Afin de distinguer de tels attributs ou relations hiérarchiques, on dit qu'ils sont de **type 0**.

À titre d'exemple, l'ensemble des attributs et relations hiérarchiques de la dimension Temps sont de type 0. En effet, une date donnée ne change jamais de mois, un mois donné appartient toujours au même trimestre, etc.

3.6 Cas courants d'utilisation des différents types de gestion temporelle

Comme nous venons de le voir, la gestion de type 0 est utilisée principalement pour les attributs et relations hiérarchiques de la dimension Date. Un autre cas courant d'utilisation est l'attribut Date Naissance du niveau Client. En effet, la date de naissance d'une personne n'est jamais modifiée.

La gestion de type 1 est plutôt utilisée dans le cadre de dimensions telles que Produit ou Organisation (d'une entreprise). En effet, il arrive que les produits changent de classification (par exemple de catégorie) pour refléter les changements de politique commerciale et l'entreprise souhaite généralement analyser l'ensemble des indicateurs suivant la nouvelle classification. Le même principe est souvent adopté en ce qui concerne les changements en termes d'organisation des ventes.

La gestion de type 2 est plutôt utilisée pour traiter de véritables changements et non pas des changements à vocation purement analytiques comme ceux pouvant avoir lieu sur les dimensions Produit ou Organisation. Ces véritables changements surviennent sur des attributs tels que ceux de la dimension Client. Par exemple, si un client change de statut marital en passant de « Célibataire » à « Marié », il est vraisemblable que l'on souhaitera continuer à traiter les ventes à ce client antérieures au changement comme des ventes à un client célibataire et non pas comme des ventes à un client marié. On appliquera donc à l'attribut Statut Marital une gestion temporelle de type 2. Idem pour des attributs tels que Ville de Résidence ou Revenu Mensuel.

Comme nous l'avons vu, la gestion de type 3 est souvent utilisée pour la gestion temporelle des relations hiérarchiques de la dimension Organisation.

Par abus de langage, on pourra dire qu'une dimension est par exemple de type 1 si l'ensemble des attributs et relations hiérarchiques la composant sont de type 1.

3.7 Cas des corrections d'erreurs

Nous savons tous que la qualité des données et des traitements d'un système d'information n'est pas parfaite. Il arrive donc que certaines valeurs soient incorrectes. Et il arrive également que l'on se rende compte d'un problème de qualité de données et que l'on souhaite corriger des valeurs erronées.

Lorsque l'on corrige une valeur erronée, on remplace alors l'ancienne valeur par la nouvelle et l'on souhaite la plupart du temps faire en sorte que tous les faits (à la fois ceux antérieurs et ceux postérieurs à la correction) soient analysés suivant la nouvelle valeur. Le traitement des corrections revient donc à appliquer une gestion temporelle de type 1.

Cela dit, la prise en compte et le traitement des corrections est une problématique bien à part et ne doit pas selon moi entrer en jeu dans la définition de la gestion temporelle des attributs et relations hiérarchique d'un MCMD. Autrement dit, il faut bien distinguer dans les traitements de mise à jour des données les modifications effectuées en vertu de corrections de celles effectuées en vertu des véritables changements ayant lieu sur les données.

3.8 Représentation graphique de la gestion temporelle dans un diagramme MCMD

Dans un diagramme MCMD, on indique les types de gestion temporelle en ajoutant la chaîne de caractères « (tx) » à la suite du nom d'un attribut ou à côté d'une relation hiérarchique, x étant un nombre entier égal à :

- 0 si la gestion temporelle de l'attribut ou de la relation hiérarchique est de type 0.
- 1 pour une gestion de type 1.
- 2 pour une gestion de type 2.
- 3 pour une gestion de type 3.
- 12 pour une gestion hybride associant les types 1 et 2.

Rien n'empêche des attributs ou des relations hiérarchiques d'une même dimension d'avoir des types de gestion temporelle différents. Par exemple, la dimension Employé, dont le diagramme est présenté figure 3.1, présente trois types de gestion temporelle différents.

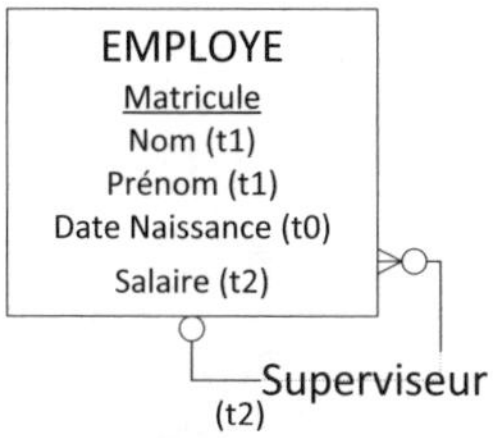

Figure 3.1 **Présence de plusieurs types de gestion temporelle pour une même dimension**

En effet, les attributs Nom et Prénom du niveau Employé sont de type 1 alors que l'attribut Salaire du même niveau et la relation hiérarchique Superviseur sont tous deux de type 2, l'attribut Date Naissance étant lui de type 0.

Chapitre 4

Relations factuelles

4.1 Définition d'une relation factuelle

Une **relation factuelle** représente un ensemble d'événements ou de situations. Chaque relation factuelle est caractérisée par des **indicateurs** qui sont les mesures des événements ou situations représentés par la relation factuelle.

Une relation factuelle est également associée à des dimensions en étant rattachée à des niveaux de ces dernières[1]. Les dimensions représentent le contexte des relations factuelles en répondant aux questions du type Quand ?, Quoi ?, Qui ? ... sur les événements ou situations qu'elles représentent.

Les événements ou situations représentés par une relation factuelle sont les instances de cette relation et sont appelés **faits**.

Dans le monde de l'entreprise, une relation factuelle est en générale propre à un processus métier et est nommée en fonction du processus auquel elle fait référence.

Dans notre cas d'école, la relation factuelle fait référence au processus métier des ventes et est donc appelée Vente.

Dans un MCMD, une relation factuelle est représentée par un rectangle aux coins arrondis. Le nom de la relation factuelle est indiqué en majuscules et au singulier dans la partie supérieure du rectangle et les indicateurs contenus dans la relation sont mentionnés en dessous de son nom.

La figure 4.1 représente la relation factuelle Vente avec les niveaux auxquels elle est associée.

1. Au maximum un niveau par dimension et pas nécessairement le niveau le plus fin.

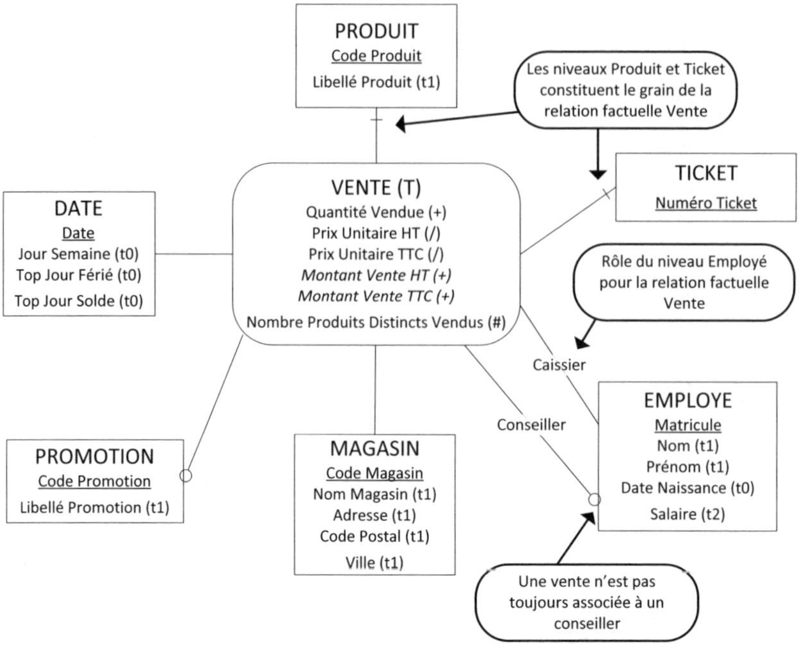

Figure 4.1 **Relation factuelle Vente et niveaux associés**

La relation factuelle Vente contient les indicateurs Quantité vendue, Prix Unitaire HT, Prix Unitaire TTC, Montant Vente HT, Montant Vente TTC et Nombre Produits Distincts Vendus ; elle est par ailleurs associée aux niveaux Date, Produit, Ticket, Employé, Magasin et Promotion.

4.2 Grain d'une relation factuelle

Le **grain** (ou niveau de granularité) d'une relation factuelle représente le niveau de détail de cette relation. Le grain indique ce que les faits représentent. Le grain est constitué par l'ensemble ou un sous-ensemble des niveaux auxquels la relation factuelle est associée. Par exemple, le grain de la relation factuelle Vente est constitué des niveaux Produit et Ticket car chaque fait représente la vente d'un produit sur un ticket de caisse donné. Pour représenter le grain dans un diagramme MCMD, on ajoute un segment orthogonal sur les liens entre la relation factuelle et l'ensemble des niveaux participant au grain (cf. figure 4.1).

Si l'on effectue le parallèle avec la terminologie du modèle entité-association, le grain d'une relation factuelle est en quelque sorte son identifiant. Dans le cas de la relation factuelle Vente, une vente est identifiée par le ticket et le produit auxquels elle se rapporte.

Lorsque l'on définit le grain, il faut veiller à n'inclure que les niveaux nécessaires. En effet, on pourrait dire qu'un fait de la relation Vente représente la vente d'un produit, sur un ticket de caisse donné, à une date donnée, dans un magasin donné, avec une promotion donnée et effectuée par un employé donné, et ainsi inclure dans la définition du grain l'ensemble des niveaux associés à la relation factuelle Vente. Cela ne serait pas faux mais nous perdrions de l'information. Il est en effet utile de savoir qu'une vente peut être identifié uniquement par l'association d'un produit et d'un ticket et donc qu'il ne peut pas exister plusieurs ventes pour un même couple (Produit, Ticket).

4.3 Rôle d'un niveau pour une relation factuelle

Une relation factuelle peut être associée plusieurs fois à un même niveau ; en revanche, elle ne peut pas être associée à des niveaux différents d'une même dimension.

C'est le cas de la relation factuelle Vente qui est associée deux fois au niveau Employé. En effet, une vente peut impliquer deux employés : un caissier et un conseiller.

Dans le cas d'une association multiple entre une relation factuelle et un niveau, afin de distinguer les différents rôles joués par le niveau vis-à-vis de la relation factuelle, ces rôles sont indiqués dans le diagramme sur chaque lien entre la relation factuelle et le niveau. Ainsi, dans le schéma factuel Vente, les rôles « Caissier » et « Conseiller » sont indiqués sur le diagramme (cf. figure 4.1).

4.4 Cardinalités d'un niveau pour une relation factuelle

Le plus souvent, les niveaux sont en relation 1..1 avec la relation factuelle. Autrement dit, chaque fait est associé à un membre d'un niveau et à un seul ; en revanche, un membre d'un niveau peut être associé à 0 à N faits.

Mais cela n'est pas toujours le cas. Par exemple, dans le schéma factuel Vente, un fait n'est pas obligatoirement associé à un employé de rôle Conseiller. En effet, une vente n'implique pas nécessairement un conseiller. D'où une relation 0..1 du niveau Employé avec la relation factuelle Vente pour le rôle Conseiller, représentée par le symbole —○ (cf. figure 4.1).

Par opposition, un niveau peut également être en relation 1..N (ou 0..N) avec une relation factuelle. Un fait peut en effet être associé à plusieurs membres (ayant le même rôle) d'un même niveau.

Pour illustrer ce cas de figure, considérons la figure 4.2 qui présente un schéma factuel relatif aux admissions dans un hôpital.

La relation factuelle Admission est en relation avec les niveaux Date, Patient et Diagnostic. Le niveau Diagnostic est en relation 1..N avec la relation factuelle. En effet, lors d'une admission, le patient peut faire l'objet de plusieurs diagnostics. La relation 1..N est matérialisée par le symbole >— .

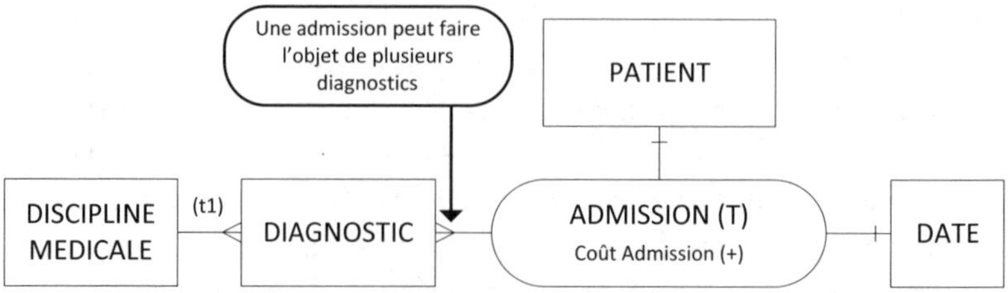

Figure 4.2 **Schéma factuel Admission avec un niveau en relation 1..N avec la relation factuelle**

4.5 Additivité des indicateurs d'une relation factuelle

Une relation factuelle contient des[1] indicateurs qui représentent les mesures qui lui sont associées. Les indicateurs sont des valeurs numériques qui servent à quantifier, mesurer les faits contenus dans une relation factuelle. Au sein d'un MCMD, un même indicateur ne doit appartenir qu'à une seule relation factuelle.

Les valeurs d'un indicateur d'une relation factuelle peuvent être agrégées suivant les différentes dimensions avec lesquelles la relation factuelle est en relation. Pour chacune de ces dimensions, on utilise un opérateur d'agrégation pour agréger les valeurs de l'indicateur en question.

Il existe différents opérateurs d'agrégation tels que Somme, Moyenne, Minimum et Maximum.

On peut classer les indicateurs en fonction des opérateurs d'agrégation que l'on peut utiliser pour agréger leurs valeurs.

4.5.1 Indicateurs additifs

Lorsque les valeurs d'un indicateur peuvent être agrégées en utilisant l'opérateur Somme suivant l'ensemble des dimensions, l'indicateur est dit **additif**. Dans un diagramme MCMD, on distingue les indicateurs additifs des autres par le symbole (+) que l'on ajoute à la suite de leurs noms. Par exemple, dans la relation factuelle Vente, les indicateurs Quantité Vendue, Montant Vente HT et Montant Vente TTC sont des indicateurs additifs car ils peuvent être sommés suivant l'ensemble des dimensions Date, Magasin, Produit, Employé, Ticket et Promotion.

Remarque : les indicateurs additifs sont le plus souvent des indicateurs mesurant un flux, une activité, un ensemble d'événements.

1. Nous verrons par la suite que certaines relations factuelles ne contiennent pas d'indicateurs.

4.5.2 Indicateurs semi-additifs

Lorsque les valeurs d'un indicateur peuvent être agrégées en utilisant l'opérateur Somme suivant l'ensemble des dimensions à l'exception de la dimension représentant le temps (dimension Date dans notre cas d'école)[1], l'indicateur est dit **semi-additif**. Un indicateur semi-additif porte le symbole (+/) à la fin de son nom.

La relation factuelle Vente ne contenant pas d'indicateur semi-additif, considérons un autre exemple pour illustrer ce propos : la figure 4.3 représente la relation factuelle Inventaire et les dimensions qui lui sont associées.

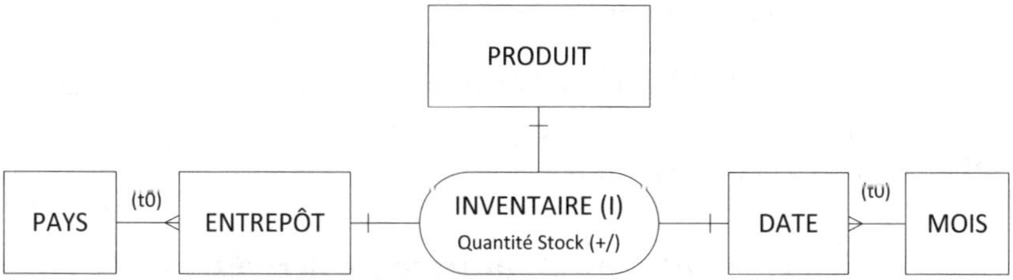

Figure 4.3 **Schéma factuel Inventaire**

L'unique indicateur de cette relation factuelle est Quantité Stock. Il s'agit d'un indicateur semi-additif. En effet, la quantité en stock peut être sommée sur la dimension Produit (on peut additionner les quantités de différents produits) et sur la dimension Entrepôt (on peut sommer les quantités de produits d'un entrepôt avec celles d'un autre entrepôt) mais pas sur la dimension Date (par exemple, sommer la quantité en stock du 10/01/2012 avec celle du 11/01/2012 n'a pas de sens).

Remarque : les indicateurs semi-additifs sont le plus souvent des indicateurs mesurant un stock, un niveau, une situation à un instant t.

Pour agréger un indicateur semi-additif suivant la dimension temporelle, on pourra utiliser un autre opérateur tel que Moyenne, Maximum ou Minimum.

4.5.3 Indicateurs non additifs

Un indicateur qui n'est ni additif ni semi-additif est dit **non additif**.

Par exemple, l'indicateur Prix Unitaire HT de la relation factuelle Vente est non additif car cela n'a pas de sens de le sommer suivant les différentes dimensions. L'indicateur Nombre Produits Distincts Vendus est également non additif car, si un même produit est vendu deux fois, il ne doit être comptabilisé qu'une seule fois pour cet indicateur.

1. Les relations factuelles sont quasiment toujours associées à une dimension temporelle, les faits représentant des événements ou des situations qui nécessairement ont lieu dans le temps.

Parmi les indicateurs non additifs, certains indicateurs sont dits **non agrégeables**. Un indicateur non agrégeable ne peut pas être agrégé au moyen d'un opérateur d'agrégation. Par exemple, l'indicateur Nombre Produits Distincts Vendus est non agrégeable car aucun opérateur ne permet de l'agréger, l'agrégation de cet indicateur nécessitant de dénombrer des produits distincts.

Remarque : en revanche, l'indicateur Prix Unitaire HT est agrégeable car on peut calculer un prix unitaire moyen sur un ensemble de faits via une formule faisant intervenir des opérateurs d'agrégation (cf. section 4.7). De manière générale, les indicateurs représentant des ratios ou des pourcentages sont non additifs mais agrégeables, alors que les indicateurs nécessitant de dénombrer des éléments distincts sont non agrégeables.

Dans un diagramme MCMD, les indicateurs non additifs agrégeables sont distingués des autres indicateurs au moyen du symbole (/) alors que les indicateurs non agrégeables ont leurs noms suivis du signe (#).

4.6 Indicateurs élémentaires et indicateurs dérivés

On distingue également les **indicateurs élémentaires** des **indicateurs dérivés**.

Un indicateur dérivé peut être obtenu au moyen d'une formule de calcul basée sur des indicateurs élémentaires. Contrairement à un indicateur élémentaire, un indicateur dérivé n'a pas besoin d'être stocké (dans une base de données) car il peut toujours être obtenu à partir d'autres indicateurs (élémentaires).

Dans un diagramme MCMD, les noms des indicateurs dérivés apparaissent en *italique* afin de les distinguer des indicateurs élémentaires.

Par exemple, dans la relation factuelle Vente, l'indicateur Montant Vente HT est un indicateur dérivé car il peut être obtenu à partir des indicateurs élémentaires Quantité Vendue et Prix Unitaire HT, au moyen de la formule de calcul suivante :

*Montant Vente HT = Quantité Vendue * Prix Unitaire HT.*

4.7 Formules de calcul des indicateurs

Il est utile de représenter dans un tableau deux types de formule pour le calcul des indicateurs :

- les formules s'appliquant au niveau le plus fin, c'est-à-dire au niveau du grain de la relation factuelle (ces formules concernent uniquement les indicateurs dérivés) ;
- les formules pour l'agrégation des indicateurs suivant les différentes dimensions (ces formules concernent l'ensemble des indicateurs).

Le tableau 4.1 présente les formules de niveau fin et les formules d'agrégation pour des indicateurs de la relation factuelle Vente.

Nom de l'indicateur	Type d'indicateur	Formule de niveau fin	Formule(s) d'agrégation
Quantité Vendue	Elémentaire	N/A	Somme(Quantité Vendue) {Date, Produit, Magasin, Employé, Promotion, Ticket}
Prix Unitaire HT	Elémentaire	N/A	Somme(Quantité Vendue * Prix Unitaire HT) / Somme(Quantité Vendue) {Date, Produit, Magasin, Employé, Promotion, Ticket}
Montant Vente HT	Dérivé	Quantité Vendue * Prix Unitaire HT	Somme(Montant Vente HT) {Date, Produit, Magasin, Employé, Promotion, Ticket}
Nombre Produits Distincts Vendus	Elémentaire	N/A	N/A

Tableau 4.1 **Formules de niveau fin et d'agrégation pour les indicateurs de la relation factuelle Vente**

Le tableau 4.1 illustre le fait que :

- les indicateurs Quantité Vendue et Montant Vente HT sont additifs car les formules d'agrégation qui leur sont associées contiennent une simple « Somme » ;
- l'indicateur Prix Unitaire HT est non additif mais agrégeable au moyen de la formule « Somme(Quantité Vendue * Prix Unitaire HT) / Somme(Quantité Vendue) » (moyenne du prix unitaire HT pondérée par la quantité vendue) ;
- l'indicateur Nombre Produits Distincts Vendus est non seulement non additif mais également non agrégeable, aucune formule d'agrégation ne lui étant associée.

Dans le tableau précédent, chaque formule d'agrégation est suivie de la liste des dimensions sur lesquelles elle s'applique. Cette liste contient entre accolades les noms des différentes dimensions séparés par des virgules. Il se trouve que les indicateurs de la relation factuelle Vente sont tous agrégés suivant une formule d'agrégation unique qui s'applique donc à l'ensemble des dimensions avec lesquelles la relation factuelle est en relation.

Mais certains indicateurs peuvent être agrégés suivant des formules différentes selon les dimensions. C'est en particulier le cas des indicateurs semi-additifs qui sont agrégés en utilisant l'opérateur Somme suivant toutes les dimensions, sauf la dimension temporelle pour laquelle un autre opérateur peut être utilisé. À titre d'exemple, considérons la relation factuelle Inventaire de la figure 4.3 et supposons que, pour agréger l'indicateur Quantité Stock suivant la dimension Date, on souhaite utiliser l'opérateur « Minimum ». On associera alors à l'indicateur Quantité Stock les deux formules d'agrégation suivantes :

Somme (Quantité Stock) {Produit, Entrepôt} et
Minimum (Quantité Stock) {Date}.

4.8 Relations factuelles sans indicateurs

Dans certains cas, on ne peut pas véritablement définir d'indicateurs pour une relation factuelle.

En effet, certaines relations factuelles contiennent des faits qui représentent la survenue d'événements ou la réalisation d'activités pour lesquels il n'existe pas de mesure associée. L'objectif de ces relations factuelles est simplement d'enregistrer et de pouvoir comptabiliser la survenue de ces événements.

En guise d'exemples, on peut citer :

- Le suivi des sinistres automobiles par une compagnie d'assurance. Une relation factuelle enregistrant ces sinistres doit par exemple permettre de les comptabiliser par date, par type de véhicule, par assuré, par ville, etc.
- Le suivi des appels à un centre de relations clientèle, afin de pouvoir comptabiliser ces appels par date, client, objet de l'appel (réclamation, demande d'information, etc.), opérateur téléphonique, etc.
- Le suivi des visites sur un site internet.
- Le suivi de la tenue de cours dans une université.

Si l'on considère ce dernier exemple, on pourra concevoir un schéma factuel tel que celui de la figure 4.4.

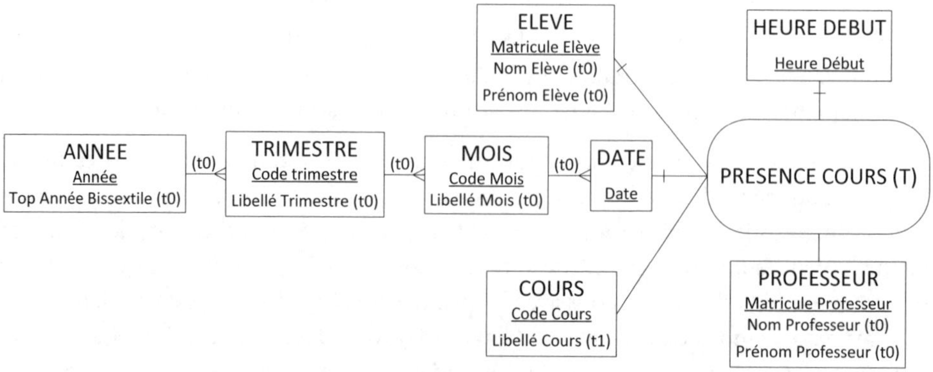

Figure 4.4 **Schéma factuel Présence Cours**

Ce schéma factuel permet d'enregistrer la présence de chaque élève d'une université à chaque cours donné par un professeur. Il contient un fait par cours donné par un professeur à une date et une heure précise et pour chaque élève ayant assisté à ce cours. Si par exemple, 30 élèves ont assisté au cours de mathématiques du 14/06/2012 à 14h donné par le professeur Durand, on aura 30 faits dans la relation factuelle Présence Cours.

Le schéma factuel de la figure 4.4 permet de répondre à des questions telles que les suivantes :

- Combien de cours a donné le professeur Durand pendant le mois de mars 2012 ?
- À combien de cours de mathématiques l'élève Dubois a-t-il assisté pendant le mois de janvier 2012 ?
- Quelle est l'évolution mois après mois du nombre moyen d'élèves ayant assisté aux cours du professeur Durand pendant l'année 2011 ?

Mais il existe une autre catégorie de relations factuelles sans indicateurs que celles représentant la survenue d'événements ou la réalisation d'activités : il s'agit des relations factuelles dites « de couverture ».

Alors que la première catégorie de relations factuelles sans indicateurs est utilisée pour connaître les événements qui ont eu lieu, cette deuxième catégorie sera utilisée pour connaître les événements qui n'ont pas eu lieu. Dans notre exemple sur le suivi de la tenue de cours dans une université, une relation factuelle de couverture pourra être utilisée pour répertorier les élèves inscrits aux différents cours des différents professeurs, et ainsi en déduire quels ont été les élèves absents à ces cours. On parle d'événements qui n'ont pas eu lieu car parler de l'absence d'un élève à un cours revient à parler de sa non-présence au cours en question, autrement dit d'un non-événement.

La figure suivante représente une relation factuelle de couverture et ses dimensions associées pour le suivi de la tenue de cours.

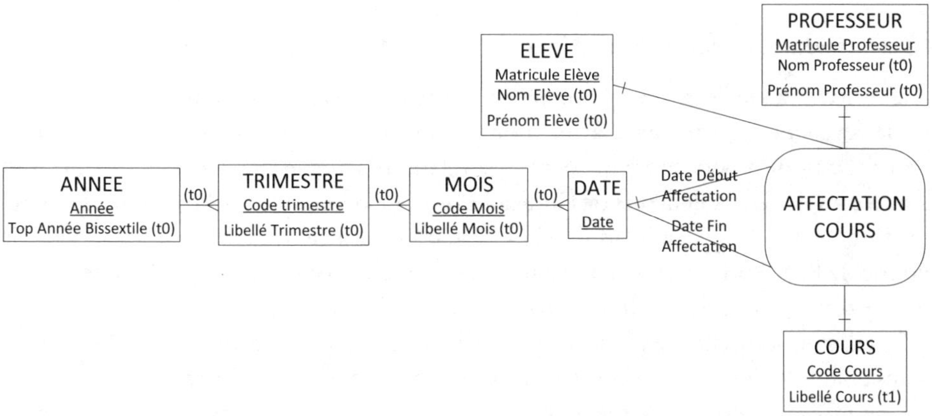

Figure 4.5 **Schéma factuel Affectation Cours**

La relation factuelle Affectation Cours est associée aux mêmes dimensions Élève, Professeur et Cours que la relation Présence Cours. La différence entre les deux schémas factuels se situe au niveau de la dimension Date. En effet, la relation Affectation Cours n'est pas associée au niveau Heure Début et est associée deux fois avec le niveau

Date : une fois avec le rôle Date Début Affectation et une autre avec le rôle Date Fin Affectation. En effet, la relation Affectation Cours matérialise l'affectation ou l'inscription d'un élève à un cours donné par un professeur ; cette affectation est caractérisée par une date de début et une date de fin, chaque élève étant inscrit à un cours pour une période donnée. Chaque fait de la relation Affectation Cours représente donc l'affectation sur une période d'un élève à un cours donné par un professeur. Autrement dit, si 40 élèves sont inscrits au cours de mathématiques du professeur Durand pour l'année 2011, la relation factuelle Affectation Cours contiendra 40 faits.

La relation factuelle Affectation Cours permet de connaître le nombre d'élèves inscrits à un cours mais elle peut être également utilisée conjointement avec la relation factuelle Présence Cours pour connaître le nombre d'élèves absents à un cours par la différence entre le nombre d'élèves affectés et le nombre d'élèves présents.

4.9 Différents types de relations factuelles

On peut classer les relations factuelles en deux grands types : les **relations factuelles élémentaires** et les **relations factuelles de synthèse**.

Parmi les relations factuelles élémentaires, on distingue trois sous-types : les relations factuelles de type **Transaction**, les relations factuelles de type **Instantané** et les relations factuelles de type **Instantané Accumulé**.

Avant d'aborder les relations factuelles de synthèse, commençons par décrire chacun des trois sous-types de relations factuelles élémentaires.

4.9.1 Relations factuelles élémentaires de type Transaction

Une relation factuelle de type Transaction contient des faits qui traduisent des activités ou des événements survenant à un moment précis et ne se prolongeant pas dans le temps. Les indicateurs contenus dans une relation factuelle de type Transaction sont les mesures de ces événements (les indicateurs d'une relation factuelle de type Transaction sont en règle générale additifs). Le type est appelé « Transaction » car dans le monde de l'entreprise, ces activités ou ces événements sont enregistrés dans des applications dites « transactionnelles » et sont appelés « transactions ».

La relation factuelle Vente décrite précédemment est une relation factuelle de type Transaction, les faits qu'elle contient étant des événements que l'on appelle ventes.

Une relation factuelle de type Transaction peut contenir des événements unitaires comme la vente d'un produit sur un ticket de caisse (c'est le cas de la relation factuelle Vente), un paiement chez un commerçant avec une carte bancaire, la déclaration d'un sinistre à une compagnie d'assurance ou encore un appel téléphonique. Mais elle peut également contenir des événements agrégés ou récapitulatifs.

Par exemple, la relation factuelle Mouvement Compte Bancaire de la figure suivante est une relation factuelle de type Transaction représentant des mouvements de diffé-

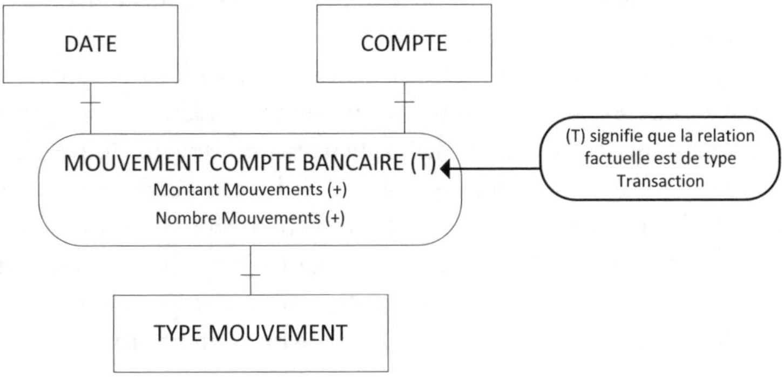

Figure 4.6 **Relation factuelle Mouvement Compte Bancaire**

rents types (virement, prélèvement, remise de chèque, paiement CB, etc.) sur des comptes bancaires à des dates données.

Le grain de la relation Mouvement Compte Bancaire est constitué de l'ensemble des niveaux avec lesquels elle est associée, c'est-à-dire les niveaux Date, Compte et Type Mouvement.

Cette relation factuelle ne contient pas des événements (ou transactions) unitaires mais des événements récapitulatifs. En effet, si au cours d'une même journée, un client effectue deux virements depuis le même compte, la relation factuelle Mouvement Compte Bancaire ne contiendra qu'un seul fait au lieu de deux pour la date, le type de mouvement et le compte en question. Pour ce fait récapitulatif, l'indicateur Montant Mouvements sera égal à la somme des montants des deux virements effectués et l'indicateur Nombre Mouvements sera égal à 2. Chaque fait de la relation Mouvement Compte Bancaire représente donc non pas une transaction unitaire mais un ensemble d'une ou de plusieurs transactions.

4.9.2 Relations factuelles élémentaires de type Instantané

Un fait contenu dans une relation factuelle de type Instantané représente une situation, autrement dit un instantané ou encore une photographie à un instant *t*. Une relation factuelle de type Instantané contient donc un ensemble d'instantanés « empilés » au cours du temps, généralement avec un intervalle régulier (quotidiennement, hebdomadairement ou mensuellement).

Remarque : les indicateurs d'une relation factuelle de type Instantané ne sont jamais additifs sur la dimension temporelle. Ils sont donc souvent semi-additifs.

Dans le schéma factuel de la figure 4.3, un fait de la relation factuelle Inventaire représente l'inventaire d'un produit dans un entrepôt à une date donnée. Cet inventaire représentant un instantané à une certaine date, la relation factuelle Inventaire est donc de type Instantané.

La relation factuelle Inventaire représente un instantané lié à un processus métier : la gestion des stocks. Les faits contenus dans les relations factuelles de type Instantané liées à un processus métier découlent des événements précédents du processus.

Pour illustrer ce propos, considérons la figure ci-dessous décrivant le schéma factuel Mouvement Stock représentant les transactions de mouvements (entrées et sorties) des produits dans les entrepôts. Chaque fait de la relation factuelle Mouvement Stock est une transaction unique, une transaction étant définie par l'entrée ou la sortie d'un produit dans un entrepôt. Le grain de la relation Mouvement Stock est le numéro de transaction.

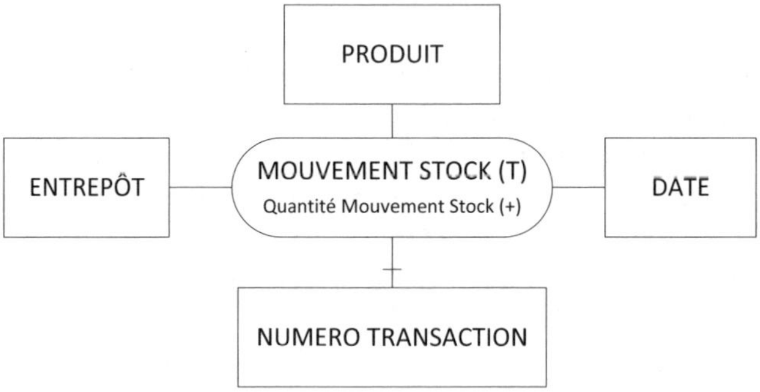

Figure 4.7 **Schéma factuel Mouvement Stock**

La relation factuelle Inventaire découle de la relation factuelle Mouvement Stock. En effet, dans le cas de la gestion des stocks, un inventaire découle des événements que sont les entrées en stock et les sorties de stock précédant la date de l'inventaire. L'indicateur de la relation Inventaire, la quantité en stock, peut être recalculé à partir des mouvements des différents produits dans les entrepôts : la quantité en stock d'un produit P, dans un entrepôt E et à une date D est égale à la somme des quantités entrées en stock (quantités de signe positif) et sorties du stock (quantités négatives) du produit P dans l'entrepôt E au cours du temps jusqu'à la date D.

Un instantané étant la résultante de transactions antérieures et les indicateurs tels que la quantité en stock pouvant être recalculés à partir d'autres indicateurs tels que la quantité de mouvement de stock, on peut légitimement se poser la question de l'utilité ou de la valeur ajoutée des relations factuelles de type Instantané par rapport aux relations factuelles de type Transaction.

Nous allons voir que les relations factuelles de type Instantané ont leur raison d'être et sont complémentaires des relations factuelles de type Transaction, et ce pour les quatre raisons suivantes :

- Il est beaucoup plus simple (et beaucoup plus rapide) de « lire » directement un indicateur tel que la quantité en stock plutôt que de le recalculer en sommant les quantités associées à l'ensemble des transactions de mouvement précédentes.
- Calculer la quantité en stock à partir des quantités des mouvements nécessite de stocker et de conserver l'ensemble des transactions précédant le jour où l'on souhaite mesurer la quantité en stock. Le nombre de ces transactions peut être extrêmement important et nécessite parfois de remonter plusieurs années voire plusieurs dizaines d'années en arrière. Cela est sans doute réalisable pour un produit et un entrepôt donné mais si l'on souhaite obtenir le stock d'un ensemble de produits dans un ensemble d'entrepôts, cela peut vite s'avérer trop coûteux en termes de temps de traitement et de stockage.
- Il se peut très bien que l'ensemble des transactions de mouvement de stock ayant eu lieu depuis la mise en service de l'entrepôt ne soit pas disponible ou encore que certaines transactions aient été mal enregistrées.
- Une relation factuelle de type Instantané n'est pas nécessairement associée à un processus métier et ne découle dans ce cas pas d'une relation factuelle de type Transaction. Par exemple, on peut imaginer la relation factuelle Relevé Météorologique de la figure 4.8. Même si l'instantané qu'est un relevé météorologique découle des événements que sont les phénomènes météorologiques, il est impossible de calculer la température mesurée à une date donnée dans un lieu donné à partir de mesures liées à des événements antérieurs.

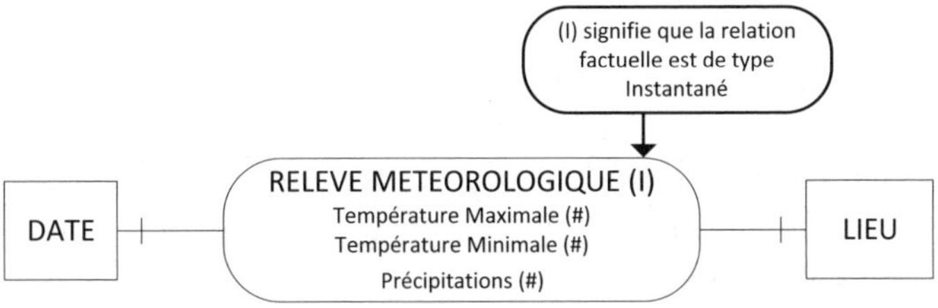

Figure 4.8 **Relation factuelle Relevé Météorologique**

Mais revenons à la gestion des stocks. On pourrait également imaginer de décrire le processus de gestion des stocks en utilisant une unique relation factuelle que l'on qualifierait d'« hybride » puisque son type serait un mixte entre les types Transaction et Instantané. Cela pourrait être la relation factuelle Gestion Stock représentée par la figure 4.9.

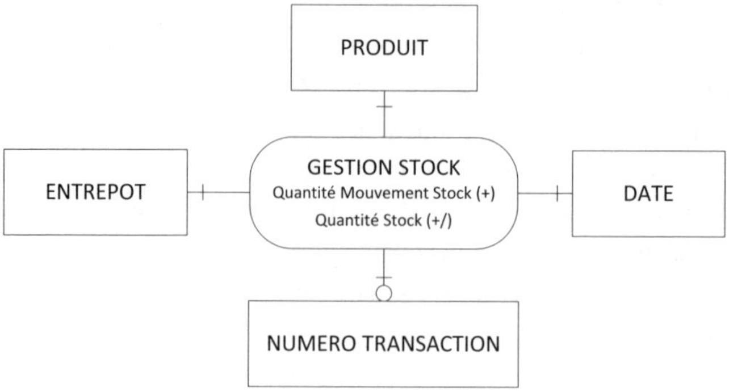

Figure 4.9 **Relation factuelle Gestion Stock**

Utiliser une relation factuelle unique (hybride entre les types Transaction et Instantané) pour décrire le processus de gestion des stocks peut sembler être une bonne idée mais n'en est en fait pas une. Voyons pourquoi.

La relation Gestion Stock contient à la fois des faits représentant des transactions et des faits représentant des instantanés de stock. Son grain est par conséquent constitué des quatre niveaux Numéro Transaction, Date, Produit et Entrepôt. Il s'agit en quelque sorte d'un grain mixte. En effet, les faits représentant des transactions ont pour grain le niveau Numéro Transaction et les faits représentant des instantanés de stock ont pour grain les trois niveaux Date, Produit et Entrepôt. Mais, pour définir le grain, il faut considérer l'ensemble des faits, et le grain est par conséquent défini par les quatre niveaux Numéro Transaction, Date, Produit et Entrepôt.

On remarquera également que le niveau Numéro Transaction, bien que faisant partie du grain, est optionnel pour la relation Gestion Stock (cf. section 4.4). En effet, les faits représentant des instantanés de stock ne sont pas associés à un numéro de transaction.

Le tableau 4.2 contient des exemples de faits de la relation Gestion Stock pour un produit et un entrepôt uniques.

En raison de la « mixité » des faits, le tableau 4.2 est difficile à lire. On ne sait pas ce qu'une ligne du tableau représente : une transaction ou une photographie du stock ? Quel est le rapport entre la quantité en stock et le numéro de transaction ? De plus, si l'on veut obtenir l'ensemble des mouvements du produit « Chaise » dans l'entrepôt « Paris », cela impose d'appliquer un filtre sur les lignes du tableau en sélectionnant celles pour lesquelles il existe un numéro de transaction ou pour lesquelles la quantité mouvementée est renseignée. On ne peut pas obtenir l'ensemble des mouvements par lecture directe du tableau. Enfin, on remarque que de l'espace de stockage est perdu puisque les lignes représentant des mouvements ont une quantité en stock non renseignée et les lignes représentant des photographies du stock n'ont ni numéro de transaction, ni quantité mouvementée.

Date	Produit	Entrepôt	Numéro Transaction	Quantité Mouvement Stock	Quantité Stock
01/03/10	Chaise	Paris			10
02/03/10	Chaise	Paris	10000	5	
02/03/10	Chaise	Paris	10001	-1	
02/03/10	Chaise	Paris	10002	-2	
02/03/10	Chaise	Paris			13
03/03/10	Chaise	Paris			13
04/03/10	Chaise	Paris			13
05/03/10	Chaise	Paris	10003	10	
05/03/10	Chaise	Paris			23
06/03/10	Chaise	Paris			23

Tableau 4.2 **Exemples de faits de la relation factuelle Gestion Stock**

L'ensemble constitué du tableau 4.3 et du tableau 4.4 est beaucoup plus cohérent et lisible. Si l'on s'intéresse aux mouvements de stock, on lit le tableau 4.3 et si l'on s'intéresse aux quantités en stock, on lit le tableau 4.4. On ne s'intéresse que rarement à la fois au stock et aux mouvements de stock et nous verrons dans le chapitre 14 qu'il sera toujours possible de le faire au moyen d'une opération dite de **forage transversal** (ou *drill-across*).

Date	Produit	Entrepôt	Numéro transaction	Quantité mouvementée
02/03/10	Chaise	Paris	10000	5
02/03/10	Chaise	Paris	10001	-1
02/03/10	Chaise	Paris	10002	-2
05/03/10	Chaise	Paris	10003	10

Tableau 4.3 **Exemples de mouvements de stock**

Date	Produit	Entrepôt	Quantité stock
01/03/10	Chaise	Paris	10
02/03/10	Chaise	Paris	13
03/03/10	Chaise	Paris	13
04/03/10	Chaise	Paris	13
05/03/10	Chaise	Paris	23
06/03/10	Chaise	Paris	23

Tableau 4.4 **Exemples d'inventaires de stock**

Les relations factuelles de type Transaction et les relations factuelles de type Instantané diffèrent également en termes de ce que l'on appelle la **densité**. Avant d'aller plus loin, définissons ce concept.

Densité d'une relation factuelle

Soit R une relation factuelle associée aux niveaux $N_1, \ldots, N_n$.
Soit M_i le nombre de membres du niveau N_i.
Soit F le nombre de faits de la relation R.
Soit D la densité de la relation factuelle R.
D peut être obtenu au moyen de la formule suivante : $D = \frac{F}{\prod_{i=1}^{n} M_i}$

D est toujours compris entre 0 et 1. En effet, le nombre de faits d'une relation factuelle (F) est au plus égal au produit cartésien des nombres de membres de chacun des niveaux avec lesquels la relation factuelle est en relation ($\prod_{i=1}^{n} M_i$).

Une relation factuelle R est dite **dense** si D est proche de 1.
Une relation factuelle R est dite **éparse** (*sparse* en anglais) si D est proche de 0.

En règle générale, les relations factuelles de type Transaction sont éparses et les relations factuelles de type Instantané sont denses.

La relation factuelle Mouvement Stock (de type Transaction) est éparse car elle ne contient pas des faits pour chaque date, chaque produit et chaque entrepôt. En effet, dans un entrepôt donné, tous les produits ne rentrent pas ou ne sortent pas tous les jours. Une même référence de produit peut rester plusieurs jours voire plusieurs mois dans un entrepôt sans qu'il n'y ait ni entrée ni sortie de cet entrepôt d'un produit de la référence en question.

La relation factuelle Inventaire (de type Instantané) est dense car un produit pouvant être stocké dans un entrepôt va faire l'objet d'un fait pour chaque jour de la période analysée même si aucune entrée ni sortie de stock n'est effectuée pour ce produit au cours de la période en question. Les « photographies » de l'état du stock sont effectuées tous les jours et, lors de ces photographies, on enregistre les quantités en stock de tous les produits (en se restreignant éventuellement pour chaque entrepôt aux produits susceptibles d'être stockés dans l'entrepôt), même ceux pour lesquels il n'y a eu aucun mouvement au cours de la journée et ceux pour lesquels la quantité en stock est nulle.

4.9.3 Relations factuelles élémentaires de type Instantané Accumulé

Les relations factuelles de type Transaction et Instantané sont celles que l'on rencontre le plus souvent. Mais il existe un troisième type de relation factuelle élémentaire : le type Instantané Accumulé.

Alors que les relations factuelles de type Transaction permettent de suivre les activités relatives à un processus métier et les relations de type Instantané permettent d'analyser l'état à un instant *t* d'un processus métier, les relations de type Instantané Accumulé sont dédiées au suivi du cycle de vie d'un processus métier.

Prenons en guise d'illustration l'exemple du processus métier de recrutement d'un employé dans une entreprise. La figure 4.10 décrit le cycle de vie de ce processus.

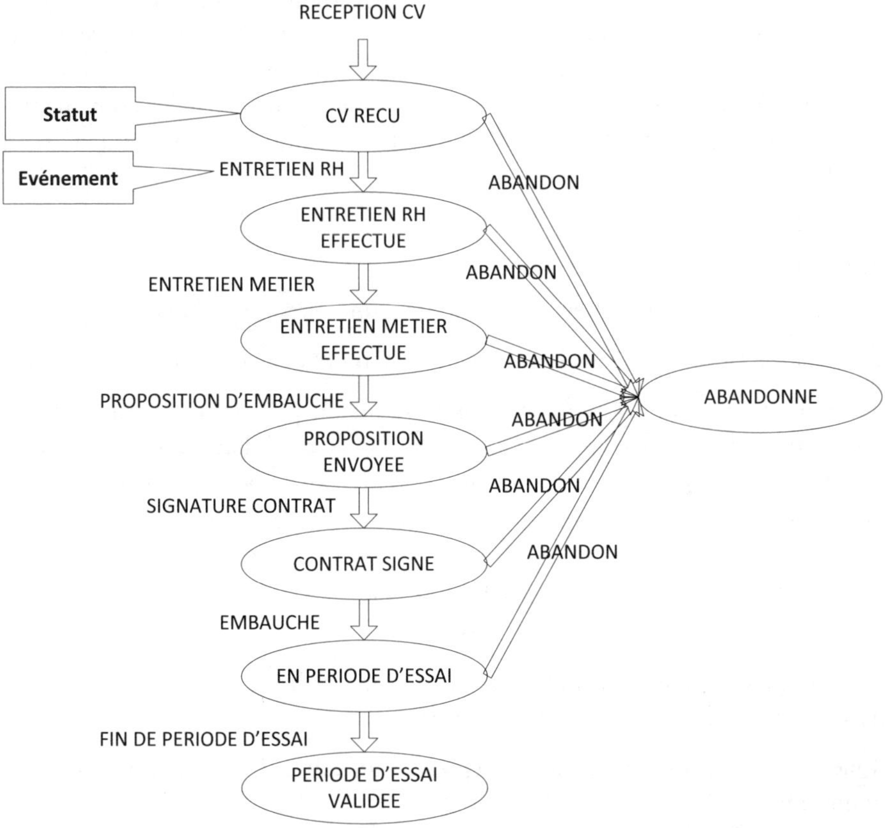

Figure 4.10 **Cycle de vie du processus de recrutement**

Le processus de recrutement d'un employé débute par la réception du CV d'un candidat. Le candidat est ensuite reçu pour un entretien avec un responsable RH puis pour un second entretien avec un responsable métier. Une proposition d'embauche est ensuite envoyée au candidat qui signe alors un contrat de travail. Le candidat entre ensuite en période d'essai puis termine cette période d'essai. À chaque étape du processus, celui-ci peut être abandonné (à l'initiative du candidat ou de l'employeur).

Les statuts du processus de recrutement sont représentés par des formes ovales dans la figure 4.10. Les différents statuts du processus sont les suivants : CV reçu, Entretien RH effectué, Entretien métier effectué, Proposition envoyée, Contrat signé, En période d'essai, Période d'essai validée et Abandonné. Le processus se termine toujours par l'un des deux statuts suivants : Période d'essai validée ou Abandonné.

Des événements permettent de passer d'un statut à un autre, autrement dit d'effectuer les transitions entre les différents statuts. À chacun de ces événements correspond donc une date. Ces événements, représentés par des flèches dans la figure 4.10, sont les suivants : Réception d'un CV, Entretien RH, Entretien Métier, Proposition d'embauche, Signature du contrat de travail, Embauche, Fin de la période d'essai et Abandon.

Une relation factuelle de type Transaction permettrait de suivre les événements du processus de recrutement. Au moyen d'un tel type de relation, on pourrait par exemple comptabiliser :

- le nombre de CV reçus ;
- le nombre d'entretiens RH réalisés ;
- le nombre d'embauches effectuées au cours d'une certaine période.

Une relation factuelle de type Instantané permettrait de savoir quel est à un instant *t* :

- le nombre de candidats pour lesquels le statut du processus de recrutement est « Entretien RH effectué », c'est-à-dire le nombre de candidats ayant déjà participé à un entretien RH et en attente d'un entretien avec un responsable métier ;
- le nombre de candidats pour lesquels le statut est « Proposition envoyée », autrement dit le nombre de candidats ayant reçu une proposition d'embauche mais n'ayant pas encore signé leur contrat de travail ;
- le nombre d'employés en période d'essai.

Mais on peut également s'intéresser au suivi du cycle de vie des candidatures en cherchant à répondre aux questions suivantes :

- Quel est le délai moyen entre la réception d'un CV et la fin de la période d'essai d'un candidat ?
- Quel est le délai moyen entre l'entretien RH et l'entretien métier ?
- Quel est le taux moyen de candidatures pour lesquelles un entretien RH est effectué ? Autrement dit quel est le taux moyen de CV retenus parmi ceux reçus ?
- Quel est le taux moyen de contrats de travail signés après proposition d'embauche ? Autrement dit, quel est le taux moyen d'acceptation des propositions d'embauche ?
- Quel est le taux moyen de réussite des périodes d'essai ?

Les relations factuelles de type Transaction et Instantané ne sont pas adaptées pour répondre à de telles questions.

En effet, répondre à ce type de questions nécessite d'effectuer la relation, pour une candidature donnée, entre les différents événements (réception du CV, entretien RH, entretien métier, etc.) relatifs à cette candidature, de mettre en regard les uns des autres ces différents événements. Cela nécessite donc de rassembler dans un même fait, que l'on appellerait « candidature », ces événements. Or, une relation factuelle de type Transaction relative au processus de recrutement contiendrait un fait par événement, donc plusieurs faits par candidature au lieu d'un seul. Quant à une relation factuelle de type Instantané, elle permettrait de connaître le statut d'une candidature à un instant *t* mais ne serait pas adaptée au suivi dans le temps des événements relatifs à une candidature.

Pour répondre aux questions relatives au cycle de vie des candidatures, il faut utiliser une relation factuelle de type Instantané Accumulé telle que celle décrite par la figure 4.11.

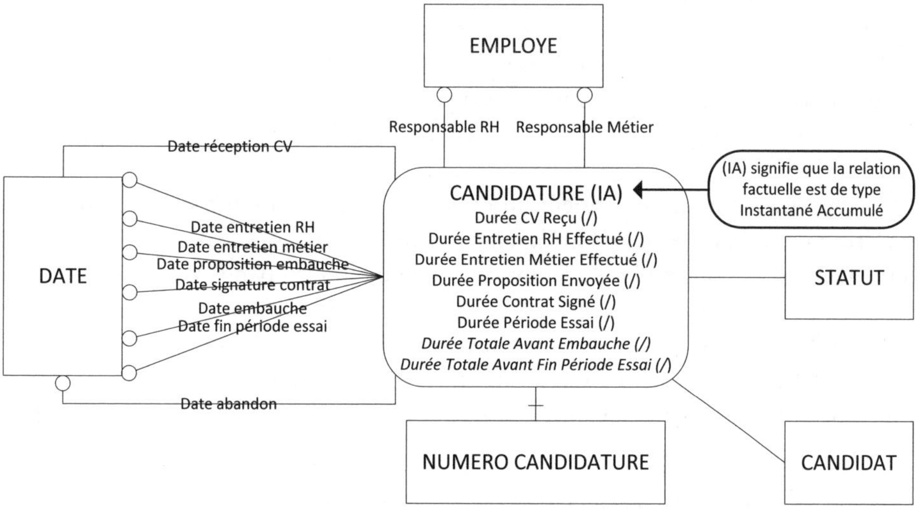

Figure 4.11 **Relation factuelle Candidature**

La relation factuelle Candidature est de type Instantané Accumulé car elle contient un fait par candidature contrairement à des relations factuelles de type Transaction ou Instantané qui contiendraient plusieurs faits par candidature : une relation de type Transaction contiendrait un fait par événement relatif à une candidature et une relation de type Instantané contiendrait un fait par candidature et par intervalle de mesure (intervalle entre deux « photographies »), par exemple un fait par candidature et par mois si l'intervalle de mesure est mensuel.

À chaque fois qu'un CV est reçu, un fait est créé dans la relation factuelle Candidature. Ce fait est identifié par un numéro de candidature. Par conséquent, le grain de la relation factuelle Candidature est constitué uniquement du niveau Numéro Candidature.

La relation factuelle Candidature est associée plusieurs fois au niveau Date, par l'intermédiaire des liens Date réception CV, Date entretien RH, etc., Date abandon. Il existe autant de liens entre la relation Candidature et le niveau Date que d'événements relatifs au processus de recrutement. On remarque également que seule la Date de réception du CV est obligatoire pour une candidature donnée. En effet, lors de la création d'un fait de candidature, seule l'activité « Réception du CV » a été réalisée, les autres activités étant effectuées par la suite. D'autre part, dans de nombreux cas, le processus de recrutement d'un candidat est abandonné suite à la réception du CV, soit à l'initiative de l'entreprise si elle ne souhaite pas retenir la candidature, soit à l'initiative du candidat s'il a trouvé un emploi dans une autre entreprise. Dans ces cas-là, seuls les événements Réception CV et Abandon ont lieu et les dates d'entretien RH, d'entretien métier, de proposition d'embauche, de signature de contrat, d'embauche et de fin de période d'essai ne seront jamais renseignées.

La relation factuelle Candidature est également associée deux fois au niveau Employé, par l'intermédiaire des liens de rôle Responsable RH et Responsable Métier. En effet, lors de l'entretien RH, le candidat est reçu par un employé de l'entreprise qui est responsable RH et, lors de l'entretien métier, le candidat est reçu par un responsable métier.

La relation Candidature contient un indicateur élémentaire par statut du processus de recrutement. Par exemple, l'indicateur Durée CV Reçu correspond au statut « CV reçu ». Cet indicateur représente le nombre de jours moyen pendant lesquels une candidature reste dans le statut « CV reçu », autrement dit le nombre de jours moyen entre la date de réception d'un CV et la date de l'entretien RH ou l'abandon de la candidature. De même, l'indicateur Durée Entretien RH Effectué représente le nombre de jours moyen entre la date de l'entretien RH et la date de l'entretien métier ou l'abandon du processus.

Remarque : la relation factuelle ne contient aucun indicateur relatif aux statuts « Période d'essai validée » et « Abandonné » car ces statuts marquent la fin du processus de recrutement et n'ont par conséquent pas de durée.

Les formules associées aux indicateurs de la relation factuelle Candidature sont présentées dans le tableau 4.5.

On peut remarquer que les différents indicateurs de la relation factuelle Candidature sont non additifs mais agrégeables au moyen de la fonction d'agrégation « Moyenne ». Contrairement aux indicateurs semi-additifs pour lesquels on applique parfois cette fonction pour l'agrégation sur la dimension temporelle, l'agrégation des indicateurs de la relation Candidature nécessite de l'appliquer sur l'ensemble des dimensions et pas uniquement sur la dimension temporelle.

Nom de l'indicateur	Type d'indicateur	Formule de niveau fin	Formule(s) d'agrégation
Durée CV Reçu	Élémentaire	N/A	Moyenne (Durée CV Reçu) {Date, Employé, Statut, Candidat, Numéro Candidature}
Durée Entretien RH Effectué	Élémentaire	N/A	Moyenne (Durée Entretien RH Effectué) {Date, Employé, Statut, Candidat, Numéro Candidature}
Durée Entretien métier Effectué	Élémentaire	N/A	Moyenne (Durée Entretien métier Effectué) {Date, Employé, Statut, Candidat, Numéro Candidature}
Durée Proposition Envoyée	Élémentaire	N/A	Moyenne (Durée Proposition Envoyée) {Date, Employé, Statut, Candidat, Numéro Candidature}
Durée Contrat Signé	Élémentaire	N/A	Moyenne (Durée Contrat Signé) {Date, Employé, Statut, Candidat, Numéro Candidature}
Durée Période Essai	Élémentaire	N/A	Moyenne (Durée Période Essai) {Date, Employé, Statut, Candidat, Numéro Candidature}
Durée Totale Avant Embauche	Dérivé	Durée CV Reçu + Durée Entretien RH Effectué + Durée Entretien métier Effectué + Durée Proposition Envoyée + Durée Contrat Signé	Moyenne (Durée Totale Avant Embauche) {Date, Employé, Statut, Candidat, Numéro Candidature}
Durée Totale Avant Fin Période Essai	Dérivé	Durée Totale Avant Embauche + Durée Période Essai	Moyenne (Durée Totale Avant Fin Période Essai) {Date, Employé, Statut, Candidat, Numéro Candidature}

Tableau 4.5 **Formules des indicateurs de la relation factuelle Candidature**

Illustrons à présent le principe de création et de mise à jour des faits de la relation factuelle Candidature au moyen d'un exemple.

Le 01/03/2012, l'entreprise dont est mesuré le processus de recrutement reçoit le CV du candidat « Pierre Lanoix ». Le fait représenté par le tableau 4.6 (cf. page suivante) est alors créé le même jour (seuls les indicateurs Durée CV Reçu et Durée Entretien RH Effectué sont représentés dans le tableau).

Numéro candidature	Candidat	Date réception CV	Durée CV Reçu	Durée Entretien RH Effectué	Statut
1000	Pierre Lanoix	01/03/10	0		CV reçu

Tableau 4.6 **Création d'un fait suite à la réception d'un candidat**

Remarques : l'indicateur Durée CV reçu est égal à 0 car on se situe au 01/03/10 et il ne s'est pas encore écoulé de jour depuis la réception du CV. L'indicateur Durée entretien RH effectué n'est pas valorisé car aucun entretien RH n'a encore été effectué.

Le lendemain, soit le 02/03/2012, aucune activité relative à la candidature de Pierre Lanoix n'a lieu. Cependant, l'indicateur Durée CV Reçu est mis à jour[1] comme le montre le tableau 4.7.

Numéro candidature	Candidat	Date réception CV	Durée CV Reçu	Durée Entretien RH Effectué	Statut
1000	Pierre Lanoix	01/03/10	**1**		CV reçu

Tableau 4.7 **Mise à jour de l'indicateur Durée CV Reçu**

En effet, le 02/03/10, il s'est écoulé un jour depuis la réception du CV de Pierre Lanoix : la valeur de l'indicateur Durée CV Reçu sera incrémentée quotidiennement jusqu'à ce que la candidature change de statut.

Le 10/03/2012, Pierre Lanoix est reçu pour l'entretien RH. Suite à cet entretien, le fait est mis à jour et son contenu est représenté par le tableau 4.8.

Numéro candidature	Candidat	Date réception CV	Durée CV Reçu	Date entretien RH	Durée Entretien RH Effectué	Statut
1000	Pierre Lanoix	01/03/10	**9**	**10/03/10**	**0**	**Entretien RH effectué**

Tableau 4.8 **Mise à jour du fait suite à l'entretien RH**

Remarques : suite à la réalisation de l'entretien RH, la date d'entretien RH est renseignée et l'indicateur Durée Entretien RH est valorisé avec la valeur 0. La valeur « CV reçu » du statut de la candidature est remplacée par la valeur « Entretien RH effectué ». L'indicateur Durée CV reçu est modifié pour prendre la valeur 9. Étant donné que le statut a changé, cet indicateur ne sera plus modifié par la suite.

1. En supposant que les mises à jour soient effectuées quotidiennement.

Le 11/03/2012, aucune activité n'est enregistrée pour la candidature de Pierre Lanoix mais l'indicateur Durée Entretien RH effectué est modifié pour prendre la valeur 1 (cf. tableau 4.9).

Numéro candidature	Candidat	Date réception CV	Durée CV Reçu	Date entretien RH	Durée Entretien RH Effectué	Statut
1000	Pierre Lanoix	01/03/10	9	10/03/10	**1**	Entretien RH effectué

Tableau 4.9 **Mise à jour de l'indicateur Durée Entretien RH Effectué**

Le fait identifié par le numéro de candidature 1000 sera ainsi mis à jour quotidiennement jusqu'à la fin du processus de recrutement pour cette candidature, c'est-à-dire jusqu'à ce que la candidature de Pierre Lanoix rentre dans le statut « Période d'essai validée » ou « Abandonné ». En effet, une fois la candidature dans un de ces deux statuts, le fait ne peut plus être modifié.

Remarque : les faits des relations de type Instantané Accumulé sont modifiés au cours du temps jusqu'à la fin du processus analysé contrairement aux faits des relations factuelles de type Transaction ou Instantané qui ne subissent jamais de mise à jour.

Pour illustrer l'intérêt d'une relation factuelle de type Instantané Accumulé, considérons à présent l'ensemble de faits du tableau 4.10 relevé au 10/03/2012.

Numéro candidature	Date réception CV	Durée CV reçu	Date entretien RH	Statut
960	01/10/09	30		Abandonné
970	06/10/09	10	17/10/09	Période d'essai validée
980	03/11/09	22	26/11/09	Abandonné
990	10/02/10	14	25/02/10	Entretien métier effectué
1000	01/03/10	9	10/03/10	Entretien RH effectué
1010	08/03/10	2		CV reçu

Tableau 4.10 **Exemples de faits de la relation factuelle Candidature**

On peut déduire de ce tableau les éléments suivants :

- La candidature 960 a été abandonnée 30 jours après la réception du CV (le fait que la date d'entretien RH ne soit pas renseignée pour cette candidature montre que l'entretien RH n'a pas été réalisé).

- Le processus de recrutement s'est terminé avec succès pour la candidature 970 car cette candidature est dans le statut « Période d'essai validée ». Pour cette candidature, 10 jours ont séparé la réception du CV de l'entretien RH.
- La candidature 980 a été abandonnée après que l'entretien RH a été effectué. Pour cette candidature, le délai séparant la date de réception du CV de la date de l'entretien RH fut de 22 jours.
- Au 10/03/2012, le processus de recrutement est toujours en cours pour la candidature 990 puisqu'elle est dans le statut « Entretien métier effectué ». Le délai entre la réception du CV et l'entretien RH fut de 14 jours pour cette candidature.
- La candidature 1000 est toujours en cours. L'entretien RH vient d'être effectué 9 jours après la réception du CV.
- Le CV a été reçu il y a 2 jours pour la candidature 1010 qui se trouve toujours dans le statut « CV reçu ».

À partir des faits du tableau 4.10, on peut par exemple calculer le délai moyen entre la réception d'un CV et l'entretien RH. Il suffit pour cela de calculer la moyenne des valeurs de l'indicateur Durée CV Reçu pour les candidatures ayant fait l'objet d'un entretien RH, autrement dit pour les candidatures pour lesquelles la date d'entretien RH est renseignée. Dans notre exemple, le délai moyen entre la réception d'un CV et l'entretien RH est égal à (10 + 22 + 14 + 9) / 4, soit 13,75 jours.

De la même manière, on pourrait également calculer la durée moyenne du processus de recrutement, autrement dit le délai moyen entre la réception d'un CV et la fin de la période d'essai, au moyen de l'indicateur dérivé Durée Totale Avant Fin Période Essai.

Enfin, l'on peut calculer le taux moyen de candidatures pour lesquelles un entretien RH est effectué (le taux moyen de CV retenus). Il suffit pour cela de comptabiliser le nombre de candidatures avec une date d'entretien RH renseignée (nombre de candidatures pour lesquelles l'entretien RH a été effectué), de comptabiliser le nombre de candidatures dont le statut est différent de « CV reçu » (candidatures dans un statut « postérieur » à « CV reçu ») et d'appliquer un ratio entre les deux nombres obtenus. Dans notre exemple, le taux moyen de CV retenus est égal à 4/5, soit 80 %.

4.9.4 Relations factuelles de synthèse

Après avoir décrit les différents types de relations factuelles élémentaires, nous pouvons aborder les relations factuelles de synthèse.

Une relation factuelle de synthèse possède les caractéristiques suivantes :

- Elle est dérivée d'un ensemble de plusieurs relations factuelles, élémentaires ou de synthèse.

- Les niveaux auxquels elle est associée sont un sous-ensemble des niveaux auxquels les relations factuelles dont elle dérive sont associées, directement ou indirectement[1].
- Elle contient des indicateurs qui lui sont propres, c'est-à-dire qui n'existent pas dans d'autres relations factuelles élémentaires ou de synthèse.
- Chaque indicateur qu'elle contient peut être obtenu à partir d'un ensemble d'indicateurs appartenant aux relations factuelles dont elle est dérivée et d'une formule de calcul utilisant ces indicateurs.

La figure 4.12 représente la relation factuelle de synthèse appelée Synthèse Stock.

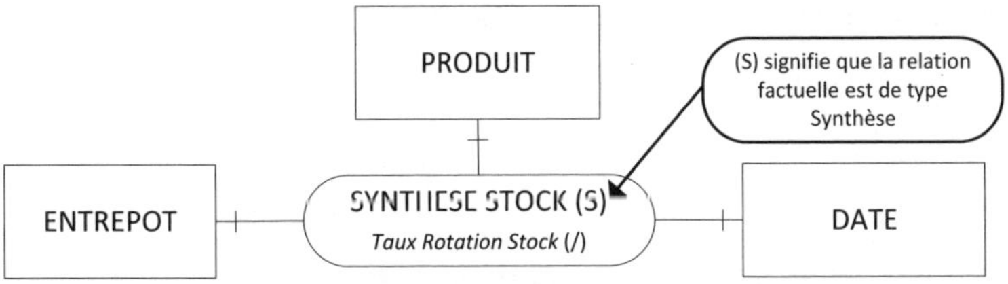

Figure 4.12 **Relation factuelle Synthèse Stock**

La relation factuelle Synthèse Stock est dérivée des relations factuelles Inventaire et Mouvement Stock. Elle est associée aux niveaux Date, Produit et Entrepôt, soit un sous-ensemble des niveaux associés aux relations Inventaire et Mouvement Stock puisque ces niveaux sont tous trois associés à ces deux relations factuelles.

L'indicateur Taux Rotation Stock de cette relation est obtenu à partir des indicateurs Quantité Mouvement Stock et Quantité Stock appartenant aux relations factuelles Inventaire et Mouvement Stock dont la relation factuelle Synthèse Stock est dérivée.

Le taux de rotation du stock étant défini par le ratio de la quantité sortant du stock par la quantité en stock, la formule de calcul de l'indicateur Taux Rotation Stock est la suivante :

Somme (Si Quantité Mouvement stock > 0 Alors 0 Sinon - Quantité Mouvement stock) / Quantité Stock

4.9.5 Représentation graphique des types de relations factuelles dans un diagramme MCMD

Comme indiqués dans les figures précédentes, afin de mentionner à quel type une relation factuelle appartient, le nom de chaque relation factuelle est suivi du symbole suivant dans un diagramme MCMD :

1. Par « indirectement », nous faisons référence aux niveaux non associés directement à la relation factuelle mais appartenant aux dimensions avec lesquelles la relation factuelle est associée.

- (T) pour les relations factuelles de type Transaction,
- (I) pour les relations factuelles de type Instantané,
- (IA) pour les relations factuelles de type Instantané Accumulé,
- (S) pour les relations factuelles de Synthèse.

4.10 Ordre d'application des formules d'agrégation d'un indicateur

Lorsqu'un indicateur est agrégé suivant plusieurs formules d'agrégation impliquant des opérateurs différents (c'est notamment le cas des indicateurs semi-additifs), il convient de définir un ordre d'application de ces formules.

Considérons le diagramme de la figure suivante.

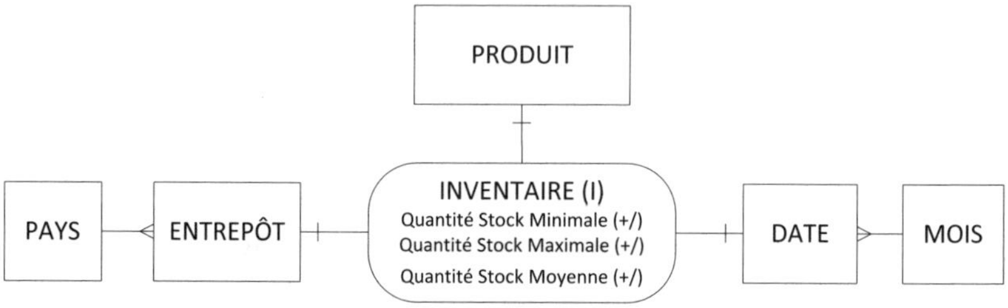

Figure 4.13 **Schéma factuel Inventaire modifié**

Il s'agit du schéma factuel Inventaire de la figure 4.3 que l'on a modifié en distinguant les trois indicateurs Quantité Stock Minimale, Quantité Stock Maximale et Quantité Stock Moyenne. Même si la donnée servant de base au calcul de ces indicateurs est la même (la quantité en stock d'un produit dans un entrepôt à une date donnée), il s'agit bien d'indicateurs différents car les formules d'agrégation de ces indicateurs sont différentes. Ces formules sont présentées dans le tableau suivant.

Nom indicateur	Formule(s) d'agrégation
Quantité Stock Minimale	Somme (Quantité Stock) {Produit, Entrepôt}, Minimum (Quantité Stock) {Date}
Quantité Stock Maximale	Somme (Quantité Stock) {Produit, Entrepôt}, Maximum (Quantité Stock) {Date}
Quantité Stock Moyenne	Somme (Quantité Stock) {Produit, Entrepôt}, Moyenne (Quantité Stock) {Date}

Tableau 4.11 **Différents indicateurs pour la même donnée de base**

Lorsque l'on utilise dans une formule d'agrégation certains opérateurs d'agrégation tels que Minimum ou Maximum, il convient de faire attention à l'ordre d'application de ces formules.

Par exemple, pour définir l'indicateur Quantité Stock Minimale, les deux expressions suivantes ne sont pas équivalentes :

- Expression 1 : Somme (Quantité Stock) {Produit, Entrepôt}, Minimum (Quantité Stock) {Date}
- Expression 2 : Minimum (Quantité Stock) {Date}, Somme (Quantité Stock) {Produit, Entrepôt}

Par souci de simplification, mettons de côté la dimension Produit qui est traitée de la même manière que la dimension Entrepôt dans les deux expressions.

L'expression 1 dit que pour agréger l'indicateur Quantité Stock Minimale suivant les dimensions Entrepôt et Date, il faut d'abord agréger suivant la dimension Entrepôt (par une somme pour chaque date des quantités en stocks dans les différents entrepôts) puis suivant la dimension Date (en retenant le minimum des sommes obtenues suivant les différentes dates).

L'expression 2 dit au contraire qu'il faut d'abord agréger la quantité en stock suivant la dimension Date (minimum de la quantité en stock dans chaque entrepôt suivant les différentes dates) puis suivant la dimension Entrepôt (somme sur l'ensemble des entrepôts des minima obtenus).

À titre d'exemple, pour un produit quelconque donné, considérons les quantités en stock par entrepôt et par date du tableau 4.12.

	Mois	**Mars 2012**		
Pays	**Date / Entrepôt**	**01/03/2012**	**02/03/2012**	**03/03/2012**
France	Paris	10	5	12
	Lyon	5	8	10
Espagne	Madrid	12	10	8
	Barcelone	20	30	22

Tableau 4.12 **Quantités en stock par entrepôt et par date**

Supposons que l'on souhaite obtenir les valeurs de l'indicateur Quantité Stock Minimale par pays et par mois. Pour obtenir ces valeurs, il est nécessaire d'agréger l'indicateur à la fois suivant la dimension Date (en remontant d'un niveau dans la hiérarchie Date pour passer du niveau Date au niveau Mois) et suivant la dimension Entrepôt (en remontant dans la hiérarchie du niveau Entrepôt au niveau Pays).

Si l'on utilise l'expression 1, on agrège d'abord suivant la dimension Entrepôt en appliquant la formule Somme (Quantité Stock) comme illustré dans le tableau 4.13.

	Mois	Mars 2012		
Pays	Date / Entrepôt	01/03/2012	02/03/2012	03/03/2012
France	Paris	10	5	12
	Lyon	5	8	10
	France	**15**	**13**	**22**
Espagne	Madrid	12	10	8
	Barcelone	20	30	22
	Espagne	**32**	**40**	**30**

Tableau 4.13 **Agrégation en utilisant l'expression 1**

Cela nous permet d'obtenir le tableau 4.14 ci-dessous.

Date / Pays	01/03/2012	02/03/2012	03/03/2012
France	15	13	22
Espagne	32	40	30

Tableau 4.14 **Quantités en stock par pays et par date (expression 1)**

Puis on agrège les données suivant la dimension Date pour remonter au Mois en retenant le minimum des valeurs de chaque date, ce qui nous permet d'obtenir le tableau 4.15.

Mois / Pays	Mars 2012
France	13
Espagne	30

Tableau 4.15 **Quantités en stock par pays et par mois (expression 1)**

Si désormais on utilise l'expression 2 à partir deWs données du tableau 4.12, on agrège d'abord suivant la dimension Date en appliquant la formule Minimum (Quantité Stock), ce qui permet d'obtenir le tableau suivant.

Pays	Mois / Entrepot	Mars 2012
France	Paris	5
	Lyon	5
Espagne	Madrid	8
	Barcelone	20

Tableau 4.16 **Quantités en stock par entrepôt et par mois (expression 2)**

Puis on agrège suivant la dimension Entrepôt pour remonter au Pays en sommant les valeurs de chaque entrepôt, pour obtenir le tableau 4.17.

Mois / Pays	Mars 2012
France	10
Espagne	28

Tableau 4.17 **Quantités en stock par pays et par mois (expression 2)**

Les tableaux tableau 4.15 et tableau 4.17 ne contenant pas les mêmes données, cela illustre le fait que l'on n'obtient pas les mêmes résultats selon que l'on utilise l'expression 1 ou l'expression 2, d'où l'importance de définir un ordre dans l'application des formules.

Cet ordre doit être défini en fonction du besoin métier. Dans notre exemple, l'application l'expression 1 fait plus de sens que celle de l'expression 2.

Remarques : en règle générale, dans le cas d'un indicateur semi-additif, l'agrégation suivant la dimension Date est effectuée après l'agrégation suivant les autres dimensions. L'ordre d'application des formules d'agrégation n'a pas d'importance lorsque les opérateurs utilisés sont la somme et la moyenne. En effet, la somme des moyennes est égale à la moyenne des sommes.

Chapitre 5

Métamodèle et synthèse de la notation graphique des MCMD

Le présent chapitre constitue une synthèse des chapitres précédents.

Son objectif est double :

- Tout d'abord rappeler au lecteur, au travers d'un métamodèle, les différents concepts utilisés dans la définition d'un modèle conceptuel multidimensionnel et surtout les relations entre ces concepts.
- Puis effectuer une synthèse, via des annotations sur le diagramme du schéma factuel Vente, des différents éléments de la notation graphique utilisée pour représenter un MCMD.

5.1 Métamodèle

La figure 5.1 représente au moyen de la notation Merise 2 le métamodèle des éléments constituant un modèle conceptuel multidimensionnel.

Commentons ce métamodèle.

Un modèle conceptuel multidimensionnel (MCMD) est constitué d'un ensemble de schémas factuels.

Un schéma factuel est constitué d'une relation factuelle ainsi que d'un ensemble de dimensions.

Une dimension est soit formée d'un niveau unique, soit d'un ensemble de hiérarchies.

Un niveau peut faire partie d'une ou de plusieurs dimensions; il contient un ensemble d'attributs et possède un identifiant unique formé par un sous-ensemble des

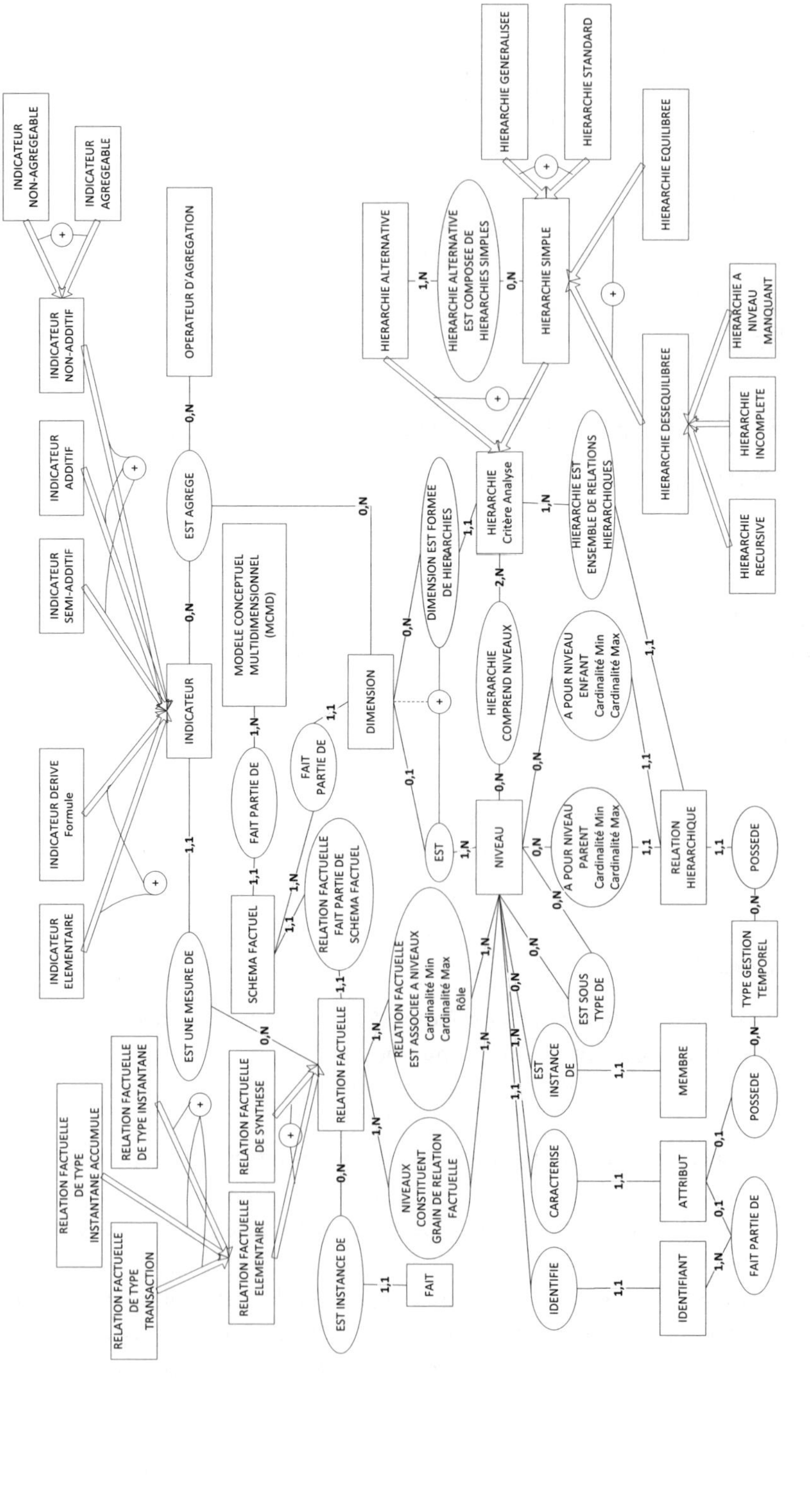

Figure 5.1 **Métamodèle d'un MCMD**

attributs contenus dans le niveau en question. Tout attribut ne faisant pas partie de l'identifiant d'un niveau possède un type de gestion temporel. Les instances d'un niveau sont appelées membres.

Une hiérarchie possède un critère d'analyse et est formée d'un ensemble de relations hiérarchiques, chaque relation hiérarchique appartenant à une hiérarchie et à une seule. Une relation hiérarchique associe deux niveaux dont l'un est appelé le niveau parent de la relation hiérarchique et l'autre le niveau enfant de cette relation (un niveau peut être le niveau parent ou le niveau enfant de plusieurs relations hiérarchiques mais certains niveaux ne sont associés à aucune relation hiérarchique). Pour l'association entre une relation hiérarchique et son niveau parent, on définit une cardinalité minimale ainsi qu'une cardinalité maximale. Idem pour l'association entre une relation hiérarchique et son niveau enfant. Toute relation hiérarchique possède un type de gestion temporel.

Une hiérarchie est soit une hiérarchie simple, soit une hiérarchie alternative qui est composée d'un ensemble de hiérarchies simples.

Une hiérarchie simple est soit une hiérarchie standard, soit une hiérarchie généralisée. (Une hiérarchie généralisée se différencie d'une hiérarchie standard par le fait que la cardinalité maximale du niveau parent de l'une des relations hiérarchiques la composant est strictement supérieure à 1.)

Une hiérarchie simple est soit une hiérarchie équilibrée, soit une hiérarchie déséquilibrée.

Parmi les types de hiérarchies déséquilibrées, on distingue les hiérarchies récursives, les hiérarchies à niveau manquant et les hiérarchies incomplètes.

Une relation factuelle est associée à un ensemble de niveaux, chaque niveau pouvant être associé à plusieurs relations factuelles. Une association entre une relation factuelle et un niveau est caractérisée par un rôle, une cardinalité minimale et une cardinalité maximale.

Le grain (ou niveau de granularité) d'une relation factuelle est formé par un sous-ensemble des niveaux auxquels la relation factuelle est associée.

Les instances d'une relation factuelle sont appelées « faits ».

Une relation factuelle est soit élémentaire, soit de synthèse. On distingue les trois types suivants de relations factuelles élémentaires : les relations factuelles de type Transaction, de type Instantané et de type Instantané Accumulé.

Une relation factuelle est composée d'un ensemble d'indicateurs qui constituent les mesures de celle-ci. Un indicateur appartient à une relation factuelle et à une seule. Un indicateur peut être élémentaire ou dérivé. Un indicateur dérivé est obtenu au moyen d'une formule de calcul faisant intervenir un ensemble d'indicateurs élémentaires. On distingue également les indicateurs additifs, les indicateurs semi-additifs et les indicateurs non additifs. Parmi les indicateurs non additifs, on distingue encore les indicateurs agrégeables des indicateurs non agrégeables. Enfin, l'agrégation des valeurs d'un indicateur au travers des différentes dimensions d'une relation factuelle s'effectue au moyen d'opérateurs d'agrégation qui peuvent être différents selon les dimensions.

5.2 Synthèse de la notation graphique utilisée pour la représentation des MCMD

La figure 5.2 montre à nouveau le schéma factuel Vente sur lequel ont été ajoutées des bulles d'aide, dans l'objectif de rappeler les concepts correspondant aux différents éléments graphiques composant le diagramme. (Pour économiser de l'espace, les attributs des niveaux n'ont pas été mentionnés.)

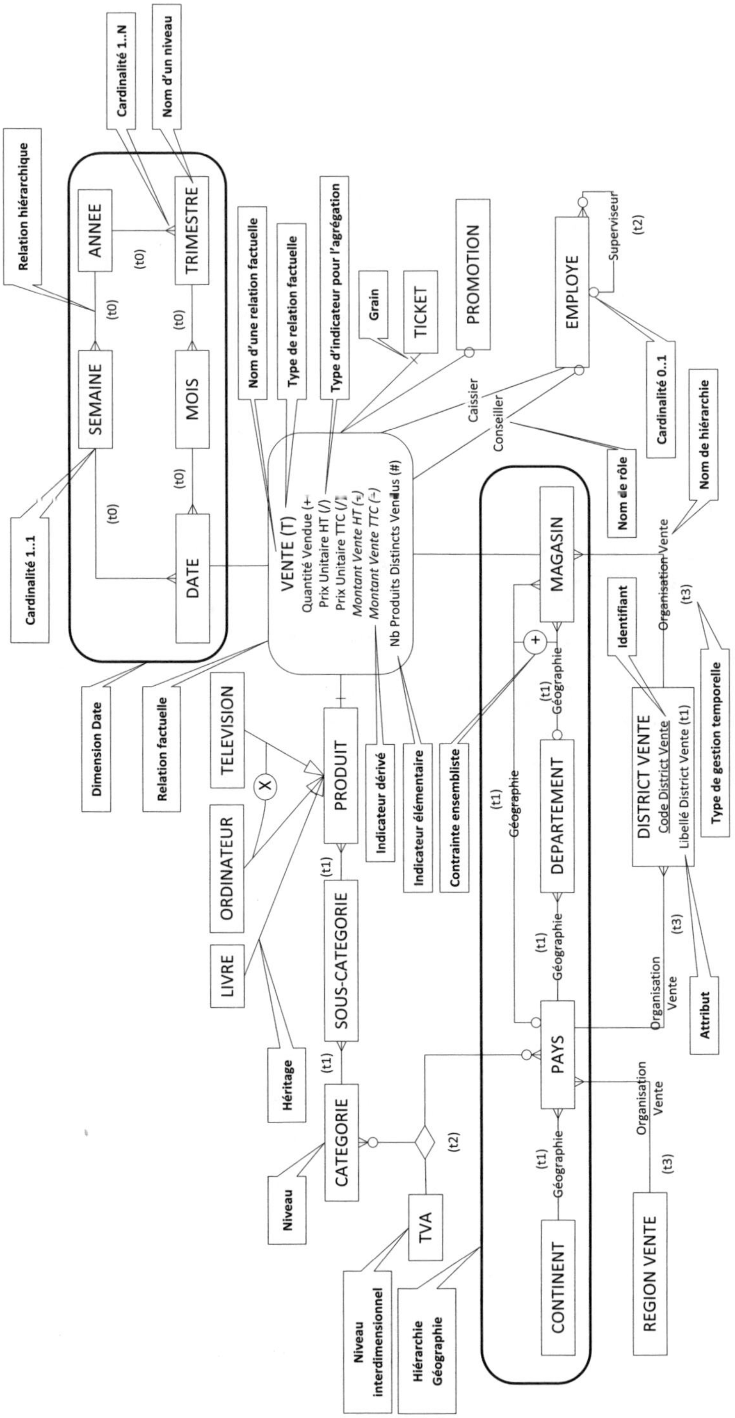

Figure 5.2 **Schéma factuel Vente annoté**

Chapitre 6

Bonnes pratiques de modélisation d'un MCMD

Le présent chapitre a pour objectif d'indiquer au lecteur quelques bonnes pratiques de modélisation des MCMD.

Parmi ces bonnes pratiques, certaines découlent du bon sens ; d'autres correspondent à des recommandations de références dans le domaine du décisionnel (telles que Ralph Kimball) ; d'autres enfin sont directement issues de l'expérience de l'auteur.

6.1 Bonne pratique n° 1 : tout schéma factuel d'un MCMD doit comporter une dimension temporelle

Un schéma factuel d'un MCMD représente un processus métier et un processus se déroule dans le temps. Toute relation factuelle d'un MCMD doit donc être associée à une dimension temporelle.

6.2 Bonne pratique n° 2 : assurer la conformité des dimensions sur l'ensemble d'un MCMD

Pour reprendre la terminologie de Ralph Kimball, les différentes dimensions d'un MCMD doivent être **conformes**, c'est-à-dire définies de manière unique. Autrement dit, si deux dimensions présentes dans deux schémas factuels différents d'un même MCMD portent le même nom, elles doivent être identiques.

Pour illustrer l'intérêt d'avoir des dimensions conformes, considérons les schémas de la figure 6.1 et de la figure 6.2.

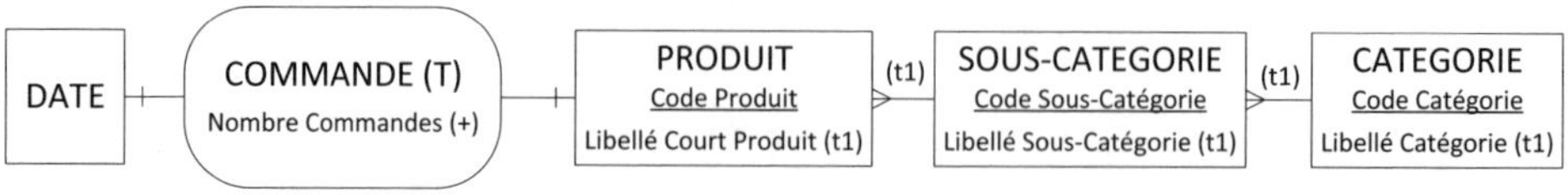

Figure 6.1 **Schéma factuel Commande**

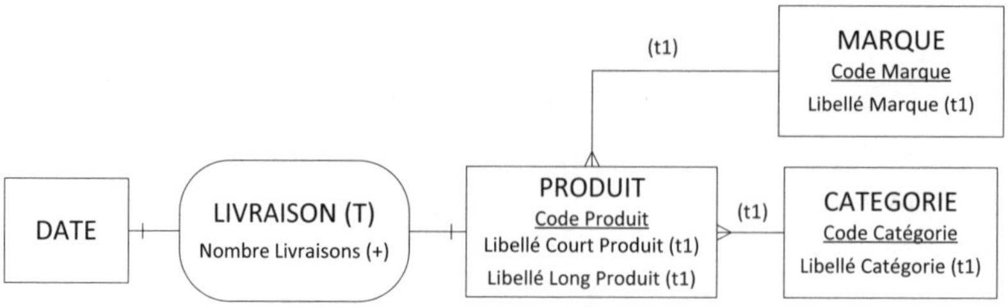

Figure 6.2 **Schéma factuel Livraison**

Les deux figures montrent que les relations factuelles Commande et Livraison sont toutes deux en relation avec une dimension Produit.

Mais les dimensions Produit des deux schémas ne sont pas identiques. En effet, la dimension Produit du schéma des commandes est formée des trois niveaux Produit, Sous-catégorie et Catégorie alors que celle du schéma des livraisons est formée des trois niveaux Produit, Marque et Catégorie (le niveau Sous-catégorie est absent du schéma des livraisons et le niveau Marque est absent de celui des commandes). De plus, le niveau Produit n'est pas identique dans les deux schémas, celui du schéma des livraisons contenant l'attribut Libellé Long Produit absent du schéma des commandes.

Cette divergence entre les deux schémas factuels au niveau de la dimension Produit est génératrice d'incohérences dans les analyses. Elle entraîne également une limitation des possibilités d'analyse intra-schéma (par exemple, le schéma des livraisons ne permet pas d'analyser le nombre de livraisons par sous-catégorie de produits) et inter-schémas (on ne peut pas comparer le nombre de commandes et le nombre de livraisons par sous-catégorie, par marque ou par libellé long de produit).

La figure 6.3 montre des schémas factuels Commande et Livraison dans lesquels les divergences relatives à la dimension Produit sont résolues. La dimension Produit est donc « conforme » sur l'ensemble des deux schémas.

La conformité des dimensions au travers des différents schémas factuels d'un MCMD ne doit pas uniquement être assurée en matière de modèle : elle doit également être assurée en matière de données. Cela implique que la dimension Produit contienne les mêmes membres dans les deux schémas. Elle doit donc être stockée de manière unique ou, en cas de stockage distribué, il doit exister une synchronisation entre ses différents lieux de stockage.

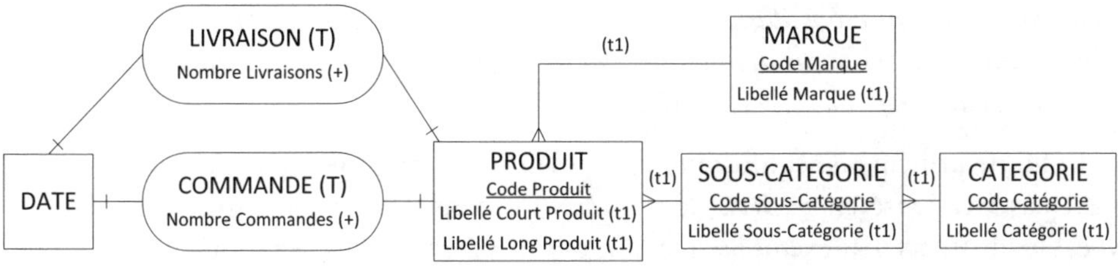

Figure 6.3 **Schémas factuels Commande et Livraison conformes**

La conformité des dimensions implique également qu'il existe un seul traitement d'alimentation des données pour chaque dimension, ce qui induit un coût de développement et de maintenance réduit par rapport à des traitements multiples qu'impliquerait la non-conformité des dimensions.

Mais il existe un autre aspect de la conformité des dimensions : deux dimensions sont conformes si l'une d'entre elles est un sous-ensemble de l'autre (à la fois en termes de modèle et en termes de membres). Par exemple, dans la figure 6.4, la dimension Date du schéma factuel Vente Réalisée et la dimension Mois[1] du schéma factuel Vente Prévisionnelle sont conformes car la dimension Mois est un sous-ensemble de la dimension Date. En effet, la dimension Mois contient les niveaux Mois, Trimestre et Année qui sont également présents dans la dimension Date.

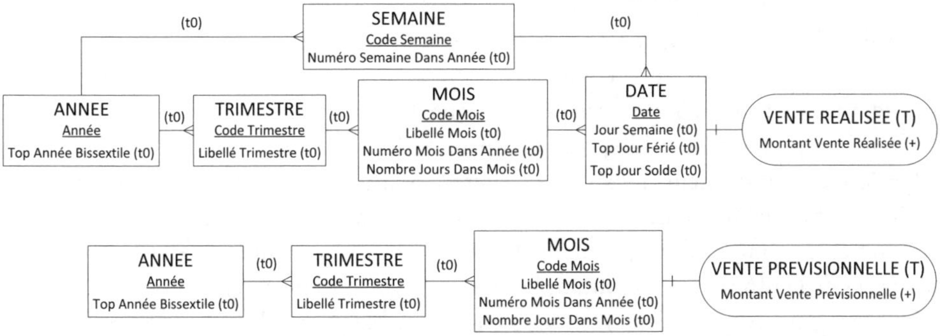

Figure 6.4 **Schémas factuels Vente Réalisée et Vente Prévisionnelle**

Ainsi, étant donné que les dimensions Date et Mois sont conformes, il est possible de réaliser une analyse comparative des ventes réalisées et des ventes prévisionnelles par mois, trimestre ou année.

1. La relation factuelle Vente Prévisionnelle est associée au niveau Mois et non au niveau Date car on suppose que les prévisions de ventes sont mensuelles et non pas quotidiennes.

Remarque : la figure 6.4 illustre le fait qu'un même niveau peut appartenir à plusieurs dimensions. C'est ici le cas des niveaux Mois, Trimestre et Année qui appartiennent tous trois aux deux dimensions Date et Mois.

Enfin, le principe de conformité des dimensions implique qu'une même notion ne peut pas être représentée dans des niveaux ou dans des attributs différents sous des vocables distincts. Par exemple, si les notions de Client et de Tiers sont identiques pour le métier, autrement dit si elles représentent la même chose, il ne doit pas pouvoir exister un niveau Client et un niveau Tiers distincts (il faut choisir l'un des deux vocables et lui faire correspondre un niveau unique).

Obtenir des dimensions conformes est en général relativement aisé au sein d'un même service ou d'un même département d'une entreprise. En revanche, dans le cas où le MCMD a pour vocation d'être un MCMD d'entreprise, incluant dans son périmètre l'ensemble des activités de celle-ci, l'obtention de dimensions conformes nécessite de définir un langage commun à toute l'entreprise, ce qui requiert beaucoup de temps, d'effort de coordination et de compromis. La difficulté d'obtenir des dimensions conformes lors de la modélisation d'un SID est fortement diminuée dans le cas où l'on peut s'appuyer sur un modèle de données d'entreprise préexistant et si des travaux ont été préalablement réalisés dans le cadre d'initiatives de MDM (*master data management*).

6.3 Bonne pratique n° 3 : assurer la conformité des indicateurs

Si les dimensions doivent être conformes, les indicateurs contenus dans les différentes relations factuelles d'un même MCMD doivent l'être également. Cela signifie qu'un même indicateur ne peut pas être présent dans deux relations factuelles distinctes[1].

Dans la figure 6.5, le principe de conformité des indicateurs n'est pas respecté. En effet, le même indicateur, le chiffre d'affaires, est présent dans les deux relations factuelles Facture et Règlement. Le chiffre d'affaire représente à la fois le montant des factures et le montant des règlements. Il existe donc deux manières d'obtenir le chiffre d'affaires de l'entreprise (en utilisant les données de facturation ou en utilisant les données des règlements des clients), aboutissant inévitablement à des incohérences dans les résultats produits.

Afin de résoudre cette problématique, il convient soit d'obtenir un consensus sur la définition du chiffre d'affaires (est-il basé sur les factures ou bien sur les règlements ?), soit de renoncer à définir le chiffre d'affaires et distinguer les deux notions de Montant Facturé et de Montant Réglé, comme dans la figure 6.6 où le principe de conformité des indicateurs est respecté.

1. Cela ne veut pas dire qu'un même indicateur ne peut pas être présent dans plusieurs tables de faits (nous verrons en effet dans le chapitre 14 qu'un même indicateur peut être présent dans une table de faits élémentaires et dans une table de faits agrégés).

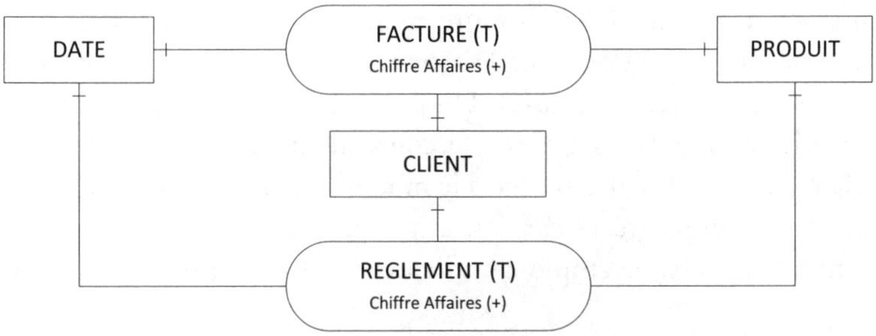

Figure 6.5 **Schémas factuels Facture et Règlement (indicateurs non conformes)**

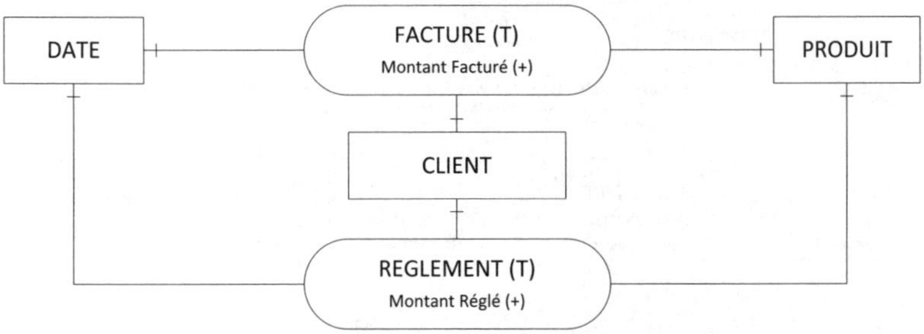

Figure 6.6 **Schémas factuels Facture et Règlement (indicateurs conformes)**

La figure suivante montre un autre exemple de non-respect du principe de conformité des indicateurs.

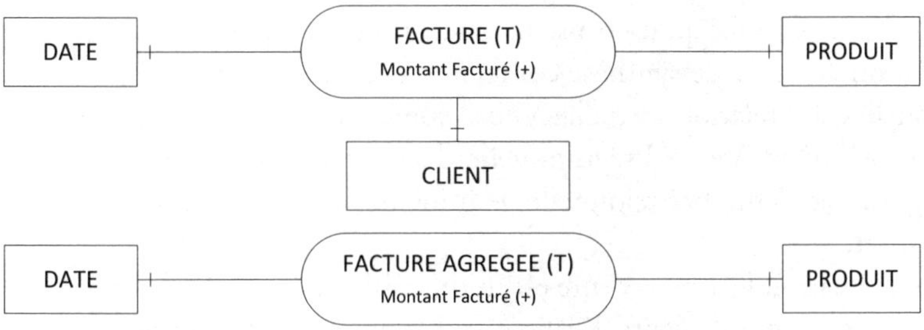

Figure 6.7 **Schémas factuels Facture et Facture Agrégée**

Cette figure fait en effet apparaître deux schémas factuels contenant le même indicateur, Montant Facturé. Le premier schéma représente la relation factuelle Facture en relation avec les dimensions Date, Produit et Client alors que le deuxième schéma contient la relation factuelle Facture Agrégée en relation avec les dimensions Date et Produit uniquement. Le schéma Facture Agrégée n'a en réalité par lieu d'être car il ne constitue qu'un agrégat du schéma Facture et est redondant avec ce dernier (toutes les analyses pouvant être effectuées avec le schéma Facture Agrégée peuvent également être effectuées avec le schéma Facture). Du point de vue conceptuel, la présence de la relation factuelle Facture Agrégée n'est par conséquent pas justifiée (nous verrons plus tard que cela n'empêche pas d'avoir dans le modèle relationnel dérivé du MCMD une table de faits des factures agrégés par date et par produit).

Présentons un dernier exemple d'indicateurs non conformes avec celui de la figure 6.8.

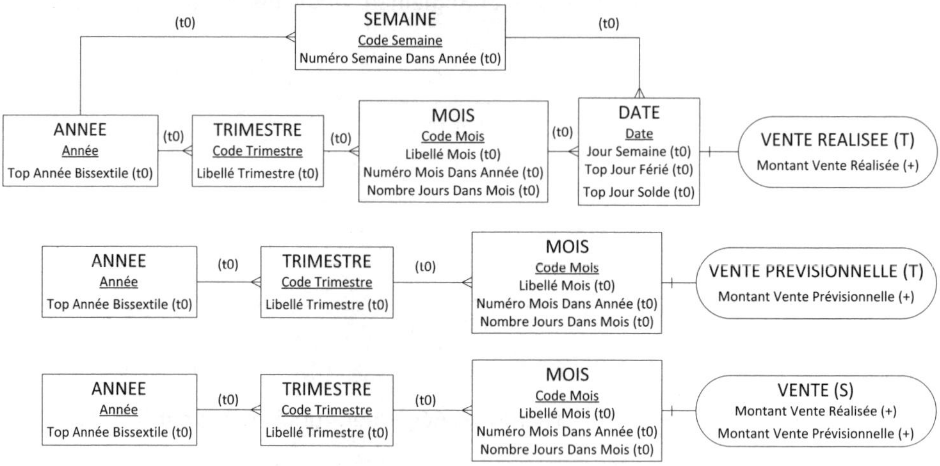

Figure 6.8 **Schéma factuel de synthèse Vente**

Cette figure fait apparaître les schémas factuels Vente Réalisée et Vente Prévisionnelle de la figure 6.4 ainsi qu'un troisième schéma factuel appelé Vente construit autour d'une relation factuelle de synthèse contenant à la fois les ventes réalisées et les ventes prévisionnelles. La relation factuelle Vente contenant les indicateurs Montant Vente Réalisée et Montant Vente Prévisionnelle déjà présents dans les relations factuelles Vente Réalisée et Vente Prévisionnelle, le principe de conformité des indicateurs n'est ici pas respecté.

En fait, la relation factuelle Vente est inutile. Elle ne fait qu'associer au niveau Mois les indicateurs Montant Vente Réalisée et Montant Vente Prévisionnelle dans une même relation factuelle, ce qui n'apporte rien car tous les éléments présents dans le schéma Vente sont déjà présents dans les schémas Vente Réalisée et Vente Prévisionnelle. D'ailleurs, la relation factuelle Vente n'est pas une véritable relation de synthèse car, si elle est bien issue de relations factuelles élémentaires, elle ne contient pas de nouvel indicateur.

Remarque : d'un point de vue pratique, si l'on souhaite analyser dans un même rapport les ventes réalisées et les ventes prévisionnelles, on pourra pour cela : soit exécuter une requête permettant de récupérer au niveau Mois les données relatives aux ventes réalisées et une autre requête pour récupérer les ventes prévisionnelles, puis associer les résultats des deux requêtes (opération dite de drill-across) *; soit associer dans une même table de faits de niveau Mois (qui sera appelée « table de faits dérivée » – cf. chapitre 14) les ventes prévisionnelles et les ventes réalisées (la raison d'être de la table de faits en question étant d'ordre purement technique, aucune relation factuelle ne doit lui être associée).*

Par opposition au cas présenté dans la figure 6.8, le principe de conformité des indicateurs est respecté dans les différents schémas factuels de la figure 6.9.

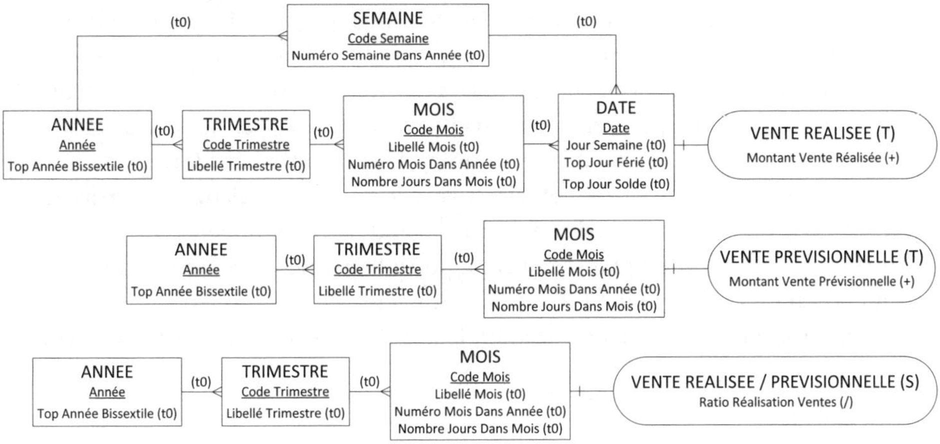

Figure 6.9 **Schéma factuel de synthèse Vente réalisée/Vente prévisionnelle**

En effet, la relation factuelle Vente Réalisée/Prévisionnelle ne contient pas d'indicateurs existant dans les autres relations factuelles mais contient un nouvel indicateur, le ratio de réalisation des ventes, représentant le pourcentage des ventes réalisées sur un mois par rapport aux ventes prévisionnelles du même mois. La relation factuelle Vente Réalisée/Prévisionnelle est donc une véritable relation factuelle de synthèse.

6.4 Bonne pratique n° 4 : définir un MCMD unique pour l'ensemble des activités de l'entreprise

La vocation d'un MCMD est d'être transverse à l'ensemble de l'organisation et des activités de l'entreprise. En effet, si l'on définit un MCMD distinct pour chaque schéma factuel, les dimensions et les indicateurs de chaque MCMD seront nécessairement conformes et le principe de conformité aura perdu tout son sens.

Si les principes de modélisation des MCMD doivent s'appliquer à la conception d'un data mart à vocation départemental, le principe de conformité des dimensions et des indicateurs prend en effet tout son sens pour la conception d'un data warehouse dont le périmètre est l'ensemble de l'entreprise ou, dans le cas d'une entreprise de type *holding* ayant des activités et des organisations multiples, dont le périmètre est une branche entière de l'entreprise.

6.5 Bonne pratique n° 5 : définir le grain le plus fin possible pour les relations factuelles élémentaires

Le grain d'une relation factuelle élémentaire doit être le plus fin possible. Autrement dit, si l'on considère le cas d'une relation factuelle de type Transaction, les faits contenus dans celle-ci doivent représenter des transactions unitaires et non pas des ensembles de transactions. Et si l'on considère une relation factuelle de type Instantané Accumulé tel que celle de la figure 4.11 (relation factuelle Candidature) permettant d'analyser le déroulement d'un processus métier ayant un cycle de vie, les faits doivent mesurer le déroulement d'un processus élémentaire (dans le cas de la relation factuelle de la figure 4.11, chaque fait doit correspondre à une candidature unique).

En effet, la définition du grain le plus fin possible permet de concevoir un système évolutif et offrant des possibilités d'analyse optimales.

Pour illustrer l'intérêt de définir le grain le plus fin possible, considérons le schéma factuel suivant.

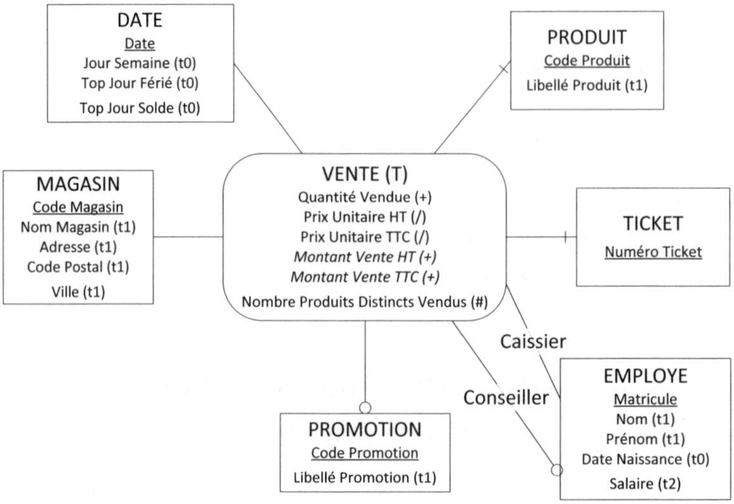

Figure 6.10 **Schéma factuel Vente**

La figure 6.10 représente le schéma factuel Vente déjà présenté et pour lequel seuls les niveaux les plus fins de chaque dimension sont mentionnés. Dans ce schéma, le grain de la relation factuelle Vente est la combinaison des niveaux Ticket et Produit. Chaque fait correspond donc au passage en caisse d'un unique produit ; il représente donc une transaction unitaire si bien que le grain de la relation factuelle Vente est le grain le plus fin que l'on puisse obtenir dans ce cas précis.

A contrario, dans le schéma factuel de la figure 6.11, le niveau Ticket est absent.

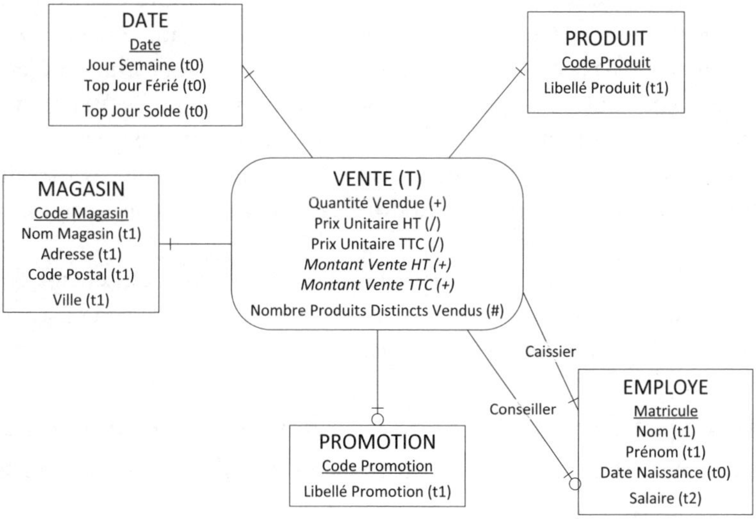

Figure 6.11 **Schéma factuel Vente sans le niveau Ticket**

Dans la figure 6.11, le grain de la relation factuelle Vente n'est donc pas le couple (Ticket, Produit) mais la combinaison des niveaux Date, Produit, Magasin, Promotion et Employé (pour chacun des rôles Caissier et Conseiller). Etant donné que plusieurs transactions peuvent avoir lieu pour la même date, le même produit, le même magasin, la même promotion, le même caissier et le même conseiller, le grain de la relation factuelle de la figure 6.11 n'est pas la transaction unitaire et n'est donc pas le grain le plus fin possible. Chaque fait de la relation factuelle Vente représente dans la figure 6.11 un agrégat de transactions unitaires.

On peut se dire que le numéro de ticket n'est pas d'une grande utilité du point de vue analytique et donc que cela n'a pas d'importance. Mais cela est faux car le schéma factuel de la figure 6.11 est beaucoup moins évolutif que celui de la figure 6.10. En effet, dans le cas de la figure 6.11, l'ajout d'un niveau supplémentaire associé à la relation factuelle Vente entraînera dans la plupart des cas une modification (un « affinement ») du grain de la relation factuelle et donc une réalimentation complète des données de celle-ci pour les adapter au changement de grain. Pour illustrer ce propos, supposons qu'après avoir implémenté la relation factuelle Vente de la figure 6.10 ou de la figure 6.11, l'entreprise souhaite pouvoir effectuer des analyses de ventes par client ou par segment de clientèle et que chaque ticket de caisse fasse référence à un numéro de client. Pour satisfaire ce besoin, on décide donc de créer une dimension Client et d'associer le niveau Client à la relation factuelle Vente. L'ajout du niveau Client ne modifie pas le grain de la relation factuelle de la figure 6.10 qui demeure le couple de niveaux (Ticket, Produit), chaque ticket faisant référence à un client unique. En revanche, dans le cas de la figure 6.11, le grain se trouve modifié par l'ajout du niveau Client à celui-ci car plusieurs clients peuvent faire l'objet d'une vente pour la même date, le même produit, le même magasin, la même promotion, le même caissier et le même conseiller. Dans le cas de la figure 6.11, l'ajout du niveau Client nécessite donc de recalculer l'ensemble des indicateurs de la relation factuelle Vente et donc de réalimenter entièrement en données la table de faits qui lui correspond. Alors que dans le cas de la figure 6.10, les valeurs des indicateurs ne sont pas modifiées et la modification consiste uniquement à modifier chaque fait en lui associant un numéro de client.

En conclusion, on peut donc affirmer que le fait d'avoir conçu le schéma de la figure 6.10 pour que son grain soit du niveau de la transaction unitaire rend ce schéma beaucoup plus évolutif que celui de la figure 6.11.

6.6 Bonne pratique n° 6 : ne pas « mélanger » différents types (Transaction, Instantané, Instantané Accumulé) dans une même relation factuelle élémentaire

Une relation factuelle élémentaire doit avoir un type clairement défini : Transaction, Instantané ou Instantané Accumulé. Nous avons vu avec la présentation de la relation factuelle Gestion Stock (cf. figure 4.9) que concevoir une relation factuelle « hybride » n'était pas une bonne idée.

6.7 Bonne pratique n° 7 : définir un grain unique (ou homogène) pour l'ensemble des faits d'une relation factuelle

L'ensemble des faits contenus dans une relation factuelle donnée doivent avoir le même niveau de granularité.

Pour illustrer cette bonne pratique, considérons le schéma factuel de la figure 6.12, schéma qui sera également utilisé pour illustrer les deux bonnes pratiques qui suivront.

Le schéma factuel de cette figure, inspiré d'un projet réalisé dans le domaine bancaire, a pour objectif de mesurer la rentabilité de la clientèle d'un réseau d'agences. Ce schéma est composé de la relation factuelle de synthèse Rentabilité Clientèle associée aux dimensions Période, Client et Ligne de nomenclature.

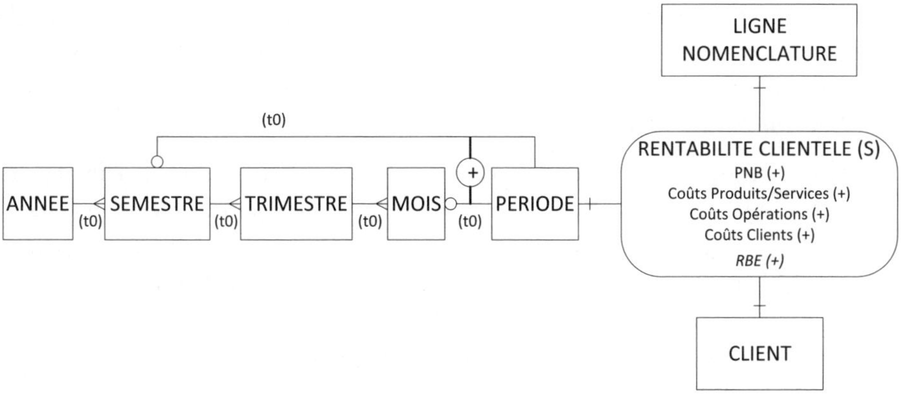

Figure 6.12 **Schéma factuel Rentabilité Clientèle**

La relation factuelle Rentabilité Clientèle mesure pour chaque période, chaque client et chaque ligne de nomenclature le PNB (Produit Net Bancaire, terme propre au domaine bancaire qui représente les revenus de la banque), les coûts (en distinguant les coûts affectables aux produits et services détenus par le client, les coûts affectables aux opérations réalisées par le client et enfin les coûts directement liés au client et qui ne peuvent pas être affectés aux produits/services et opérations du client – il s'agit en particulier de la charge commerciale induite par la relation de la banque avec le client) et enfin le RBE (Résultat Brut d'Exploitation) qui est un indicateur dérivé égal au PNB diminué des différents coûts.

Le niveau Période contient à la fois des mois et des semestres, la rentabilité de la clientèle étant mesurée mensuellement pour un certain type de clients (il s'agit des clients de type « entreprise » dont le suivi de la rentabilité doit être effectué à intervalle plus régulier que celui des clients particuliers) et uniquement semestriellement pour les autres clients (il s'agit des clients de type « particulier »). Par conséquent, dans la dimension Période, un membre du niveau Période est rattaché soit à un membre du niveau Mois, soit à un membre du niveau Semestre.

Le niveau Client représente un client unitaire de la banque (particulier ou entreprise).

Enfin, le niveau Ligne Nomenclature est en quelque sorte un « fourre-tout » contenant à la fois des produits et des services vendus par la banque à ses clients ainsi que des types d'opérations (virement, prélèvement, dépôt de chèque, paiement avec une carte bancaire, etc.) réalisés par les clients.

On remarque que les faits de la relation factuelle Rentabilité Clientèle ne sont pas tous du même grain.

En effet, d'après la figure 6.12, le grain de la relation factuelle Rentabilité Clientèle est composé de l'ensemble des niveaux Période, Client et Ligne Nomenclature. Mais le niveau Période contient à la fois des mois et des semestres. Par conséquent, certains faits portent sur un mois, un client et une ligne de nomenclature alors que d'autres portent sur un semestre, un client et une ligne de nomenclature. Le grain de la relation factuelle Rentabilité Clientèle n'est donc pas homogène (il n'est pas « unique »).

La non-unicité du grain pose un certain nombre de problèmes, en particulier pour les analyses *ad hoc* des utilisateurs. Ces problèmes sont les suivants :

- Le niveau Période ne correspondant pas à un concept fonctionnel bien défini, les utilisateurs auront toutes les difficultés à le « manipuler » dans le cadre de leurs analyses.
- Le schéma ne fait pas apparaître clairement le fait que la mesure de la rentabilité est mensuelle pour les clients de type « entreprise » et semestrielle pour les clients de type « particulier » (contrairement aux schémas de la figure 6.13 et de la figure 6.14 ci-dessous). Il présente donc une certaine ambiguïté, source potentielle de confusion pour les utilisateurs.
- Avec le modèle de la figure 6.12, rien n'empêche un utilisateur de demander à obtenir la rentabilité d'un client de type « particulier » sur le niveau Mois. La requête exécutée retournera alors un jeu de données avec la colonne Mois vide puisque les périodes sur lesquelles la rentabilité d'un client particulier est mesurée représentent des semestres et ne sont donc pas associées à des mois.
- Les analyses que l'on peut qualifier de « transverses », c'est-à-dire les analyses associant à la fois des clients de type « entreprise » et des clients de type « particulier », ne pourront donner des résultats corrects qu'au niveau Année ou au niveau Semestre. Si, dans le cadre d'une analyse transverse, un utilisateur demande à visualiser les valeurs d'un indicateur par mois à partir des valeurs d'un semestre (opération de type *drill-down*), les résultats obtenus seront incomplets (les valeurs de l'indicateur n'étant affectées à aucun mois pour les clients de type « particulier »).

Pour rendre le grain unique, il faudrait :

- Soit faire en sorte de mesurer mensuellement la rentabilité pour l'ensemble de la clientèle, ce qui permettrait d'obtenir le schéma de la figure 6.13.

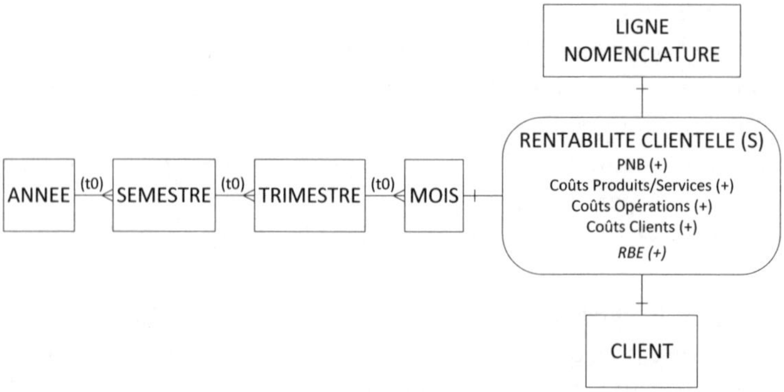

Figure 6.13 **Schéma factuel Rentabilité Clientèle avec mesures mensuelles**

- Soit scinder la relation factuelle Rentabilité Clientèle en deux relations, une pour la clientèle de type « entreprise » et une autre pour la clientèle de type « particulier », ce qui permettrait d'obtenir les schémas factuels de la figure 6.14.

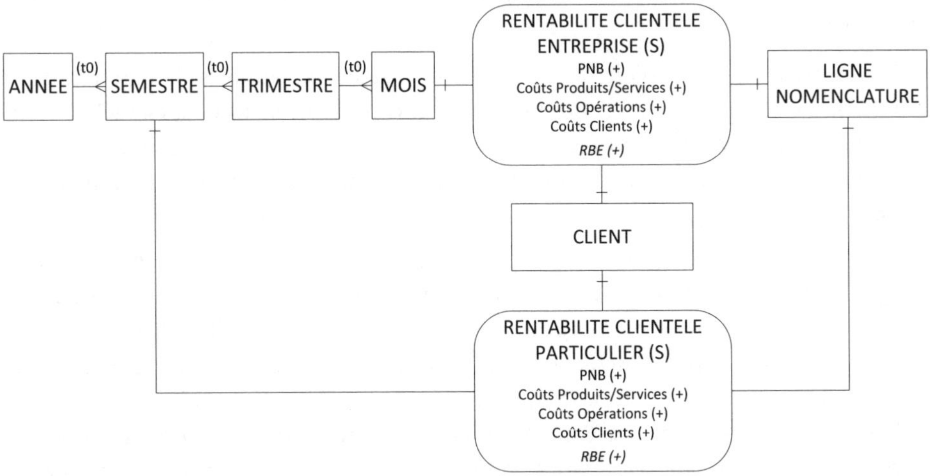

Figure 6.14 **Schémas factuels Rentabilité Clientèle Entreprise et Rentabilité Clientèle Particulier**

Dans la figure 6.14, la relation factuelle Rentabilité Clientèle Entreprise serait utilisée pour l'analyse de la rentabilité des entreprises et la relation factuelle Rentabilité Clientèle Particulier permettrait d'analyser la rentabilité des particuliers. Une analyse globale (tous types de clients confondus) de la rentabilité peut être effectuée par l'intermédiaire d'une opération de *drill-across* ou au moyen d'une table de faits technique (cf. bonne pratique n° 3).

6.8 Bonne pratique n° 8 : modéliser en utilisant des dimensions correspondant à un réel concept métier et non pas pour « coller » à des besoins figés de restitutions

Dans le schéma factuel Rentabilité Clientèle de la figure 6.12, la relation factuelle est associée au niveau Ligne Nomenclature. Comme mentionné précédemment, une ligne de nomenclature représente soit un produit ou un service, soit une opération. Les lignes de nomenclature correspondent en réalité à des lignes de restitution dans des rapports relatifs à la rentabilité clientèle. Le niveau Ligne Nomenclature a été conçu pour « coller » à un besoin précis de restitution. Etant donné que l'on souhaite restituer à la fois la rentabilité dégagée par des produits et la rentabilité dégagée par des opérations (certaines lignes de restitution seront relatives à des produits et d'autres à des opérations), les lignes de nomenclature peuvent correspondre selon les cas à des produits ou à des opérations.

Le fait de concevoir un schéma factuel directement en fonction des rapports à produire (et non pas en fonction de concepts métier réels) me paraît être une erreur pour deux raisons :

- D'une part, on peut avoir besoin de faire évoluer les rapports dans le temps en fonction de la stratégie de l'entreprise. Le fait de définir un schéma factuel en fonction des rapports à produire risque donc de nécessiter une adaptation du schéma à chaque modification d'un rapport. Un tel modèle possède donc le défaut majeur de ne pas être évolutif.
- D'autre part, dans la plupart des cas, certains indicateurs de la relation factuelle ne sont pertinents que pour certaines lignes de restitution ou de nomenclature. Par exemple, dans la relation factuelle Rentabilité Clientèle, l'indicateur Coûts Produits/Services n'a pas de sens pour les lignes de nomenclature relatives aux opérations et, inversement, l'indicateur Coûts Opérations n'est pas pertinent pour les lignes de nomenclature liées aux produits. Le fait que certains indicateurs ne soient pas valorisés pour certaines lignes de nomenclature n'est pas optimal en termes de stockage des données. De plus, le schéma factuel Rentabilité Clientèle permet à un utilisateur de demander par exemple la restitution de l'indicateur Coûts Produits/Services pour des lignes de nomenclature relatives aux opérations, ce qui n'a pas de sens.

Pour l'anecdote, j'ai rencontré chez un client une application décisionnelle délivrant une vingtaine de rapports figés et pour laquelle ce client avait mis en place un schéma factuel pour chacun des rapports. Il va sans dire qu'une telle solution est d'une part très peu évolutive et surtout très coûteuse à mettre en place et à maintenir étant donné le nombre de schémas factuels à gérer dans l'application.

6.9 Bonne pratique n° 9 : faire en sorte que chaque indicateur soit pertinent pour l'ensemble des dimensions associées à la relation factuelle à laquelle il appartient

Toujours dans le schéma factuel de la figure 6.12, on peut remarquer que l'indicateur Coûts Clients n'est pas pertinent pour l'ensemble des niveaux associés à la relation factuelle. En effet, les coûts directement liés aux clients ne sont par définition pas liés à un produit ou à une opération et ne peuvent donc pas être associés à une ligne de nomenclature. Pour résoudre ce problème, on peut imaginer que les concepteurs de l'application de rentabilité clientèle aient défini une ligne de nomenclature « par défaut » (ou ligne de nomenclature « fictive ») appelée « Sans produit ni opération » à laquelle ils auront affecté pour chaque client la valeur de l'indicateur Coûts Clients.

Cet indicateur ne serait donc valorisé que pour la ligne par défaut. Et inversement, les indicateurs PNB, Coûts Produits/Services et Coûts Opérations ne seraient pas valorisés pour cette ligne de nomenclature. La relation factuelle Rentabilité Clientèle contiendrait donc des faits tels que ceux du tableau 6.1.

Période	Client	Ligne Nomenclature	PNB	Coûts liés aux produits et services	Coûts liés aux opérations	Coûts liés aux clients
Janvier 2012	Dupont	Compte courant	100	60		
Janvier 2012	Dupont	Virement	50		40	
Janvier 2012	Dupont	Sans produit ni opération				20

Tableau 6.1 **Faits de la relation factuelle Rentabilité Clientèle**

Dans le tableau 6.1, lorsqu'un indicateur n'était pas pertinent pour une ligne de nomenclature donnée, aucune valeur n'a été affectée à cet indicateur. On constate que le tableau 6.1 contient beaucoup de vides (plus de 50 % des valeurs sont « vides »), ce qui a pour double inconvénient :

- d'utiliser de l'espace de stockage inutilement (une valeur « vide » dans le Tableau 6.1 se traduit par une valeur NULL au niveau de la base de données et la valeur NULL requiert généralement un certain espace de stockage) ;
- de présenter à l'utilisateur des données non pertinentes, sources de mauvaise interprétation. En effet, le tableau 6.1 contient une cellule vide au croisement de la ligne de nomenclature Compte courant et de l'indicateur Coûts liés aux clients. Ce croisement de données n'a pas de sens mais l'utilisateur non averti pourra interpréter le vide comme un « 0 » et se dire que le coût lié au client Dupont pour le produit Compte courant est égal à 0 alors que ce coût ne peut jamais être valorisé.

Ce problème de non-pertinence d'un indicateur pour certaines valeurs d'une dimension est exacerbé dans le cas d'un indicateur dérivé. Prenons le cas de l'indicateur dérivé RBE de la relation factuelle Rentabilité Clientèle. La formule de calcul du RBE est la suivante :

$$RBE = PNB - \text{Coûts Produits/Services} - \text{Coûts Opérations} - \text{Coûts Clients}$$

Le RBE dépendant des coûts directement liés aux clients, cet indicateur n'a un sens qu'au niveau du client (il n'a pas de sens au niveau d'une ligne de nomenclature « réelle »). L'indicateur RBE ne devrait donc être valorisé que pour la ligne de nomenclature par défaut « Sans produit ni opération ». Si l'on ajoute le RBE au Tableau 6.1 et si on applique la formule du calcul du RBE sur la ligne « Sans produit ni opération », on obtient le tableau 6.2.

Période	Client	Ligne Nomenclature	PNB	Coûts liés aux produits et services	Coûts liés aux opérations	Coûts liés aux clients	RBE
Janvier 2012	Dupont	Compte courant	100	60			
Janvier 2012	Dupont	Virement	50		40		
Janvier 2012	Dupont	Sans produit ni opération				20	-20

Tableau 6.2 **RBE calculé uniquement sur la ligne de nomenclature « Sans produit ni opération »**

Si l'on interprète l'absence de valeur par un zéro, le RBE de la ligne de nomenclature « Sans produit ni opération » est égal à -20, ce qui est bien entendu faux car le calcul du RBE ne tient pas compte des valeurs du PNB et des coûts liés aux produits/services et opérations des lignes de nomenclature Compte courant et Virement. Pour que le RBE du client Dupont soit correct, il est nécessaire de le calculer et de le stocker pour l'ensemble des lignes de nomenclature, comme l'illustre le tableau 6.3.

Période	Client	Ligne Nomenclature	PNB	Coûts liés aux produits et services	Coûts liés aux opérations	Coûts liés aux clients	RBE
Janvier 2012	Dupont	Compte courant	100	60			40
Janvier 2012	Dupont	Virement	50		40		10
Janvier 2012	Dupont	Sans produit ni opération				20	-20

Tableau 6.3 **RBE calculé pour toutes les lignes de nomenclature**

Si l'on effectue la somme des valeurs du RBE de chacune des lignes de nomenclature, on obtient la valeur 30 (40 + 10 – 20) pour le RBE du client Dupont, ce qui est correct.

Mais cette solution nécessite de stocker une valeur pour l'indicateur RBE pour chacune des lignes de nomenclature alors que cet indicateur n'a un sens qu'au niveau Client.

Au travers des trois dernières bonnes pratiques, a été mis en évidence l'ensemble des défauts du schéma factuel Rentabilité Clientèle de la figure 6.12. Le respect de ces bonnes pratiques conduit à la définition du MCMD de la figure 6.15.

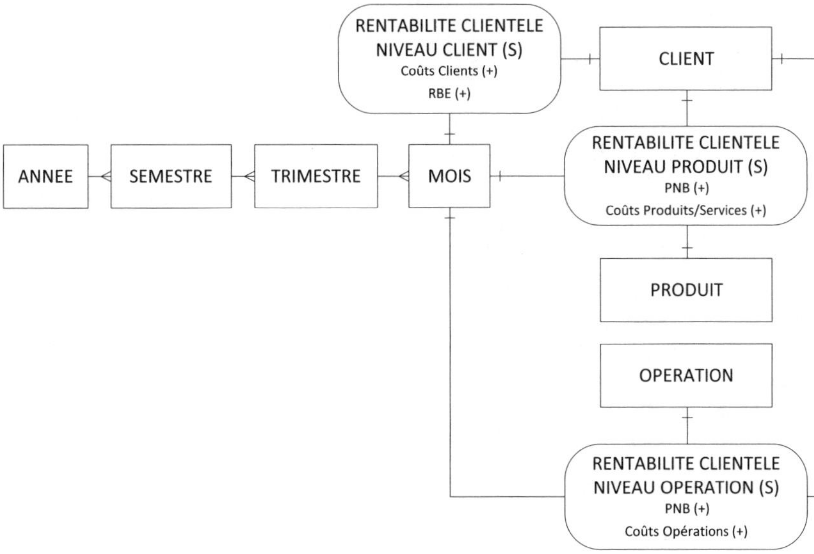

Figure 6.15 **MCMD Rentabilité Clientèle corrigé**

Les différences entre les MCMD de la figure 6.12 et de la figure 6.15 sont les suivantes :

- le niveau Période est remplacé par le niveau Mois (bonne pratique n° 7) ;
- le niveau Ligne Nomenclature de la figure 6.12 est remplacé dans la figure 6.15 par les deux niveaux Produit et Opération (bonne pratique n° 8) ;
- l'unique relation factuelle Rentabilité Clientèle est remplacée par les trois relations factuelles Rentabilité Clientèle Niveau Produit, Rentabilité Clientèle Niveau Opération et Rentabilité Clientèle Niveau Client. Les différents indicateurs de la relation factuelle Rentabilité Clientèle sont répartis dans ces trois relations factuelles (bonne pratique n° 9).

Partie II

MODÉLISATION RELATIONNELLE MULTIDIMENSIONNELLE

L'étape suivant la définition d'un MCMD consiste à définir un modèle logique de données (MLD) correspondant au MCMD préalablement décrit.

Bien qu'il existe d'autres types de modèles logiques de données tels que le modèle hiérarchique ou le modèle objet, je m'appuierai, pour définir le MLD issu d'un MCMD, sur les principes du modèle de données relationnel (d'où le titre de cette deuxième partie). En effet, les principaux **systèmes de gestion de base de données** (SGBD) du marché sont aujourd'hui des SGBD relationnels (SGBDR) et l'implémentation d'une base de données sur un SGBDR s'appuie donc sur le MLD relationnel. Je n'ai d'ailleurs jamais rencontré de data warehouse implémenté sur une base de données non relationnelle (à l'exception des bases de données OLAP).

Remarque : dans la suite de l'ouvrage, j'emploierai indifféremment les termes « modélisation logique » et « modélisation relationnelle ».

Chapitre 7

Principes de dérivation logique d'un MCMD

On peut effectuer une correspondance entre le modèle conceptuel multidimensionnel et le modèle entité-association en affirmant que :

- un niveau ou une relation factuelle s'apparente à une entité;
- un lien entre une relation factuelle et un niveau ou une relation hiérarchique entre deux niveaux s'apparente à une association.

Nous allons voir que les principes généraux de dérivation relationnelle d'un MCMD sont donc assez proches des principes de transformation d'un modèle entité-association en modèle relationnel.

7.1 Principes généraux de dérivation logique

Avant d'aborder les principes généraux de dérivation logique des relations factuelles, étudions ceux des niveaux.

7.1.1 Principes généraux de dérivation logique d'un niveau

En première approche, chaque niveau peut être transformé en une table contenant un champ par attribut contenu dans le niveau. La clé primaire de la table issue du niveau est formée du champ (ou des champs) correspondant à l'attribut (ou aux attributs) formant l'identifiant du niveau en question.

Ainsi, dans la figure 7.1, le niveau Niveau A est transformé en une table de même nom. Les attributs Attribut 1, Attribut 2, …, Attribut N du niveau deviennent respectivement les champs *champ_1*, *champ_2*, …, *champ_n* de la table *niveau_a*[1]. La clé primaire de la table *niveau_a* est constituée du champ *champ_1* directement issu de l'attribut Attribut 1, identifiant du niveau dont est issue la table.

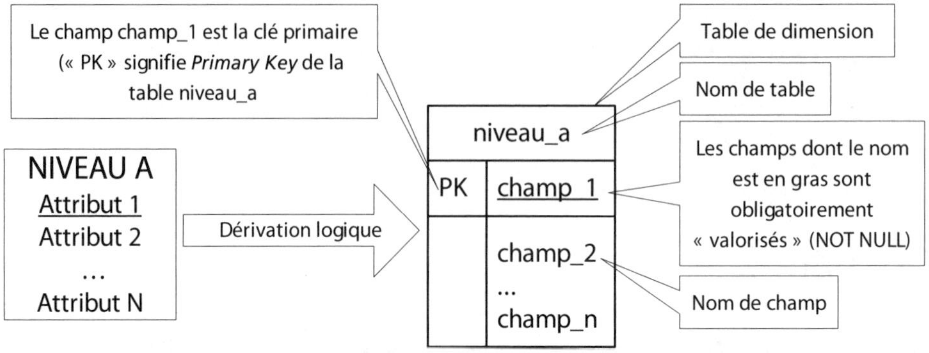

Figure 7.1 **Dérivation logique d'un niveau**

Remarque : une table correspondant à un niveau d'une dimension est communément appelée « table de dimension ».

En deuxième approche, il faut prendre en considération le cas où le niveau à « dériver » est le niveau enfant d'une relation hiérarchique. Deux cas de figure se présentent alors :

- 1er cas de figure : la cardinalité maximale du niveau parent de la relation hiérarchique est égale à 1, comme c'est le cas dans les différentes relations hiérarchiques de lafigure 7.2. Autrement dit, chaque membre du niveau enfant est associé à, au plus, un membre du niveau parent.

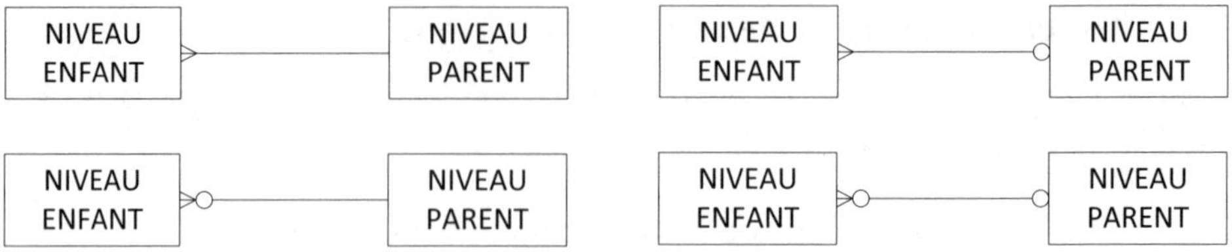

Figure 7.2 **Cardinalité maximale du niveau parent égale à 1**

1. Les noms des tables et des champs d'un modèle logique seront systématiquement mis en *italique* lorsque nous y ferons référence.

Dans ce cas de figure, la table obtenue en première approche doit être enrichie d'un champ (ou de plusieurs champs) supplémentaire(s) correspondant à la clé primaire de la table issue du niveau parent de la relation hiérarchique. Ce(s) champ(s) supplémentaire(s) constitue(nt) une clé étrangère de la table issue du niveau enfant de la relation hiérarchique vers la table issue du niveau parent de la même relation (cf. figure 7.3).

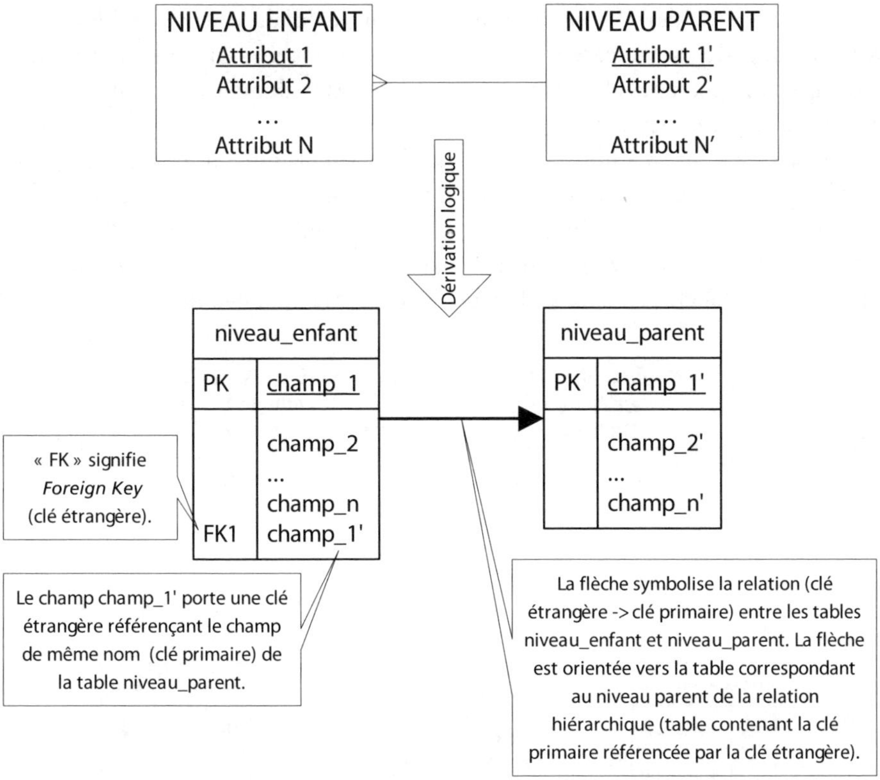

Figure 7.3 **Dérivation logique des niveaux d'une relation hiérarchique pour laquelle la cardinalité maximale du niveau parent est égale à 1**

- 2e cas de figure : la cardinalité maximale du niveau parent de la relation hiérarchique est strictement supérieure à 1, comme c'est le cas dans les différentes relations hiérarchiques de la figure 7.4. Autrement dit, chaque membre du niveau enfant peut être associé à plusieurs membres du niveau parent. (La hiérarchie est généralisée.)

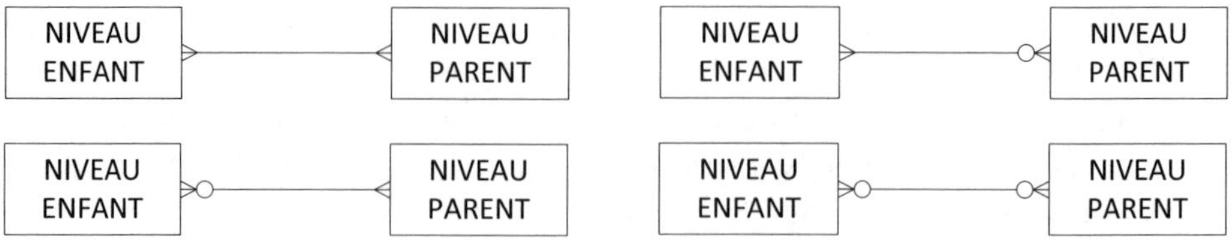

Figure 7.4 **Cardinalité maximale du niveau parent strictement supérieure à 1**

Dans ce 2e cas de figure, une nouvelle table intermédiaire entre les tables issues du niveau enfant et du niveau parent doit être créée. Cette table doit contenir uniquement les champs constituant les clés primaires des tables issues du niveau enfant et du niveau parent de la relation hiérarchique.

Ainsi, dans la figure 7.5 illustrant ce 2e cas de figure, la table intermédiaire *relation_parent_enfant* est créée. Cette table contient les champs *champ_1* et *champ_1'* faisant référence respectivement au champ *champ_1* de la table *niveau_enfant* et au champ *champ_1'* de la table *niveau_parent* (les champs *champ_1* et *champ_1'* forment également à eux deux la clé primaire de la table *relation_parent_enfant*).

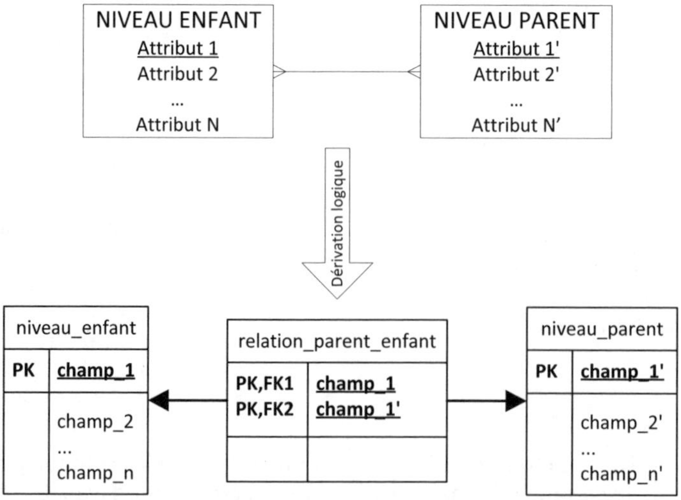

Figure 7.5 **Dérivation logique des niveaux d'une relation hiérarchique pour laquelle la cardinalité maximale du niveau parent est strictement supérieure à 1**

Abordons à présent la dérivation logique d'une relation factuelle.

7.1.2. Principes généraux de dérivation logique d'une relation factuelle

Une relation factuelle peut être transformée en une table appelée **table de faits**.

Dans le cas général où la relation factuelle est associée uniquement à des niveaux en relation 1..1 ou 0..1 avec elle (cardinalité maximale de chaque niveau égale à 1), la table de faits contient des champs correspondant aux clés primaires des tables issues des niveaux auxquels la relation factuelle est associée[1]. Ces champs constituent autant de clés étrangères de la table de faits vers les tables issues des niveaux en question.

De plus, la clé primaire de la table de faits dérivée de la relation factuelle est constituée des champs correspondant aux clés primaires des niveaux formant le grain de la relation factuelle.

Enfin, la table de faits contiendra un champ pour chaque indicateur que comporte la relation factuelle dont elle est issue.

La figure 7.6 illustre les principes de dérivation logique d'une relation factuelle.

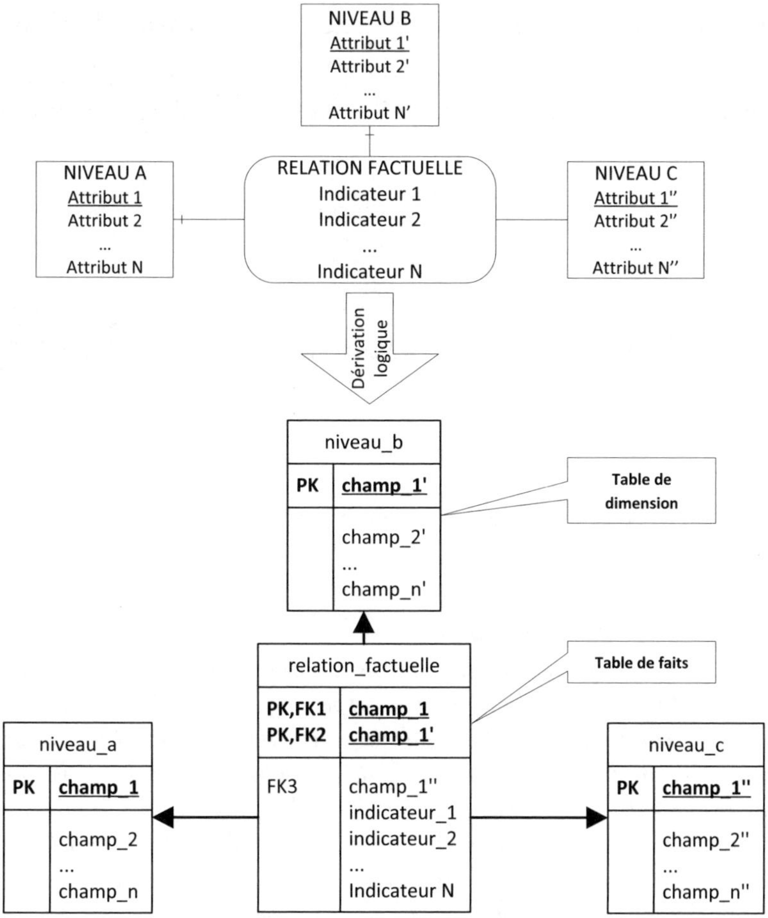

Figure 7.6 **Dérivation logique d'une relation factuelle**

1. Le cas de figure où la relation factuelle est associée à un niveau en relation 0..N ou 1..N avec elle sera abordé ultérieurement.

Dans cette figure, la relation factuelle est transformée en une table de faits contenant les champs *champ_1*, *champ_1'* et *champ_1''*, clés étrangères référençant respectivement les clés primaires des tables *niveau_a*, *niveau_b* et *niveau_c*.

Le grain de la relation factuelle étant constitué uniquement des niveaux Niveau A et Niveau B, seuls les champs *champ_1* et *champ_1'* référençant les tables issues de ces niveaux forment la clé primaire de la table de faits.

La table de faits issue de la relation factuelle contient également les champs *indicateur_1*, *indicateur_2*, ..., *indicateur_n* correspondant aux différents indicateurs de la relation factuelle.

7.2 Illustration des principes généraux de dérivation logique

Reprenons le schéma factuel Inventaire de la figure 4.3 pour lequel ont été ajoutés des attributs aux différents niveaux qu'il contient. On obtient le schéma de la figure 7.7.

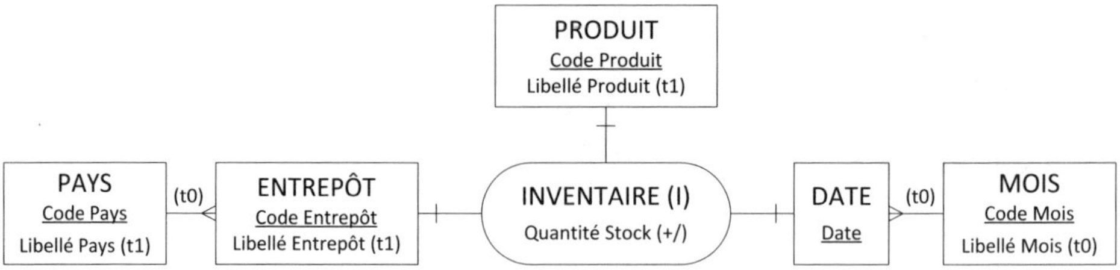

Figure 7.7 **Schéma factuel Inventaire avec attributs**

L'application des principes généraux de dérivation logique exposés ci-dessus permet d'obtenir le schéma suivant.

Remarques : les tables de dimension directement liées à la table de faits (tables produit, date *et* entrepot*) sont parfois appelées tables de dimension « primaires » alors que les autres tables de dimension (tables* mois *et* pays*) peuvent être appelées tables de dimension « secondaires ». Bien que le mot « date » soit un mot réservé en SQL, il sera utilisé en tant que nom de table ou de champ dans la suite de cet ouvrage afin de conserver une correspondance directe entre les modèles conceptuel et relationnel. Dans la pratique, il faut éviter d'utiliser ces mots réservés comme noms d'objets de base de données sous peine d'obtenir des erreurs (certaines bases de données autorisent cependant l'utilisation de ces mots en SQL s'ils sont mis entre guillemets ou entre crochets).*

Le modèle relationnel de la figure 7.8 a été obtenu par application de principes simples de dérivation. Mais ce modèle ne constitue qu'une première approche d'un modèle relationnel dérivé d'un schéma factuel. Il est en effet possible d'optimiser ou de concevoir ce modèle différemment, par l'application de plusieurs techniques que je vais à présent détailler.

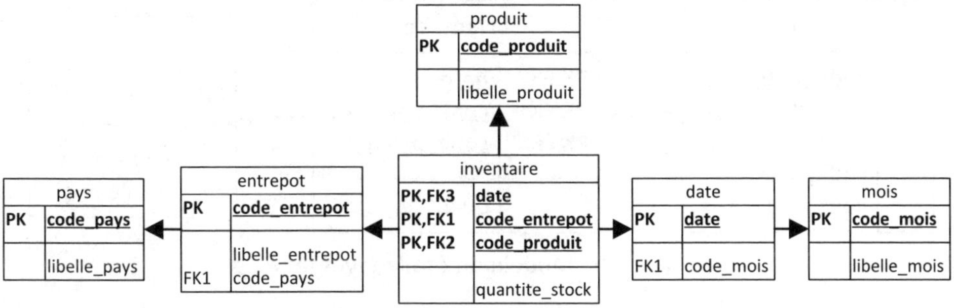

Figure 7.8 **Dérivation logique du schéma factuel Inventaire**

7.3 Modèle en étoile et modèle en flocon

7.3.1 Différences entre le modèle en étoile et le modèle en flocon

Le modèle de la figure 7.8 est appelé couramment **modèle en flocon** (*snowflake schema*).

Mais il existe une autre forme de modèle logique d'un schéma factuel : le **modèle en étoile** (*star schema*).

Dans un modèle en étoile, les niveaux des dimensions sont « dénormalisés » dans une table unique. Contrairement à un modèle en flocon dans lequel chaque table de dimension correspond à un niveau unique du MCMD, dans un modèle en étoile, une table de dimension correspond à une dimension entière du MCMD. Autrement dit, dans un modèle en étoile, les attributs des différents niveaux d'une même dimension sont rassemblés dans une table unique.

Le modèle en étoile correspondant au modèle en flocon de la figure 7.8 est représenté dans la figure suivante.

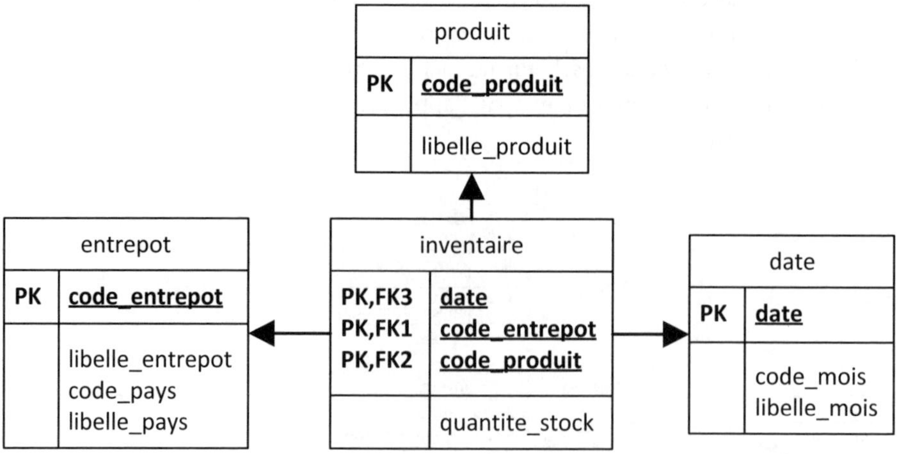

Figure 7.9 **Modèle en étoile Inventaire**

Dans cette figure, les tables *mois* et *pays* de la figure 7.8 ont disparu et les champs *libelle_mois* et *libelle_pays* de ces tables ont été ajoutés respectivement dans les tables *date* et *entrepot*.

Les tables de dimension du modèle en étoile de la figure 7.9 ne sont pas modélisées en 3ᵉ forme normale contrairement à celles du modèle en flocon de la figure 7.8 car les données du champ *libelle_pays* de la table *entrepot* ne sont pas dépendantes des données de la clé primaire de la table (champ *code_entrepot*) mais de celles du champ *code_pays* (idem pour les données du champ *libelle_mois* de la table *date* qui dépendent de celles du champ *code_mois*).

Remarque : dans une application transactionnelle, on modélise en règle générale les données en 3ᵉ forme normale afin d'éviter d'effectuer dans une même transaction des mises à jour en masse d'enregistrements (par exemple, le changement de libellé d'un pays implique dans le modèle de la figure 7.9 de mettre à jour dans la table entrepot *les enregistrements de l'ensemble des entrepôts situés dans le pays en question, alors que dans le modèle de la figure 7.8, ce changement implique de mettre à jour un unique enregistrement dans la table* pays*). Dans une application transactionnelle, cela peut entraîner des problèmes de performance et occasionner des incohérences entre les données. Mais dans une application décisionnelle, les mises à jour de données étant le plus souvent effectuées de manière massive en différé (mode « batch »), la redondance des données qu'implique la modélisation en étoile ne pose en règle générale pas de problème et ce type de modélisation est couramment adopté.*

7.3.2 Avantages et inconvénients du modèle en étoile par rapport au modèle en flocon

Les avantages du modèle en étoile par rapport au modèle en flocon sont les suivants :

- Les requêtes SQL basées sur un modèle en étoile sont plus simples à exprimer car le nombre de tables d'un modèle en étoile est réduit par rapport à celui d'un modèle en flocon.
- Le nombre de jointures à réaliser dans une requête portant sur un modèle en étoile est plus réduit que pour un modèle en flocon dans le cas où la requête utilise des champs provenant d'une table de dimension secondaire de modèle en flocon, ce qui tend à améliorer la performance d'une telle requête.
- Certains éditeurs de base de données tels qu'Oracle recommandent la modélisation en étoile par rapport à celle en flocon pour une raison de performance (cf. point précédent).
- Dans le cas où les clés primaires des tables de dimension sont des clés dites « techniques[1] », la mise à jour des tables de dimension lors de modifications temporelles de type 2 d'attributs appartenant à un niveau supérieur d'une hiérarchie est beaucoup plus simple pour un modèle en étoile que pour un modèle en flocon (cf. section 9.2.2).

Les inconvénients du modèle en étoile par rapport à celui en flocon sont les suivants :

- Dans un modèle en étoile, les relations hiérarchiques entre les niveaux n'apparaissent pas clairement, les attributs de niveaux différents dans le modèle conceptuel étant devenus dans le modèle relationnel des champs rassemblés dans une même table.
- La redondance de données induite par la dénormalisation du modèle en étoile entraîne une augmentation du volume des tables de dimension et peut occasionner des problèmes de performances lors des traitements de mise à jour ou lors des requêtes de lecture des données.
- La modélisation de certains types de hiérarchies requiert un certain degré de normalisation et nécessite donc de modéliser ces hiérarchies en flocon (ce point sera illustré dans la suite de l'ouvrage).
- Dans le cas où une relation factuelle est en relation avec un niveau d'une dimension qui n'est pas le plus fin de celle-ci, la création d'une table correspondant à ce niveau

1. Le sujet des clés techniques sera abordé dans la prochaine section.

est requise pour pouvoir y relier la table de faits. Cela implique une modélisation en flocon de la dimension en question. Par exemple, la dérivation logique des schémas factuels de la figure 6.4 (schémas factuels Vente Réalisée et Vente Prévisionnelle) implique de créer une table de dimension correspondant au niveau Date et une autre correspondant au niveau Mois pour pouvoir leur associer respectivement les faits relatifs aux ventes réalisées et aux ventes prévisionnelles. Cela sous-entend que la dimension Date est modélisée en flocon.

Les avantages du modèle en étoile me paraissant supérieurs à ses inconvénients, je recommanderais d'utiliser la technique de la modélisation en étoile dans la plupart des cas, c'est-à-dire chaque fois que cela est possible.

Remarque : les techniques de modélisation en étoile et en flocon peuvent bien entendu être combinées dans un même modèle, certaines dimensions pouvant être modélisées en étoile et d'autres en flocon. Les anglophones utilisent le terme starflake *pour évoquer ce type de modèle.*

7.4 Utilisation de clés techniques

7.4.1 Principe et illustration de l'utilisation des clés techniques

Une bonne pratique de modélisation en étoile ou en flocon consiste à utiliser des clés dites « techniques » (les anglophones utilisent le terme de *surrogate key*, signifiant littéralement « clé de substitution ») en tant qu'identifiants des tables de dimension.

L'utilisation des clés techniques consiste à ajouter à chaque table de dimension un champ numérique de type « entier » incrémenté automatiquement à chaque création d'enregistrement dans la table de dimension en question. Ce champ numérique est appelé et constitue la clé primaire de la table de dimension en lieu et place du champ dérivé de l'attribut identifiant. Les tables de faits contiennent alors ces mêmes clés techniques en tant que clés étrangères vers les tables de dimension qui leur sont associées.

En guise d'illustration, considérons l'exemple du schéma factuel Inventaire et utilisons ce principe pour en dériver un modèle logique en flocon (cf. figure 7.10).

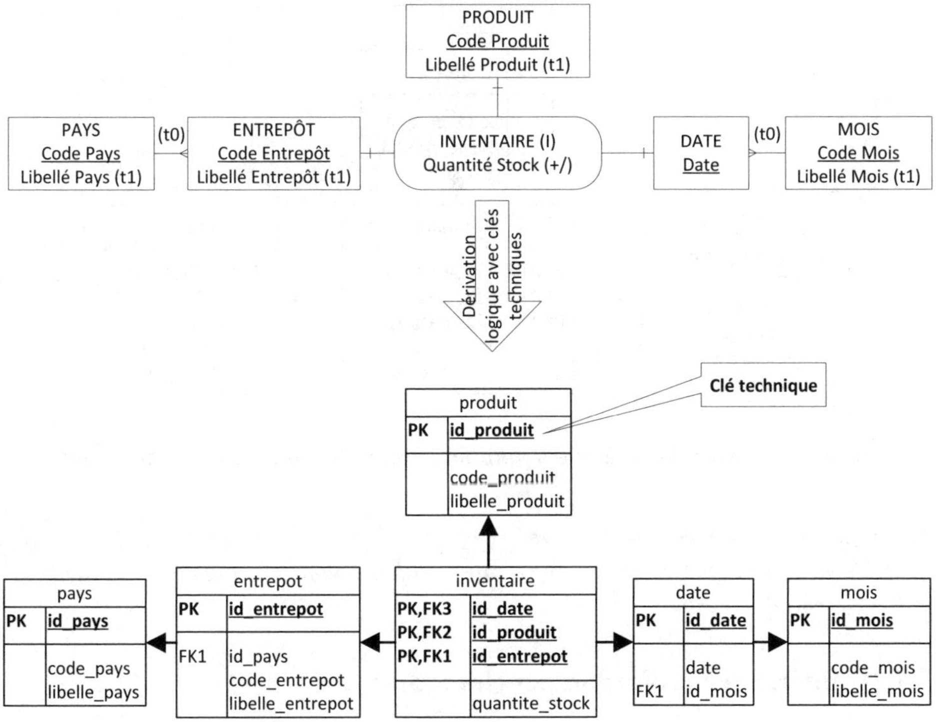

Figure 7.10 **Dérivation en flocon du schéma factuel Inventaire avec utilisation de clés techniques**

Si l'on prend l'exemple de la dimension Produit, le principe des clés techniques conduit à créer dans la table *produit* le champ *id_produit* qui est la clé primaire de cette table. Le champ *code_produit* est conservé mais n'est plus la clé primaire de la table *produit.*

De même, dans la table de dimension *entrepot*, la clé primaire est désormais le champ *id_entrepot* et non plus le champ *code_entrepot* comme dans la figure 7.8. Par ailleurs, le champ *id_pays* a remplacé le champ *code_pays* comme clé étrangère de la table *entrepot* vers la table *pays.*

Enfin, la table de faits *inventaire* ne contient plus les champs *date*, *code_produit* et *code_entrepot* mais les champs *id_date*, *id_produit* et *id_entrepot.*

Si l'on applique le principe des clés techniques à la technique de modélisation en étoile, on obtient à partir du schéma factuel Inventaire le modèle de la figure suivante.

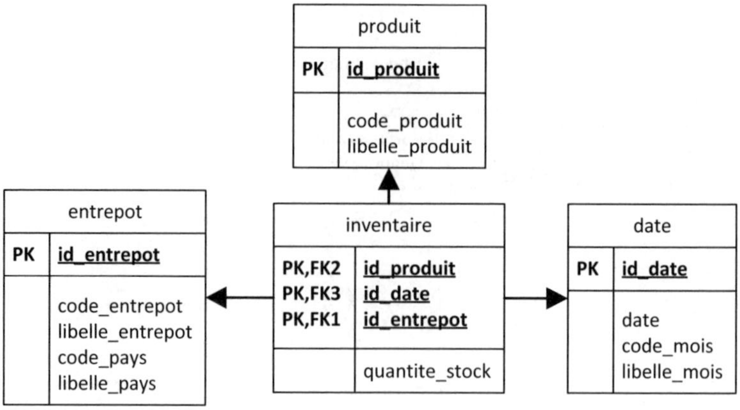

Figure 7.11 **Modèle en étoile Inventaire avec utilisation de clés techniques**

Remarque : si les champs code_produit, code_entrepot et date ne sont plus les clés primaires des tables de dimension, on les appelle parfois « clés fonctionnelles » afin de les distinguer des autres champs de ces tables.

7.4.2 Intérêt de l'utilisation des clés techniques

L'intérêt d'utiliser des clés techniques pour la modélisation logique décisionnelle est multiple et réside dans les points suivants.

Limitation de l'impact sur le data warehouse des changements de clés fonctionnelles

L'utilisation de clés techniques contribue à découpler le data warehouse des applications opérationnelles contenant les données sources des tables de dimension en limitant l'impact des changements de clés fonctionnelles sur le data warehouse.

Les valeurs et les formats des clés fonctionnelles des membres d'une dimension peuvent être modifiés dans le cas où l'application opérationnelle dans laquelle ces clés sont gérées est remplacée par une nouvelle application. De plus, si l'on considère par exemple les dimensions Produit et Client, une même clé fonctionnelle peut être réutilisée par l'application après l'arrêt d'un produit ou le départ d'un client. Le fait de ne pas utiliser les clés fonctionnelles comme clés primaires de dimensions permet de limiter l'impact de tels changements aux tables de dimension sans devoir mettre à jour des millions voire des milliards d'enregistrements dans les tables de faits.

Facilitation de la constitution d'une table de dimension à partir de sources multiples

Si l'on prend pour exemple la construction d'un data warehouse pour un groupe de sociétés, où chacune de ces sociétés possède son propre référentiel des clients, avec par conséquent autant de formats de clés fonctionnelles que de référentiels, l'utilisation d'une clé technique pour la dimension Client permet d'obtenir une véritable clé unique, sans avoir à composer une clé à partir des clés fonctionnelles des différents référentiels sources, ces clés fonctionnelles n'étant alors que de simples attributs de la dimension Client.

Diminution de la volumétrie des tables de faits

L'utilisation de clés techniques contribue à diminuer la volumétrie des tables de faits car une clé technique de type « entier » utilisée en tant que clé étrangère dans une table de faits nécessite un stockage moindre qu'une clé fonctionnelle qui est le plus souvent de type « alphanumérique ».

En effet, on pourra se contenter pour la plupart des dimensions d'une clé technique de deux octets (permettant de stocker 65 536 enregistrements), voire quatre octets pour les dimensions contenant le plus d'enregistrements (par exemple la dimension Client). Or, le plus souvent, les clés fonctionnelles des systèmes opérationnels sont des champs alphanumériques, parfois d'une longueur supérieure à 10 octets. Utiliser des clés techniques en lieu et place des clés fonctionnelles permet donc de réduire considérablement la taille des tables de faits et des index associés à ces tables.

Remarque : la présence dans une table de dimension d'une clé technique en plus d'une clé fonctionnelle a pour conséquence une augmentation de la volumétrie de la table de dimension en question. Mais cette augmentation est très souvent négligeable en comparaison de la diminution de volume des tables de faits qu'apporte l'utilisation de la clé technique, les tables de faits représentant en général plus de 80 % de la volumétrie totale d'un data warehouse.

Amélioration de la performance des requêtes utilisateurs sur le data warehouse

Du fait de la présence des clés techniques, les enregistrements des tables de faits sont de taille plus réduite, ce qui permet au moteur de base de données de lire plus d'enregistrements dans le même temps de lecture, et par là même de diminuer le temps d'exécution des requêtes. Les jointures entre la table de faits et les tables de dimension sont également plus performantes car elles utilisent des champs nécessitant un espace de stockage plus faible.

Facilitation de l'historisation des changements dans les tables de dimension

Nous verrons par la suite que l'utilisation de clés techniques facilite grandement l'implémentation dans un modèle relationnel de la gestion temporelle de type 2.

Gestion des valeurs manquantes pour les dimensions

La mise en place de clés techniques permet la création dans chaque table de dimension d'un enregistrement « par défaut ». À l'enregistrement par défaut d'une dimension seront associés les éventuels faits pour lesquels le membre de la dimension en question n'est pas connu au moment de l'alimentation de la table de faits.

L'inconvénient de la mise en place des clés techniques est la relative lourdeur d'implémentation, avec pour conséquence une augmentation des coûts de développement ETL. Cela dit, cette technique étant désormais bien connue des développeurs, cet inconvénient est à relativiser.

Sauf cas de figure très particulier, je recommanderais donc d'utiliser des clés techniques en tant que clés primaires des tables de dimension, que celles-ci soient modélisées en étoile ou en flocon.

On peut toutefois faire une exception pour la dimension temporelle, pour laquelle l'utilisation de clés techniques séquentielles et non significatives a un intérêt limité. En effet, les tables de dimension temporelles ne sont pas alimentées en données à partir d'une quelconque application source mais sont initialisées à partir de données calendaires et ne sont plus modifiées par la suite. L'intérêt majeur de l'utilisation des clés techniques que constitue le découplage entre le data warehouse et les applications opérationnelles sources ne s'applique donc pas à la dimension temporelle. De plus, la dimension temporelle ne subit aucun changement au cours du temps, l'ensemble de ses attributs étant de type 0. Si les facteurs « espace de stockage » et « performance » ne sont pas critiques, on peut donc stocker les dates dans la table de dimension temporelle et dans la table de faits avec des entiers représentant ces dates au format « AAAAMMJJ »[1]. Ce mode de stockage permet en effet d'éviter de gérer la correspondance entre les dates et les clés techniques tout en conservant dans le format « AAAAMMJJ » l'ordre chronologique, ce qui peut s'avérer utile, en particulier dans le cadre d'un partitionnement[2] des tables de faits basé sur les dates.

1. En termes d'espace de stockage, un entier sous la forme « AAAAMMJJ » nécessite 4 octets alors qu'une clé technique séquentielle requerrait probablement 2 octets (le nombre de dates distinctes à gérer étant probablement compris entre 256 et 65 536).

2. Le partitionnement est utilisé pour optimiser les performances des bases de données.

Chapitre 8

Modélisation logique des hiérarchies

Dans ce chapitre, nous allons voir comment effectuer la modélisation logique des différents types de hiérarchies que l'on peut rencontrer dans un MCMD.

Remarque : pour le moment, je ne traite pas de la gestion des modifications temporelles intervenant au sein des dimensions. J'aborderai cet aspect ultérieurement.

8.1 Modélisation logique des hiérarchies équilibrées

Considérons comme exemple la hiérarchie Produit du MCMD des ventes dont le diagramme est rappelé dans la figure 8.1.

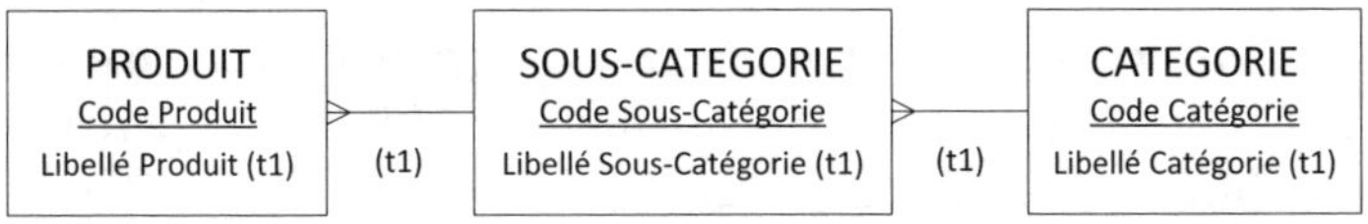

Figure 8.1 **Diagramme MCMD de la hiérarchie Produit**

8.1.1 Approche « en flocon »

Dans cette approche, le diagramme de la figure 8.1 est transformé en celui de la figure 8.2.

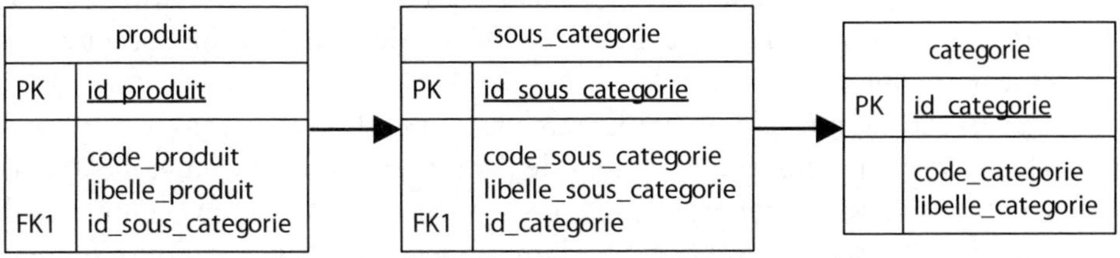

Figure 8.2 **Hiérarchie équilibrée modélisée en flocon**

Pour obtenir le diagramme de la figure 8.2, on a appliqué les principes généraux de dérivation logique exposés plus haut tout en ajoutant des identifiants techniques en tant que clés primaires de chacune des tables.

8.1.2 Approche « en étoile »

Via l'approche « en étoile », on obtient le diagramme de la figure 8.3.

produit	
PK	**id_produit**
	code_produit **libelle_produit** **code_sous_categorie** **libelle_sous_categorie** **code_categorie** **libelle_categorie**

Figure 8.3 **Hiérarchie équilibrée modélisée en étoile**

Une seule table a été créée à partir des trois niveaux de la hiérarchie Produit. Cette table contient un enregistrement par membre du niveau le plus fin de la hiérarchie : le niveau Produit. Cette table est donc appelée *produit.* La clé primaire de la table *produit* est une clé technique appelée *id_produit* et sa clé fonctionnelle est le champ *code_produit.* (Autrement dit, les valeurs du *code_produit* sont uniques dans la table.) La table *produit* contient également le champ *libelle_produit* et les champs *code_sous_categorie, …, libelle_categorie* issus des attributs des niveaux supérieurs de la hiérarchie Produit (niveau Sous-Catégorie et Catégorie).

8.2 Modélisation logique des hiérarchies déséquilibrées

Nous avons vu que la définition d'un modèle logique pour une hiérarchie équilibrée était relativement simple, avec uniquement un choix à effectuer entre l'approche en étoile et l'approche en flocon. De plus, la récupération et l'exploitation en SQL des données contenues dans les tables d'une hiérarchie équilibrée ne posent pas de problème particulier.

Il n'en est pas de même pour les hiérarchies déséquilibrées. Si, pour ce type de hiérarchie, cela n'a pas forcément de sens de distinguer l'approche en étoile de celle en flocon, nous verrons qu'il existe plusieurs manières plus ou moins complexes de modéliser de telles hiérarchies, le choix d'un modèle n'étant pas toujours simple à effectuer car il dépend de la capacité des outils de restitution à exploiter ce modèle.

Nous constaterons en effet que l'exploitation des données d'une hiérarchie déséquilibrée n'est pas toujours aisée.

8.2.1 Modélisation logique des hiérarchies à niveau manquant

Prenons ici l'exemple de la hiérarchie Géographie dont le modèle conceptuel est rappelé dans la figure ci-dessous.

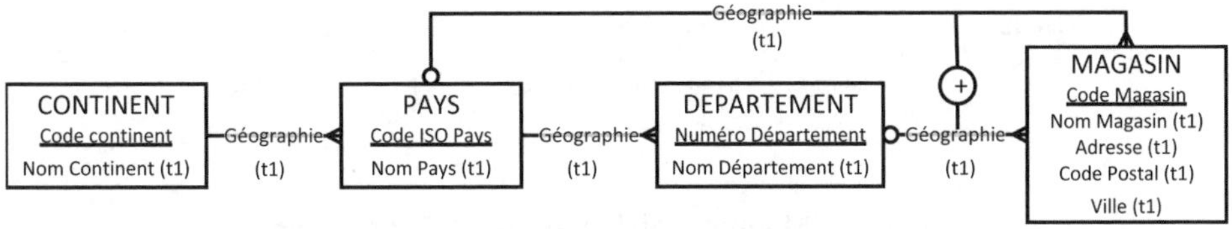

Figure 8.4 **Diagramme MCMD de la hiérarchie Géographie**

Approche « en flocon »

Si l'on applique strictement l'approche « en flocon » à la hiérarchie Géographie, on obtient le modèle de la figure 8.5.

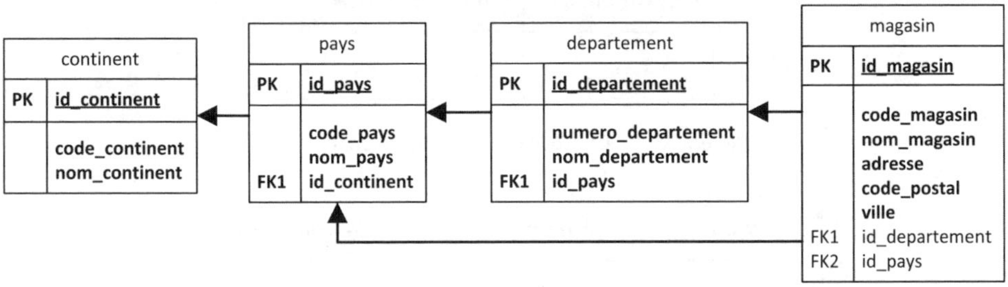

Figure 8.5 **Modèle logique en flocon de la hiérarchie Géographie**

La table *magasin* contient à la fois le champ *id_departement* qui est valorisé pour les magasins associés à un département et le champ *id_pays* valorisé pour les magasins associés à un pays. Étant donné que les relations entre les niveaux Magasin et Département d'une part, et Magasin et Pays d'autre part, sont exclusives et totales (signe —⊕—), l'un (et uniquement un) des deux champs *id_departement* et *id_pays* de la table magasin doit être valorisé. Cette règle pourra être garantie par une contrainte applicative. On peut noter que le modèle logique serait strictement identique dans le cas où les deux relations seraient non exclusives ou non totales.

Alimentons à présent les différentes tables de la figure 8.5 avec quelques données. Prenons pour cela celles de la figure 8.6.

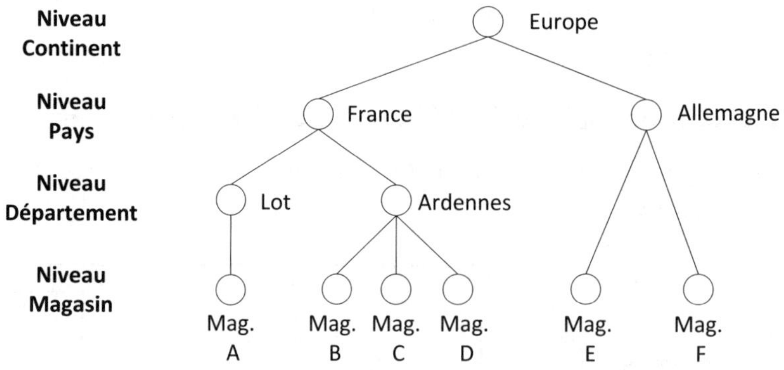

Figure 8.6 **Membres de la hiérarchie Géographie**

Le contenu des tables correspondant aux membres représentés dans la figure 8.6 est représenté dans les tableaux suivants (seuls les champs qui nous intéressent sont présentés).

id_continent	***nom_continent***
1	Europe

Tableau 8.1 **Contenu de la table *continent***

id_pays	***nom_pays***	***id_continent***
1	France	1
2	Allemagne	1

Tableau 8.2 **Contenu de la table *pays***

id_departement	***nom_departement***	***id_pays***
1	Lot	1
2	Ardennes	1

Tableau 8.3 **Contenu de la table *departement***

id_magasin	*nom_magasin*	*id_departement*	*id_pays*
1	Mag. A	1	NULL
2	Mag. B	2	NULL
3	Mag. C	2	NULL
4	Mag. D	2	NULL
5	Mag. E	NULL	2
6	Mag. F	NULL	2

Tableau 8.4 **Contenu de la table *magasin***

Remarque : on constate ici que les valeurs des identifiants ne sont pas uniques sur l'ensemble de la hiérarchie mais sont propres à chaque table, autrement dit à chaque niveau de la hiérarchie.

Supposons à présent que la table *magasin* soit associée à une table de faits *vente* elle-même associée à une table *temps*.

Les données de la table *vente* sont présentées dans le tableau 8.5.

id_date	*id_magasin*	*montant_vente*
20111201	1	100
20111201	2	200
20111201	3	300
20111201	4	400
20111201	5	500
20111201	6	600

Tableau 8.5 **Contenu de la table de faits *vente***

La récupération de la somme des ventes par magasin ne pose pas de problème particulier. La requête SQL 8.1 permet de récupérer la somme des ventes par département du 1er décembre 2011.

```
SELECT        departement.nom_departement,
              SUM(vente.montant_vente)
FROM          vente
INNER JOIN    magasin
ON            vente.id_magasin = magasin.id_magasin
INNER JOIN    departement
ON            magasin.id_departement = departement.id_departement
WHERE         vente.id_date = 20111201
GROUP BY      departement.nom_departement
```

SQL 8.1

Cette requête retourne les résultats du tableau 8.6 (la ligne « Total » n'est bien entendu pas retournée par la requête mais issue de la somme des lignes précédentes).

nom_departement	*montant_vente*
Lot	100
Ardennes	900
Total	**1 000**

Tableau 8.6 **Résultat de la requête SQL 8.1**

Ce résultat est correct mais toutes les ventes n'ont pas été prises en compte dans le résultat. En effet, seules les ventes réalisées dans les magasins associés à un département ont été prises en compte. On aurait pu également s'attendre à obtenir le tableau suivant.

nom_departement	*montant_vente*
Lot	100
Ardennes	900
Pas de département	1100
Total	**2 100**

Tableau 8.7 **Prise en compte des ventes des magasins non associés à un département**

Dans le tableau 8.7, les ventes des magasins non associés à un département ont été prises en compte et sont sommées sur la ligne « Pas de département ». Par ailleurs, dans ce tableau, le total des ventes prend bien en compte l'ensemble des ventes et pas uniquement celles effectuées dans les magasins associés à un département.

Supposons à présent que l'on souhaite obtenir le montant des ventes par pays.

Il existe deux « chemins » pour aller de la table *magasin* (à laquelle les ventes sont associées) à la table *pays* : un chemin direct via le champ *id_pays* de la table *magasin* et un chemin via la table *departement*.

Essayons d'emprunter le chemin direct (requête SQL 8.2).

```
SELECT        pays.nom_pays,
              SUM(vente.montant_vente)
FROM          vente
INNER JOIN    magasin ON vente.id_magasin = magasin.id_magasin
INNER JOIN    pays ON magasin.id_pays = pays.id_pays
WHERE         vente.id_date = 20111201
GROUP BY      pays.nom_pays
```

SQL 8.2

Le résultat retourné est présenté dans le tableau 8.8.

nom_pays	*montant_vente*
Allemagne	1100

Tableau 8.8 **Résultat de la requête SQL 8.2**

Seules les ventes des magasins situés en Allemagne ont été restituées. En effet, les magasins situés en France n'étant pas rattachés à un pays mais à un département, elles n'ont pas été prises en compte dans le résultat de la requête.

Si l'on empruntait inversement le chemin indirect via la table *departement*, les ventes des magasins situés en France seraient restituées mais pas celles des magasins situées en Allemagne.

Pour résoudre ce problème, une solution est de combiner avec l'opérateur UNION la requête SQL 8.2 permettant de récupérer les ventes des magasins associés directement à un pays avec une autre requête récupérant les ventes des magasins associés à un département. Cela se traduit par la requête SQL 8.3.

```
SELECT       pays.nom_pays,
             SUM(vente.montant_vente)
FROM         vente
INNER JOIN   magasin ON vente.id_magasin = magasin.id_magasin
INNER JOIN   pays ON magasin.id_pays = pays.id_pays
WHERE        vente.id_date = 20111201
GROUP BY     pays.nom_pays
UNION
SELECT       pays.nom_pays,
             SUM(vente.montant_vente)
FROM         vente
INNER JOIN   magasin
ON           vente.id_magasin = magasin.id_magasin
INNER JOIN   departement
ON           magasin.id_departement = departement.id_departement
INNER JOIN   pays ON departement.id_pays = pays.id_pays
WHERE        vente.id_date = 20111201
GROUP BY     pays.nom_pays
```

SQL 8.3

Afin d'éviter de parcourir deux fois la table de faits vente comme c'est le cas dans la requête SQL 8.3, on peut également remplacer dans la requête la table *magasin* par une sous-requête permettant de récupérer à la fois les magasins associés à un département et les magasins directement associés à un pays, comme le montre la requête SQL 8.4.

Dans la requête SQL 8.4, la sous-requête permettant de récupérer à la fois les magasins associés à un pays et les magasins associés à un département est appelée *vue_magasin*. Afin qu'un outil de restitution soit en mesure de générer une telle requête, cette sous-requête pourra être remplacée par une vue de base de données qui sera utilisée directement par l'outil.

Mais il existe une autre solution de modélisation permettant d'obtenir le résultat souhaité de manière plus simple.

On peut en effet modifier le modèle de données comme dans la figure 8.7 page suivante.

Dans ce modèle, le champ *id_pays* de la table *magasin* est obligatoire : tous les magasins sont associés à un pays, y compris ceux qui sont associés à un département. Le

```
SELECT        pays.nom_pays,
              SUM(vente.montant_vente)
FROM          vente
INNER JOIN    SELECT magasin.id_magasin,magasin.id_pays
              FROM   magasin
              WHERE  id_pays is not null
              UNION
              SELECT magasin.id_magasin, departement.id_pays
              FROM   magasin
              INNER JOIN departement
              ON magasin.id_departement =
                  departement.id_departement) vue_magasin
ON            vente.id_magasin = vue_magasin.id_magasin
INNER JOIN    pays ON vue_magasin.id_pays = pays.id_pays
WHERE         vente.id_date = 20111201
GROUP BY      pays.nom_pays
```

SQL 8.4

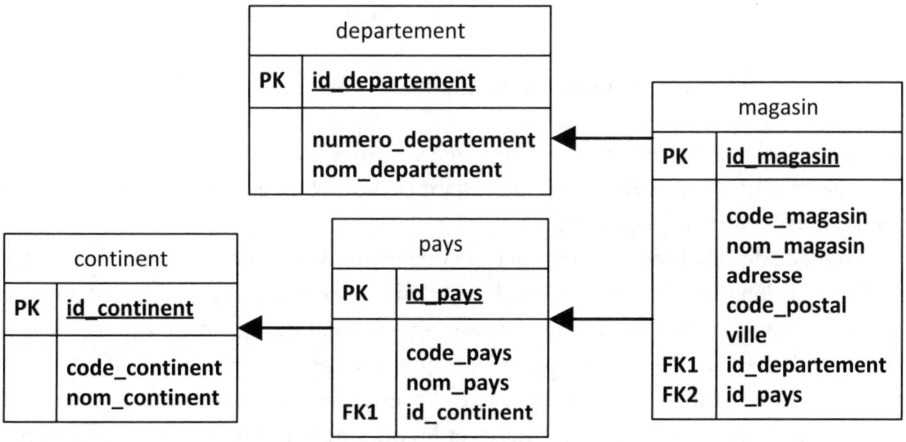

Figure 8.7 **Modèle logique en flocon modifié de la hiérarchie Géographie**

modèle est donc quelque peu dénormalisé par rapport à un modèle en flocon classique. Par ailleurs, étant donné que tous les magasins sont associés à un pays, la table *departement* ne contient plus le champ *id_pays* (le « passage » par la table *departement* pour récupérer le pays étant devenu inutile).

Le contenu des tables magasin et departement du modèle de la figure 8.7 est représenté dans les tableaux suivants.

id_magasin	*nom_magasin*	*id_departement*	*id_pays*
1	Mag. A	1	1
2	Mag. B	2	1
3	Mag. C	2	1
4	Mag. D	2	1
5	Mag. E	0	2
6	Mag. F	0	2

Tableau 8.9 **Contenu de la table magasin modifié**

id_departement	*nom_departement*
0	Pas de département
1	Lot
2	Ardennes

Tableau 8.10 **Contenu de la table *departement* modifié**

Un autre point est à remarquer : on a créé un enregistrement « par défaut » dans la table *departement* (enregistrement d'identifiant 0) auquel on a associé les magasins non réellement associés à un département.

La présence de cet enregistrement permet de faire en sorte que la requête demandant les ventes par département (requête SQL 8.1) ramène les résultats du tableau 8.7 en lieu et place des résultats du tableau 8.6, cela afin que le total des ventes soit le même, que l'on demande les ventes par pays, par département ou par magasin.

L'inconvénient du modèle de la figure 8.7 est que, contrairement à celui de la figure 8.5, les liens entre les départements et les pays ne sont pas modélisés. En conséquence, il ne permet pas de récupérer directement les ventes par département d'un pays donné (il faut pour cela passer par l'intermédiaire de la table *magasin*).

Nous allons voir que la modélisation en étoile permet d'éviter cet inconvénient.

Approche « en étoile »

Si l'on modélise « en étoile » la hiérarchie Géographie, on obtient le modèle de la figure 8.8.

magasin	
PK	**id_magasin**
	code_magasin **nom_magasin** **adresse** **code_postal** **ville** **numero_departement** **nom_departement** **code_pays** **nom_pays** **code_continent** **nom_continent**

Figure 8.8 **Modèle en étoile de la hiérarchie Géographie**

L'ensemble des attributs des niveaux de la hiérarchie est ainsi regroupé dans l'unique table *magasin*, dont le contenu est présenté dans le tableau 8.11 (seule une partie des champs est présentée dans le tableau).

id_magasin	*nom_magasin*	*nom_departement*	*nom_pays*	*nom_continent*
1	Mag. A	Lot	France	Europe
2	Mag. B	Ardennes	France	Europe
3	Mag. C	Ardennes	France	Europe
4	Mag. D	Ardennes	France	Europe
5	Mag. E	Pas de département	Allemagne	Europe
6	Mag. F	Pas de département	Allemagne	Europe

Tableau 8.11 **Contenu de la table *magasin***

Dans ce tableau, nous constatons que tous les magasins sont associés à des départements, que ceux-ci soient réels, tels que « Lot », ou fictifs (« Pas de département »). De plus, les départements sont directement associés à des pays (contrairement au modèle en flocon de la figure 8.7).

L'approche en étoile est donc à privilégier pour la modélisation d'une hiérarchie à niveau manquant car elle permet d'éviter les problèmes suivants rencontrés avec l'approche en flocon :

- le fait que certains magasins sont directement associés à un pays et d'autres non ;
- le fait que l'on perd le lien entre département et pays si l'on adopte le modèle de la figure 8.7.

8.2.2 Modélisation logique des hiérarchies incomplètes

Reprenons l'exemple de la hiérarchie Réseau Bancaire qui a été présentée dans la première partie et qui est à présent associée à la relation factuelle Retrait Espèces afin d'obtenir le diagramme suivant.

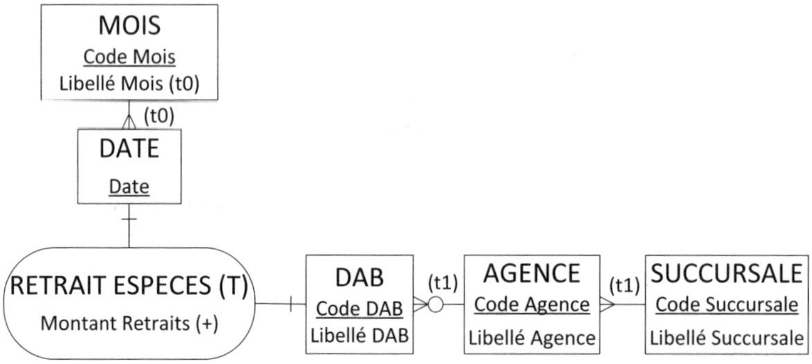

Figure 8.9 **Hiérarchie Réseau Bancaire associée à la relation factuelle Retrait Espèces**

Comme le montre la figure 8.10, les agences Miromesnil et République ne contiennent pas de DAB car dans ces agences les retraits d'espèces sont effectués directement au guichet.

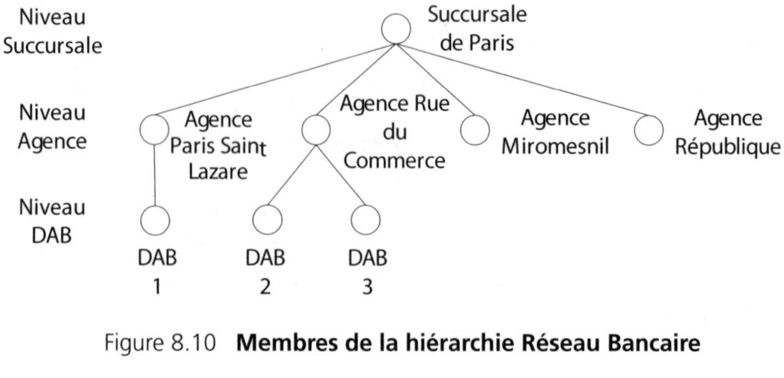

Figure 8.10 **Membres de la hiérarchie Réseau Bancaire**

Si l'on dérive le MCMD de la figure 8.9 avec une approche en flocon pour la hiérarchie Réseau Bancaire et sans se poser de questions, on obtient le modèle relationnel suivant.

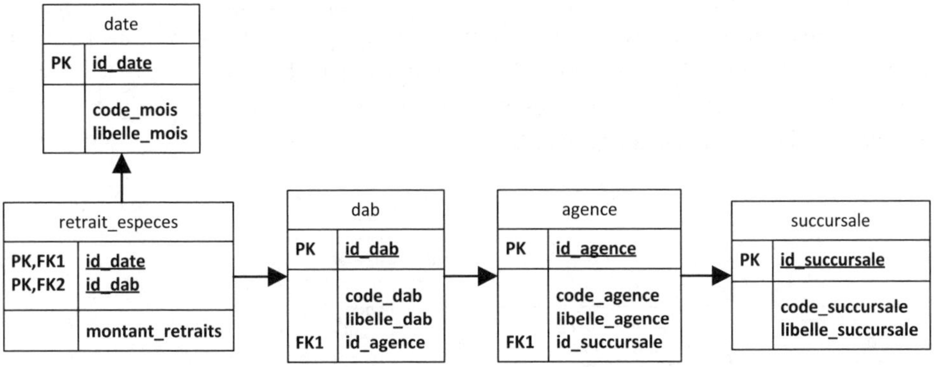

Figure 8.11 **Modèle relationnel correspondant au schéma factuel Retrait Espèces**

Et le contenu des tableaux suivants pour les tables *succursale*, *agence* et *dab* :

id_succursale	*libelle_succursale*
1	Succursale de Paris

Tableau 8.12 **Contenu de la table *succursale***

id_agence	*libelle_agence*	*id_succursale*
1	Agence Paris Saint-Lazare	1
2	Agence Rue du Commerce	1
3	Agence Miromesnil	1
4	Agence République	1

Tableau 8.13 **Contenu de la table *agence***

id_dab	*libelle_dab*	*id_agence*
1	DAB1	1
2	DAB2	2
3	DAB3	2

Tableau 8.14 **Contenu de la table *dab***

La table de faits *retrait_especes* étant associée uniquement avec la table *dab*, on voit bien que si l'on souhaite analyser les retraits d'espèces au niveau Agence ou Succursale, on ne va récupérer que les retraits effectués dans les DAB et pas les retraits effectués directement aux guichets des agences Miromesnil et République.

Pour pouvoir récupérer les retraits effectués dans les agences sans DAB sans modifier le contenu des tables de dimension, il faut intégrer dans la table de faits les retraits effectués directement dans les agences et inclure dans celle-ci le champ *id_agence*. On obtient alors le modèle de la figure 8.12.

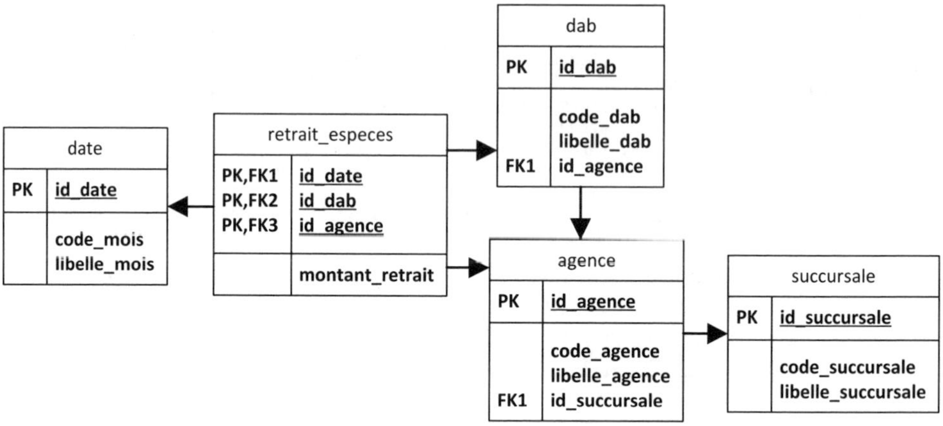

Figure 8.12 **Modèle logique des retraits d'espèces par DAB et par Agence**

Dans ce modèle, la table de faits *retrait_especes* contient à la fois des faits de niveau DAB pour lesquels le champ *id_dab* est renseigné (et pas le champ *id_agence*) et des faits de niveau Agence pour lesquels le champ *id_agence* est renseigné (et pas le champ *id_dab*).

Un exemple de contenu de la table de faits *retrait* est présenté dans le tableau suivant.

id_date	*id_dab*	*id_agence*	*montant_retrait*
20111201	1	NULL	100
20111201	2	NULL	200
20111201	3	NULL	300
20111201	NULL	3	400
20111201	NULL	4	500

Tableau 8.15 **Contenu de la table de faits *retrait_especes***

Un tel contenu pour la table de faits rend complexe la récupération des montants de retrait totaux (retraits effectués dans les DAB ou au guichet) au niveau Agence car il nécessite :

- pour les retraits effectués dans les DAB, de passer par la table *dab* pour récupérer les agences ;
- pour les retraits effectués dans les agences sans DAB, d'accéder directement à la table *agence* à partir de la table de faits.

On peut contourner le problème en valorisant le champ *id_agence* dans la table de faits pour l'ensemble de faits, c'est-à-dire y compris pour les faits relatifs à des retraits effectués dans les DAB. On obtient ainsi le tableau 8.16.

id_date	*id_dab*	*id_agence*	*montant_retrait*
20111201	1	1	100
20111201	2	2	200
20111201	3	2	300
20111201	NULL	3	400
20111201	NULL	4	500

Tableau 8.16 **Contenu de la table de faits *retrait_especes* avec le champ *id_agence* valorisé systématiquement**

Avec un tel contenu, nous pouvons directement récupérer les montants totaux de retraits par agence à partir de la table de faits, sans passer par la table *dab*.

Il s'agit là d'une solution envisageable mais qui présente quand même un certain nombre d'inconvénients, qui sont les suivants :

- La table *retrait_especes* contient des faits dont le grain est mixte (faits de niveau DAB et faits de niveau Agence). Or, nous avons vu qu'une bonne pratique consistait à ne pas mélanger des faits de granularité différente dans une même relation factuelle.
- La présence du champ *id_agence* dans la table de faits entraîne une augmentation de sa volumétrie alors que ce champ n'est pas indispensable pour stocker les faits portant sur des DAB.
- Si l'on suppose que les DAB peuvent changer d'agence et si l'on souhaite appliquer une gestion temporelle de type 1 à la relation hiérarchique entre les niveaux DAB et Agence, cela implique d'effectuer des mises à jours dans la table de faits[1]. En effet, tout changement d'agence pour un DAB nécessitera de mettre à jour le champ

1. Dans cet exemple, le choix du type 1 est peu vraisemblable mais il permet d'illustrer le propos.

id_agence pour les enregistrements de la table de faits portant sur ce DAB. Or, il est toujours préférable de mettre à jour des enregistrements d'une table de dimension plutôt que ceux d'une table de faits car les tables de dimension sont en général beaucoup moins volumineuses.

Pour résoudre le premier inconvénient, on peut envisager la création de deux tables de faits, une pour stocker les faits relatifs aux DAB et l'autre pour stocker ceux relatifs aux agences, comme dans la figure suivante.

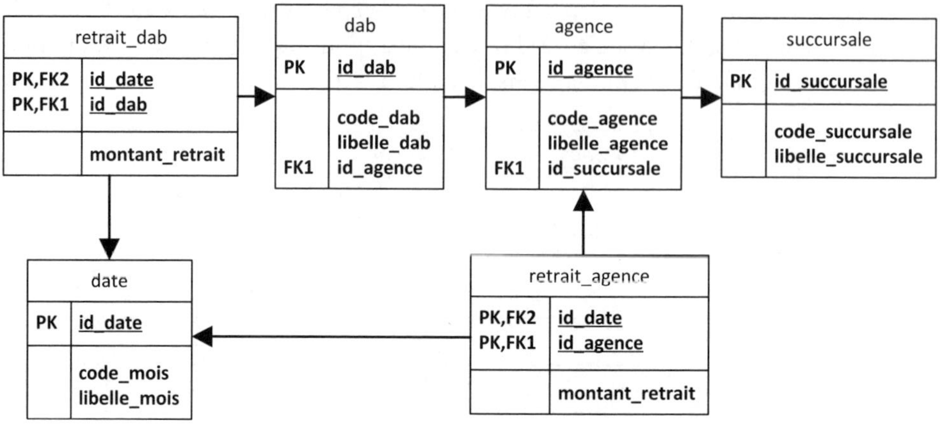

Figure 8.13 **Modèle logique des retraits d'espèces avec les deux tables de faits *retrait_dab* et *retrait_agence***

L'inconvénient de cette solution est que l'obtention d'une vision consolidée des retraits au niveau Agence nécessite de combiner les résultats de deux requêtes : une sur la table *retrait_dab* et une autre sur la table *retrait_agence.*

La solution qui semble la meilleure consiste à transformer la hiérarchie Réseau Bancaire en hiérarchie équilibrée, par l'ajout de DAB fictifs pour les agences ne disposant pas de DAB, comme dans la figure suivante.

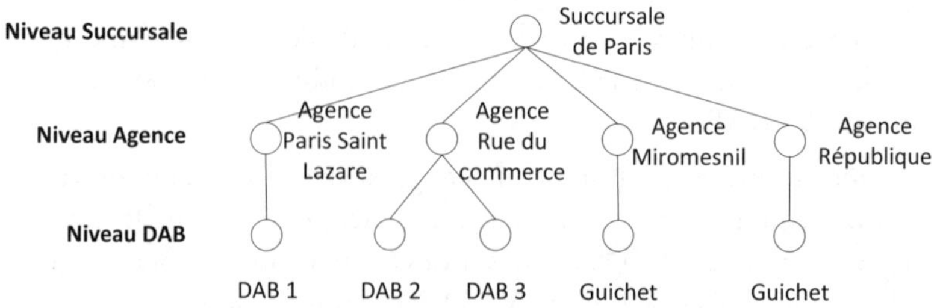

Figure 8.14 **Ajout de DAB fictifs dans la hiérarchie *Réseau Bancaire***

On a ajouté dans la hiérarchie Réseau Bancaire des DAB fictifs appelés « Guichet » pour chaque agence ne disposant pas de DAB.

Ainsi, l'on peut conserver le modèle de la figure 8.11 avec le contenu du tableau suivant pour la table *dab* (à comparer avec le tableau 8.14).

id_dab	*libelle_dab*	*id_agence*
1	DAB1	1
2	DAB2	2
3	DAB3	2
4	Guichet	3
5	Guichet	4

Tableau 8.17 **Contenu de la table *dab* avec DAB fictifs**

Ainsi, chaque enregistrement de la table de faits *retrait_especes* peut être associé à un DAB, qu'il soit réel ou fictif comme les DAB d'identifiants 5 et 6.

Si l'on souhaite distinguer à ce niveau les retraits effectués au guichet de l'agence Miromesnil de ceux effectués à celui de l'agence République, on adaptera le contenu de la table *dab* pour qu'il devienne celui du tableau suivant.

id_dab	*libelle_dab*	*id_agence*
1	DAB1	1
2	DAB2	2
3	DAB3	2
4	Agence Miromesnil	3
5	Agence République	4

Tableau 8.18 **Contenu de la table *dab* avec DAB fictifs en distinguant les guichets de chaque agence**

Remarque : la technique consistant à créer des membres fictifs au niveau le plus fin de la hiérarchie peut également être utilisée dans le cas où certains faits ne seraient pas associés aux feuilles de la hiérarchie mais à des membres de niveau plus élevé. Par exemple, si, dans l'agence Paris Saint Lazare, certains retraits d'espèces ne sont pas effectués dans les DAB mais directement au guichet de l'agence, on peut créer un DAB fictif « Agence Paris Saint Lazare » et y associer ces retraits.

Bien entendu, dès lors que l'on traite une hiérarchie incomplète comme une hiérarchie équilibrée, l'on peut également adopter l'approche en étoile consistant à stocker les membres des trois niveaux DAB, Agence et Succursale dans une table unique.

Si l'on considère l'autre cas de figure de hiérarchie incomplète pour lequel des membres d'un niveau enfant n'ont pas de membre parent associé (cf. figure 2.11), on utilisera la même approche. Dans le cas de la hiérarchie Employé de la figure 2.11, on créera donc une agence fictive à laquelle on associera l'ensemble des employés non affectés à une agence. Ainsi, la somme des valeurs d'un indicateur sera identique que l'on affiche les membres du niveau Employé ou les membres du niveau Agence.

8.2.3 Modélisation logique des hiérarchies récursives

Prenons comme exemple de hiérarchie récursive la hiérarchie Superviseur de la dimension Employé rencontrée dans le schéma factuel Vente, illustrée par la figure suivante.

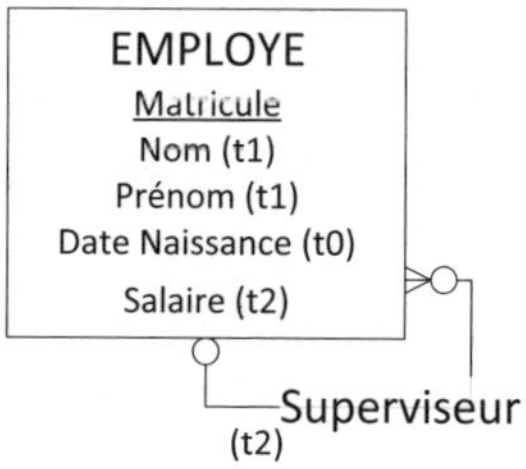

Figure 8.15 **Diagramme MCMD de la hiérarchie Superviseur**

Une hiérarchie récursive ne faisant appel qu'à un seul niveau, la distinction entre les approches en flocon et en étoile n'a pas de sens pour ce type de hiérarchie. Cela dit, nous allons voir qu'il existe plusieurs approches de modélisation logique d'une hiérarchie récursive.

1re approche : table parent-enfant

L'approche la plus naturelle et la plus directe consiste à créer une table unique contenant un champ par attribut du niveau Employé, auxquels s'ajoutent bien évidemment la clé technique mais également un champ permettant pour chaque employé de faire référence à son superviseur.

Cela donne le diagramme de la figure 8.16.

Dans la table *employe*, on remarque qu'il existe une clé étrangère (FK1) sur le champ *id_superviseur*. En effet, chaque employé ayant un superviseur (sauf le « grand chef »), le champ *id_superviseur* fait référence à l'employé qui le supervise.

Une table telle que *employe* est appelée « table parent-enfant » (les anglophones utilisent le terme de *parent-child table*), la clé étrangère *id_superviseur* servant à relier chaque employé à son superviseur, autrement dit chaque membre enfant du niveau Employé à son membre parent.

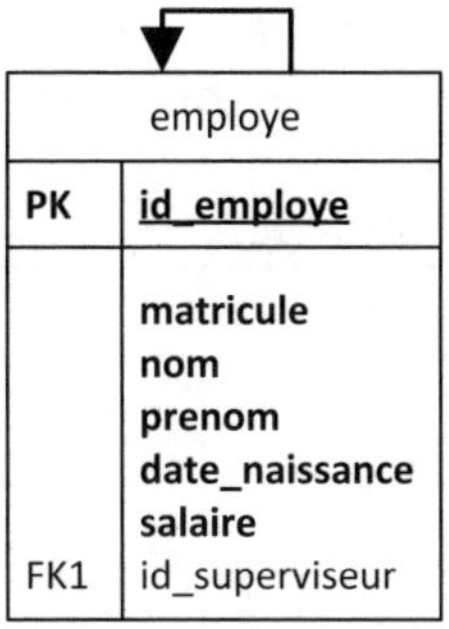

Figure 8.16 **Modéle logique d'une hiérarchie récursive avec une table *parent-enfant***

Afin d'étudier la manière dont on peut exploiter en SQL les données d'une table parent-enfant, il nous faut « alimenter » la table *employe* avec quelques données. Considérons pour cela les membres de la hiérarchie Superviseur présentés dans la figure 8.17.

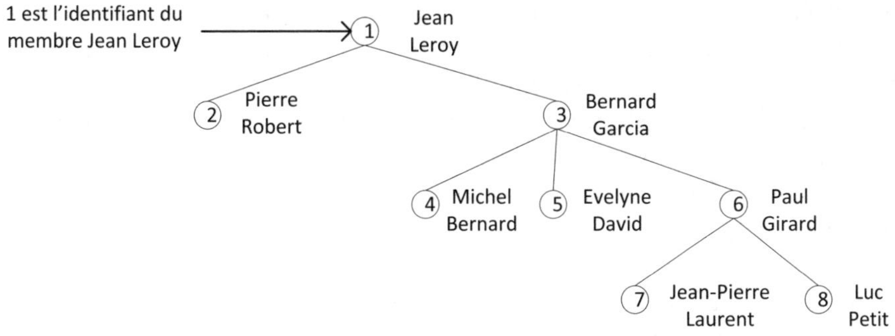

Figure 8.17 **Membres de la hiérarchie Superviseur**

La table *employe* contient donc les données du tableau suivant. (J'ai exclu de ce tableau les champs *matricule*, *date_naissance* et *salaire* qui ne nous intéressent pas ici.)

id_employe	*nom*	*prenom*	*id_superviseur*
1	Leroy	Jean	NULL
2	Robert	Pierre	1
3	Garcia	Bernard	1
4	Bernard	Michel	3
5	David	Evelyne	3
6	Girard	Paul	3
7	Laurent	Jean-Pierre	6
8	Petit	Luc	6

Tableau 8.19 **Contenu de la table de dimension *employe***

Supposons à présent que la table *employe* soit associée à une table de faits appelée *vente* dont le tableau suivant représente le contenu pour le 1er décembre 2011.

id_date	*id_employe*	*montant_vente*
20111201	1	100
20111201	2	200
20111201	3	300
20111201	4	400
20111201	5	500
20111201	6	600
20111201	7	700
20111201	8	800

Tableau 8.20 **Contenu de la table de faits *vente***

La récupération des ventes effectuées directement par chaque employé ne pose pas de problème particulier. Il suffit en effet d'effectuer la jointure entre la table *vente* et la table *employe* sur le champ *id_employe.*

Mais nous pouvons également exploiter la hiérarchie superviseur en cherchant à savoir quels sont les montants des ventes de l'ensemble des employés rattachés à un superviseur donné. On s'aperçoit que la construction d'une telle requête est beaucoup plus complexe qu'il n'y paraît au premier abord. Cela demande en effet d'élaborer une requête SQL récursive. Voyons comment procéder.

Précisons notre besoin : nous cherchons à récupérer le montant des ventes effectuées le 1er décembre 2011 par l'ensemble des employés rattachés directement ou indirectement à Bernard Garcia.

Avant d'effectuer le lien avec la table de faits des ventes, exploitons uniquement la table *employe* pour récupérer les identifiants des employés rattachés à Bernard Garcia. Cela se traduit par la requête SQL 8.5.

Le résultat retourné par la requête SQL 8.5 est présenté dans le tableau 8.21.

id_employe
4
5
6
7
8

Tableau 8.21 **Identifiants des employés rattachés directement ou indirectement à l'employé d'identifiant 3**

```
WITH        supervision (id_employe) AS
(SELECT     id_employe
FROM        employe
WHERE       id_superviseur = 3 /* identifiant de Bernard Garcia */
UNION ALL
SELECT      E.id_employe
FROM        employe E
INNER JOIN  supervision S ON S.id_employe = E.id_superviseur)
SELECT      id_employe
FROM        supervision
```

SQL 8.5

Commentons la requête SQL 8.5 :

- La clause WITH permet de définir la table temporaire *supervision.*
- Le SELECT au-dessus du UNION ALL permet de récupérer les employés supervisés directement par Bernard Garcia, autrement dit les trois premières lignes du tableau 8.21.
- Le SELECT au-dessous du UNION ALL est exécuté de manière récursive. Il permet de récupérer dans la table *employe* l'ensemble des employés dont le superviseur est présent dans la table temporaire *supervision,* via la jointure entre la table *employe* et la table *supervision.* Une fois ces employés récupérés, ils sont placés dans la table temporaire *supervision* et le SELECT est réexécuté jusqu'à ce qu'il n'y ait plus d'employé à récupérer dans la table *employe*[1].
- Le dernier SELECT permet d'afficher le contenu de la table temporaire *supervision.*

Pour récupérer le montant des ventes effectuées par l'ensemble des employés rattachés directement ou indirectement à Bernard Garcia, il suffit d'effectuer la jointure entre la table temporaire *supervision* et la table de faits *vente,* comme dans la requête SQL 8.6 présentée page suivante.

Le résultat de la requête SQL 8.6 est 3 000, ce qui représente bien la somme des ventes des employés rattachés directement ou indirectement à Bernard Garcia.

Si l'on souhaite inclure les ventes effectués par Bernard Garcia lui-même dans le résultat de la requête, il faut modifier le code SQL définissant la table temporaire *supervision* de la manière suivante (cf SQL 8.7).

1. Dans notre exemple, le SELECT au-dessous du UNION ALL n'est exécuté qu'une seul fois car il n'existe qu'un seul niveau de hiérarchie sous les trois employés rattachés directement à Bernard Garcia.

```
WITH          supervision (id_employe) AS
(SELECT       id_employe
FROM          employe
WHERE         id_superviseur = 3 /* identifiant de Bernard Garcia */
UNION ALL
SELECT        E.id_employe
FROM          employe E
INNER JOIN    supervision S ON S.id_employe = E.id_superviseur)

SELECT        SUM(vente.montant_vente)
FROM          vente
INNER JOIN    supervision
ON            vente.id_employe = supervision.id_employe
WHERE         vente.id_date = 20111201
```

SQL 8.6

```
WITH                supervision (id_employe) AS
(SELECT DISTINCT    id_superviseur
FROM                employe
WHERE               id_superviseur = 3 /* identifiant de Bernard
                        Garcia */
UNION ALL
SELECT              E.id_employe
FROM                employe E
INNER JOIN          supervision S ON S.id_employe = E.id_superviseur)
```

SQL 8.7

Dans le code SQL 8.7, seul le SELECT au-dessus du UNION ALL a été modifié par rapport à la requête SQL 8.5. Nous avons en effet sélectionné dans ce 1er SELECT l'identifiant de Bernard Garcia lui-même au lieu de sélectionner les identifiants de ces enfants. Le mot clé DISTINCT permet de ne sélectionner qu'une seule fois l'identifiant de Bernard Garcia dans le cas où celui-ci superviserait plusieurs employés (c'est le cas dans notre exemple). Le processus de récursivité débute donc par l'enregistrement de Bernard Garcia au lieu de commencer par ceux correspondant à ses enfants.

On peut également rechercher le montant des ventes réalisées uniquement par les membres supervisés indirectement par Bernard Garcia, en l'occurrence les membres « Jean-Pierre Laurent » et « Luc Petit ».

Il faut pour cela écrire le code SQL 8.8.

```
WITH supervision     (id_employe,niveau) AS
(SELECT DISTINCT     id_superviseur,0
FROM                 employe
WHERE                id_superviseur = 3 /* identifiant de
                         Bernard Garcia */
UNION ALL
SELECT         E.id_employe,S.niveau +1
FROM           employe E
INNER JOIN     supervision S ON S.id_employe = E.id_superviseur)

SELECT         SUM(vente.montant_vente)
FROM           vente
INNER JOIN     supervision
ON             vente.id_employe = supervision.id_employe
WHERE          vente.id_date = 20111201
AND            supervision.niveau >= 2
```

SQL 8.8

Dans le code SQL 8.8, la table temporaire *supervision* a été modifiée pour y inclure le champ *niveau* qui vaut 0 pour Bernard Garcia, 1 pour ses « enfants » et 2 pour ses « petits-enfants ».

Le contenu de la table *supervision* de la requête SQL 8.8 est présenté dans le tableau 8.22.

id_employe	*niveau*
3	0
4	1
5	1
6	1
7	2
8	2

Tableau 8.22 **Contenu de la table temporaire *supervision***

La dernière ligne de la requête `AND supervision.niveau >= 2` permet de sélectionner dans la table *supervision* uniquement les membres supervisés indirectement par Bernard Garcia.

Mais il réside un problème dans cette technique utilisant la table temporaire supervision. En effet, nous n'avons jusqu'à présent sélectionné qu'un seul employé comme point de départ du parcours de la hiérarchie (Bernard Garcia). On pourrait également souhaiter connaître les ventes réalisées par les employés rattachés directement ou indirectement à plusieurs membres, pas uniquement à Bernard Garcia. Cela se complique alors encore.

On s'arrêtera là dans l'exercice pour deux raisons :

- Le SQL sera probablement trop complexe pour pouvoir être généré par un outil de restitution. En effet, dans la plupart des cas, les données d'un modèle en étoile sont exploitées par un outil de restitution qui génère lui-même du code SQL à partir de métadonnées définies par les concepteurs de la solution décisionnelle. On peut toujours fournir à ces outils du SQL prédéfini mais cela ne peut se faire que dans le cadre d'une solution produisant du « reporting figé » car on renonce alors à toute possibilité de « reporting ad hoc ».
- Il existe des techniques de modélisation permettant d'exploiter beaucoup plus simplement en SQL les hiérarchies récursives.

Remarque : même si elle est très difficilement exploitable en SQL, cette première approche de modélisation des hiérarchies récursives peut être utilisée telle quelle comme source d'un cube OLAP.

2e approche : création d'une table intermédiaire entre la table de faits et la table « parent-enfant »

Cette 2e approche, proposée par Ralph Kimball, consiste à créer une table intermédiaire entre la table de faits et la table contenant la hiérarchie récursive. Cette table est en quelque sorte une table d'aide pour relier la hiérarchie à la table de faits, d'où le nom de *helper table* donné par Kimball à une telle table.

L'approche de Kimball appliquée à notre exemple permet d'obtenir le diagramme de la figure 8.18[1].

On peut remarquer que la table *employe* de la figure 8.18 ne contient plus le champ *id_superviseur*. Elle ne contient donc pas les relations hiérarchiques entre employés, ces relations étant contenues dans la table *intermediaire*.

1. Nous n'avons ici représenté qu'une partie du modèle, la table *vente* étant également associée à une table de dimension temporelle.

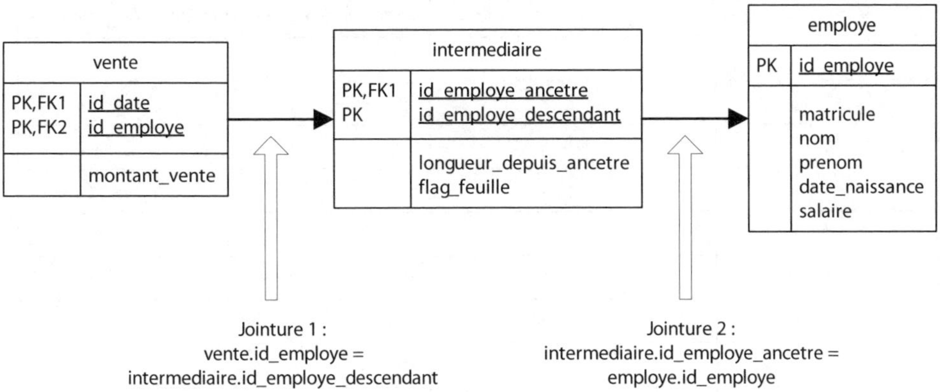

Figure 8.18 **Modèle logique utilisant une table intermédiaire entre *vente* et *employe***

En effet, la table *intermediaire* contient, pour chacun des membres de la hiérarchie Superviseur, outre un enregistrement pour le membre lui-même, autant d'enregistrements que de membres rattachés directement ou indirectement au membre en question. Par ailleurs, elle comprend les champs suivants :

- *id_employe_ancetre* : identifiant d'un membre de la hiérarchie,
- *id_employe_descendant* : identifiant d'un membre rattaché directement ou indirectement au membre d'identifiant *id_employe_ancetre* (ou bien l'identifiant *id_employe_ancetre* lui-même),
- *longueur_depuis_ancetre* : nombre de niveaux séparant *id_employe_ancetre* et *id_employe_descendant,*
- *flag_feuille* : permet de savoir si le membre identifié par *id_employe_descendant* est le niveau le plus fin de la hiérarchie, autrement dit s'il ne supervise aucun autre membre.

Le contenu de la table *intermediaire* est représenté dans le tableau 8.3.

La table *intermediaire* est exploitée au moyen de jointures :

- avec la table de faits *vente* entre les champs *id_employe* (table *vente*) et *id_employe_descendant* (table *intermediaire*) ; il s'agit de la Jointure 1 dans la figure 8.18.
- avec la table de dimension *employe* entre les champs *id_employe_ancetre* (table *intermediaire*) et *id_employe* (table *employe*) ; il s'agit de la Jointure 2 dans la figure 8.18.

Grâce à la table *intermediaire,* on peut répondre en SQL de manière simple à un certain nombre de questions, parmi les suivantes.

id_employe_ancetre	*id_employe_descendant*	*longueur_depuis_ancetre*	*flag_feuille*
1	1	0	N
1	2	1	O
1	3	1	N
1	4	2	O
1	5	2	O
1	6	2	N
1	7	3	O
1	8	3	O
2	2	0	O
3	3	0	N
3	4	1	O
3	5	1	O
3	6	1	N
3	7	2	O
3	8	2	O
4	4	0	O
5	5	0	O
6	6	0	N
6	7	1	O
6	8	1	O
7	7	0	O
8	8	0	O

Tableau 8.23 **Contenu de la table *intermediaire***

Question : quel est le montant des ventes réalisées le 1er décembre 2011 par les employés supervisés directement ou indirectement par Bernard Garcia ? Cela se traduit par le code SQL 8.9 page suivante.

Question : quel est le montant des ventes réalisées par Bernard Garcia lui-même ou par les employés supervisés directement ou indirectement par Bernard Garcia ? Il suffit pour y répondre de retirer la condition `intermediaire.longueur_depuis_ancetre > 0` du code SQL 8.9, de telle manière à inclure les ventes de Bernard Garcia dans les résultats de la requête.

```
SELECT      SUM(vente.montant_vente)
FROM        vente
INNER JOIN  intermediaire
ON          vente.id_employe=intermediaire.id_employe_descendant
INNER JOIN  employe
ON          intermediaire.id_employe_ancetre = employe.id_employe
WHERE       vente.id_date = 20111201
AND         employe.nom = 'Garcia'
AND         intermediaire.longueur_depuis_ancetre > 0
```

SQL 8.9

Question : quel est le montant des ventes réalisées par les employés supervisés indirectement par Bernard Garcia ? Il suffit de modifier la condition `intermediaire.longueur_depuis_ancetre > 0` en remplaçant 0 par 1.

Nous ne sommes pas contraints de sélectionner un unique employé comme point de départ de notre question. Nous pouvons en effet répondre à la question « quels sont les montants des ventes réalisées par les employés supervisés directement ou indirectement par chacun des superviseurs ? », au moyen du code SQL 8.10 suivant, dans lequel on a supprimé la condition `employe.nom = 'Garcia'` et ajouté le nom et le prénom des employés dans les clauses SELECT et GROUP BY.

```
SELECT      employe.nom,
            employe.prenom,
            SUM(vente.montant_vente)
FROM        vente
INNER JOIN  intermediaire
ON          vente.id_employe=intermediaire.id_employe_descendant
INNER JOIN  employe
ON          intermediaire.id_employe_ancetre = employe.id_employe
WHERE       vente.id_date = 20111201
AND         intermediaire.longueur_depuis_ancetre > 0
GROUP BY    employe.nom,
            employe.prenom
```

SQL 8.10

Ce modèle permet toujours de récupérer aisément les ventes réalisées par chacun des employés individuellement, en remplaçant dans la requête SQL 8.10 la condition `intermediaire.longueur_depuis_ancetre > 0` par la condition `intermediaire.longueur_depuis_ancetre = 0`.

Le champ *flag_feuille* de la table *intermediaire* peut être utilisé pour ne récupérer dans les résultats de la requête que les ventes réalisées par les employés de niveau le plus fin dans la hiérarchie, autrement dit les employés ne supervisant aucun autre employé. Il suffit pour cela d'ajouter la condition suivante dans la requête :
`intermediaire.flag_feuille = 'O'`.

Nous avons jusqu'à présent parcouru la hiérarchie Superviseur de manière « descendante » pour récupérer, à partir d'un employé donné, les montants des ventes effectuées par les employés qui sont des descendants (directs ou indirects) de l'employé en question. Bien que ce besoin soit moins courant, la table *intermediaire* peut également être utilisée pour effectuer une analyse « ascendante », autrement dit pour récupérer non pas les ventes réalisées par les employés descendants d'un employé donné mais les ventes effectuées par les employés ascendants de cet employé. On peut par exemple chercher à connaître le montant des ventes réalisées par les employés supervisant (directement ou indirectement) Bernard Garcia.

Pour cela, il faut enrichir le modèle de figure 8.18 en ajoutant un alias de la table *intermediaire* et en inversant les rôles des champs *id_employe_ancetre* et *id_employe_descendant* dans les jointures entre cet alias et les tables *vente* et *employe*. L'utilisation de cet alias est illustrée par la figure 8.19.

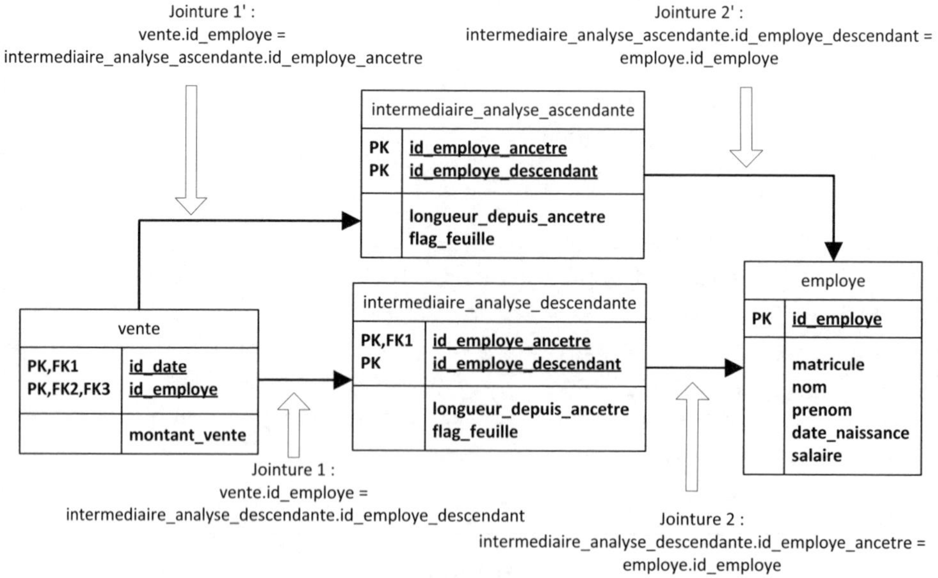

Figure 8.19 **Ajout d'un alias de la table *intermediaire* pour l'analyse ascendante des ventes**

Dans la figure 8.19, on utilise deux alias de la table *intermediaire*, *intermediaire_analyse_descendante* pour effectuer l'analyse descendante dont on a parlé précédemment et *intermediaire_analyse_ascendante* pour pouvoir parcourir la hiérarchie de manière ascendante.

Dans les jointures 1' et 2' entre l'alias *intermediaire_analyse_ascendante* et les tables *vente* et *employe*, les rôles des champs *id_employe_ancetre* et *id_employe_descendant* sont inversés par rapport aux jointures 1 et 2. En effet, l'alias *intermediaire_analyse_ascendante* est associé à la table de faits via le champ *id_employe_ancetre* et à la table *employe* via le champ *id_employe_descendant*.

Ainsi, pour récupérer par exemple le montant des ventes effectuées par les employés supervisant (et non supervisés par) Bernard Garcia de manière directe ou indirecte, on écrira la requête SQL suivante.

```
SELECT       SUM(vente.montant_vente)
FROM         vente
INNER JOIN   intermediaire intermediaire_analyse_ascendante
ON           vente.id_employe
             =intermediaire_analyse_ascendante.id_employe_ancetre
INNER JOIN   employe
ON           intermediaire_analyse_ascendante.id_employe_descendant
             =employe.id_employe
WHERE        vente.id_date = 20111201
AND          employe.nom = 'Garcia'
AND          intermediaire_analyse_ascendante.longueur_depuis_ancetre
             > 0
```

SQL 8.11

Présentons maintenant une 3e et dernière approche de modélisation relationnelle d'une hiérarchie récursive.

3e approche : modèle « nested sets » ou « LR »

On peut représenter la hiérarchie Superviseur comme dans la figure 8.20.

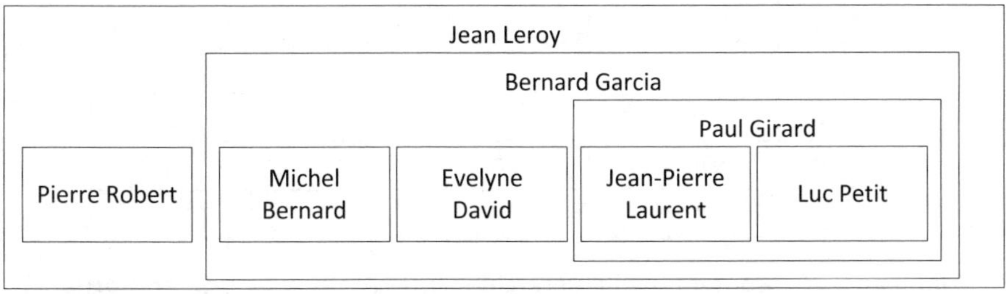

Figure 8.20 **Représentation alternative de la hiérarchie Superviseur**

Dans cette représentation, les employés sont représentés par des rectangles imbriqués les uns dans les autres.

Par exemple, Jean Leroy est représenté par un rectangle contenant les rectangles « Pierre Robert » et « Bernard Garcia » car Jean Leroy supervise ces deux personnes. À son tour, le rectangle « Bernard Garcia » contient les rectangles « Michel Bernard », « Evelyne David » et « Paul Girard ». Les rectangles correspondant à des employés du niveau le plus fin de la hiérarchie ne contiennent quant à eux aucun autre rectangle.

Si l'on aplatit la figure 8.20 sur une dimension, on peut obtenir la figure suivante.

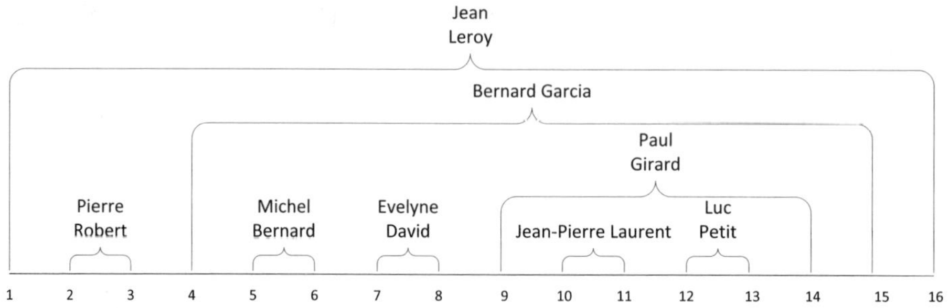

Figure 8.21 **Représentation de la hiérarchie Superviseur sous la forme de segments**

Dans la figure 8.21, la hiérarchie Superviseur est représentée sous la forme de segments. Jean Leroy est représenté par le segment [1,16], Pierre Robert par le segment [2,3], Bernard Garcia par le segment [4,15], etc.

Ainsi, le contenu de la hiérarchie Superviseur peut être représenté par le Tableau 8.24, dans lequel la colonne *gauche* contient la borne « gauche » du segment représentant l'employé, la colonne *droite* la borne « droite » de ce segment et la colonne *niveau* le nombre de liens hiérarchiques séparant chaque employé du grand chef, Jean Leroy.

nom	prenom	gauche	droite	niveau
Leroy	Jean	1	16	0
Robert	Pierre	2	3	1
Garcia	Bernard	4	15	1
Bernard	Michel	5	6	2
David	Evelyne	7	8	2
Girard	Paul	9	14	2
Laurent	Jean-Pierre	10	11	3
Petit	Luc	12	13	3

Tableau 8.24 Contenu de la hiérarchie Superviseur avec la 3ᵉ approche

On peut également noter que les valeurs des champs gauche et droite peuvent être obtenues en parcourant l'arbre de haut en bas et de gauche à droite, comme dans la figure 8.22.

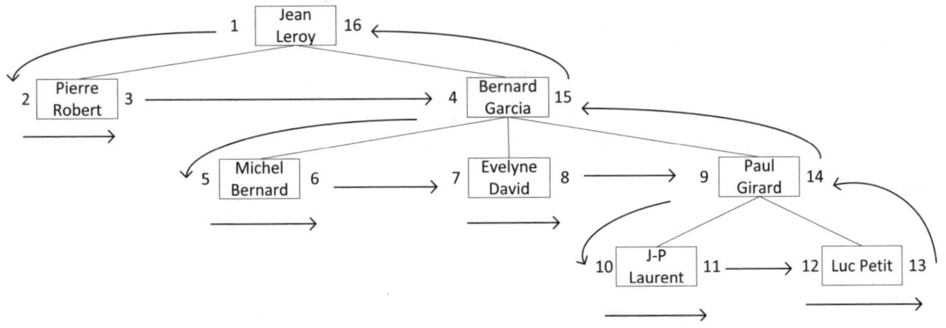

Figure 8.22 **Illustration du parcours de la hiérarchie Superviseur pour obtenir les valeurs de gauche et droite**

La dimension Employé et la hiérarchie Superviseur peuvent donc être représentées par la table *employe* de la figure 8.23.

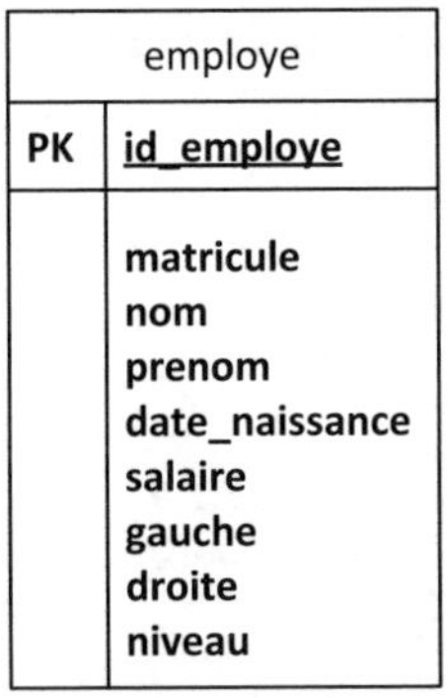

Figure 8.23 Table *employe* modélisée avec la 3e approche

L'approche que nous venons de voir est dénommée *nested sets* par Joe Celko ou encore « LR » (pour *Left - Right*) par Michael J. Kamfonas.

Voyons à présent comment parcourir la hiérarchie Superviseur avec le modèle de la figure 8.23.

Quels sont les identifiants des employés supervisés directement ou indirectement par Bernard Garcia ?

```
SELECT        E2.id_employe
FROM          employe E1
INNER JOIN    employe E2
ON            E2.gauche > E1.gauche
AND           E2.droite < E1.droite
AND           E1.nom = 'Garcia'
```

Même question en incluant Bernard Garcia lui-même, en ajoutant le signe « = » dans les conditions de la jointure.

```
SELECT        E2.id_employe
FROM          employe E1
INNER JOIN    employe E2
ON            E2.gauche >= E1.gauche
AND           E2.droite <= E1.droite
AND           E1.nom = 'Garcia'
```

Même question en se limitant aux employés rattachés directement à Bernard Garcia. (On constate ici l'intérêt du champ *niveau*.)

```
SELECT        E2.id_employe
FROM          employe E1
INNER JOIN    employe E2
ON            E2.gauche > E1.gauche
AND           E2.gauche < E1.droite
AND           E1.nom = 'Garcia'
AND           E2.niveau = E1.niveau + 1
```

Si l'on souhaite récupérer les montants des ventes effectuées par ces employés, il faut alors effectuer une jointure entre le champ *id_employe* de la requête que nous venons d'écrire avec celui de la table *vente*, comme dans le code SQL 8.12.

```
SELECT        SUM(vente.montant_vente)
FROM          vente
INNER JOIN
   (SELECT     E2.id_employe
   FROM        employe E1
   INNER JOIN  employe E2
   ON          E2.gauche > E1.gauche AND E2.gauche < E1.droite
   AND         E1.nom = 'Garcia'
   AND         E2.niveau = E1.niveau + 1) selection_employes
ON            vente.id_employe = selection_employes.id_employe
INNER JOIN    temps ON vente.id_date = temps.id_date
WHERE         temps.code_mois = 201112
```

SQL 8.12

Contrairement à la 2e approche, l'analyse « ascendante » ne requiert pas de modification du modèle. On peut en effet récupérer simplement les identifiants des employés supervisant un employé donné en inversant le sens des signes « < » et « > ». À titre d'exemple, la requête suivante permet de récupérer les identifiants des employés supervisant Bernard Garcia.

```
SELECT        E2.id_employe
FROM          employe E1
INNER JOIN    employe E2
ON            E2.gauche < E1.gauche
AND           E2.droite > E1.droite
AND           E1.nom = 'Garcia'
```

Synthèse des trois approches de modélisation d'une hiérarchie récursive

En conclusion, je recommanderais la modélisation présentée dans la première approche si l'on ne souhaite pas exploiter en SQL une hiérarchie récursive mais si l'on souhaite stocker cette hiérarchie dans une base de données relationnelle uniquement pour alimenter une base de données OLAP (et si le moteur OLAP est en mesure d'exploiter une hiérarchie récursive et d'être alimenté à partir du modèle obtenu avec cette approche).

Dans le cas d'une exploitation par un outil générant du SQL, l'une des deux autres approches devra être choisie en fonction des critères suivants :

- complexité comparée des traitements d'alimentation de la table *intermediaire* utilisée par la 2e approche ou de la table *employe* utilisée par la 3e approche. Les traitements d'alimentation de ces deux tables sont relativement complexes et je ne les détaillerai pas ici ;
- capacité de l'outil de restitution à générer le SQL approprié (le SQL généré avec l'approche « LR » est plus complexe que celui généré avec l'approche « table intermédiaire » car il nécessite d'imbriquer deux SELECT, cf. code SQL 8.12) ;
- besoin ou non d'effectuer une analyse ascendante en partant d'un membre de la hiérarchie. Pour répondre à ce besoin, la 3e approche est plus appropriée car elle ne requiert pas de modification du modèle ;
- performance des requêtes de restitution.

J'ai longuement développé la modélisation relationnelle des hiérarchies récursives mais cela me paraissait important car ce type de hiérarchies est fréquemment rencontré dans le domaine décisionnel et est souvent mal modélisé (et donc mal exploité) du fait de la difficulté de génération du SQL qu'il implique.

8.3 Modélisation logique des hiérarchies généralisées

Nous avons vu précédemment qu'il existait d'un point de vue conceptuel trois solutions pour éviter les double comptages avec une hiérarchie généralisée : la transformer en hiérarchie standard, utiliser un coefficient de distribution ou supprimer la hiérarchie généralisée tout en modifiant la relation factuelle.

Parmi ces trois solutions, seule la deuxième nécessite un traitement particulier lors du passage du modèle conceptuel au modèle relationnel.

Reprenons l'exemple de hiérarchie généralisé présenté dans la première partie.

Si l'on adopte la 2e solution, le modèle relationnel correspondant au schéma factuel Situation Compte de la figure 2.13 est représenté par la figure suivante.

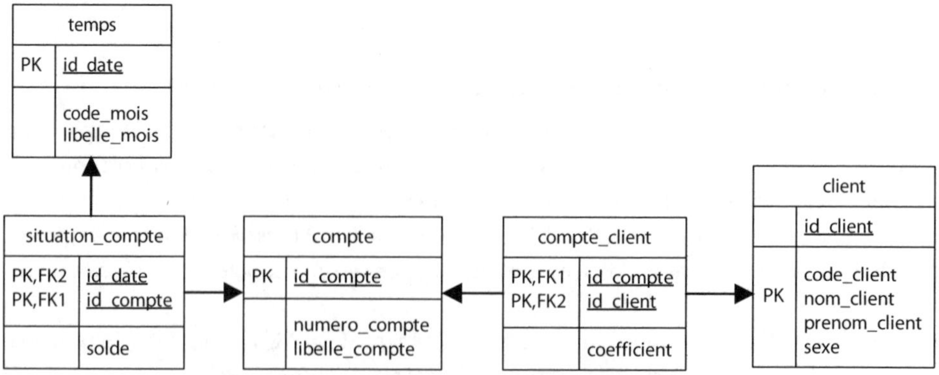

Figure 8.24 **Modèle relationnel du schéma factuel Situation Compte basé sur la solution avec coefficient**

La relation hiérarchique N..N entre les niveaux Compte et Client se traduit par la présence de la table *compte_client* entre les tables *compte* et *client*. La table *compte_client* est en général appelée *bridge table* par les anglo-saxons car elle sert de « pont » entre les tables *compte* et *client*. La présence du champ *coefficient* dans cette table permet d'éviter les « double-comptages » lorsque l'on cherche à obtenir les soldes par client.

Supposons que l'on souhaite connaître les soldes par client au 1er janvier 2011. On pourrait pour cela exécuter la requête SQL 8.13.

```
SELECT          client.nom_client,
                client.prenom_client,
                SUM(situation_compte.solde)
FROM            situation_compte
INNER JOIN      compte
ON              situation_compte.id_compte = compte.id_compte
INNER JOIN      compte_client
ON              compte.id_compte = compte_client.id_compte
INNER JOIN      client
ON              compte_client.id_client = client.id_client
WHERE           situation_compte.id_date = 20110101
GROUP BY        client.nom_client,
                client.prenom_client
```

SQL 8.13

Si l'on considère les mêmes données que celles présentées dans les tableaux 2.1 et 2.3, cette requête ramène le résultat du tableau suivant.

nom_client	*prenom_client*	*solde*
Leroy	Jean	3 500
Leroy	Marie	2 500

Tableau 8.25 **Solde par client sans utilisation du coefficient**

D'un certain point de vue, ce résultat est correct. En effet, Jean Leroy détient les comptes 1 et 2 dont la somme des soldes est bien égale à 3 500. Il se peut très bien que ce tableau corresponde à ce que les utilisateurs de l'application décisionnelle souhaitent visualiser. Mais il existe un danger : que certains utilisateurs non avertis effectuent la somme des soldes du tableau au moyen de leur outil de restitution. Or cette somme est incorrecte puisqu'elle comptabilise deux fois le solde du compte 2.

Ce danger disparaît si l'on utilise le coefficient de distribution de la table *compte_client*, comme dans la requête suivante.

```
SELECT      client.nom_client,
            client.prenom_client,
            SUM(situation_compte.solde*compte_client.coefficient)
FROM        situation_compte
INNER JOIN  compte
ON          situation_compte.id_compte = compte.id_compte
INNER JOIN  compte_client
ON          compte.id_compte = compte_client.id_compte
INNER JOIN  client
ON          compte_client.id_client = client.id_client
WHERE       situation_compte.id_date = 20110101
GROUP BY    client.nom_client,
            client.prenom_client
```

SQL 8.14

Elle ramène en effet le résultat du tableau suivant et, si l'on effectue la somme des soldes de ce tableau, le résultat est correct.

nom_client	*prenom_client*	*solde*
Leroy	Jean	2250
Leroy	Marie	1250

Tableau 8.26 **Solde par client avec utilisation du coefficient**

Il est également indispensable d'utiliser le coefficient si l'on souhaite obtenir les soldes par sexe. En effet, le champ *sexe* appartenant à la table client, si l'on n'applique pas le coefficient au calcul du solde par sexe, le solde du compte 2 sera pris en compte deux fois dans le calcul.

En revanche, il ne faut pas utiliser le coefficient si l'on souhaite par exemple connaître le solde de chacun des comptes détenus ou codétenus par Jean Leroy.

Toute la difficulté dans cette approche de modélisation est donc d'utiliser le coefficient de distribution à bon escient. Par ailleurs, si l'on souhaite utiliser un unique indicateur « Solde » au travers d'un outil de restitution, cet outil doit être capable de s'appuyer sur deux définitions distinctes de cet indicateur (une avec le coefficient et une autre sans) et de choisir la bonne définition en fonction du contexte de la requête.

Tous les outils de restitution ne sont pas en mesure de réaliser cela. À défaut, on pourra spécifier deux indicateurs distincts et le choix du bon indicateur en fonction du contexte devra être effectué par les utilisateurs dans l'outil. Une telle solution est donc réservée aux utilisateurs avertis.

Pour pallier cet inconvénient, on pourra adopter une solution mixte entre la première (transformation de la hiérarchie généralisée en hiérarchie standard) et la deuxième solution (utilisation de la « bridge table » et du coefficient de distribution). C'est ce que l'on a fait dans le modèle de la figure 8.25.

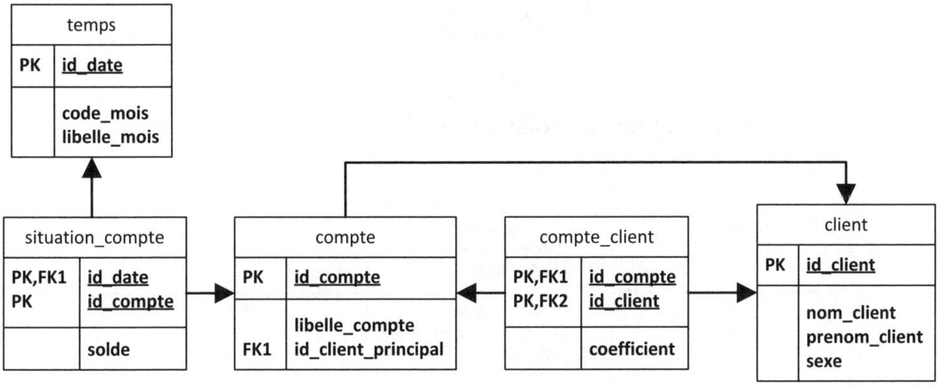

Figure 8.25 **Solution mixte pour le modèle logique du schéma factuel Situation Compte**

Dans ce modèle, il existe deux chemins alternatifs entre la table *compte* et la table *client* :

- le chemin « direct » via la relation entre *compte* et *client* (le client associé au compte est unique et il s'agit du client principal du compte) ;
- le chemin « indirect » via la table *compte_client.*

La hiérarchie Compte est donc transformée en hiérarchie alternative composée des deux hiérarchies simples « *compte* <-> *compte_client* <-> *client*» et « *compte* <-> *client*».

Les utilisateurs avertis pourront « emprunter » le chemin indirect et les autres utilisateurs le chemin direct.

8.4 Modélisation logique des hiérarchies alternatives

La modélisation logique des hiérarchies alternatives ne pose pas de problème particulier. On pourra adopter soit l'approche en étoile, comme dans la figure 8.26 (dérivée du modèle de la figure 2.6), soit l'approche en flocon comme dans la figure 8.27.

Figure 8.26 **Modèle logique en étoile de la dimension Date**

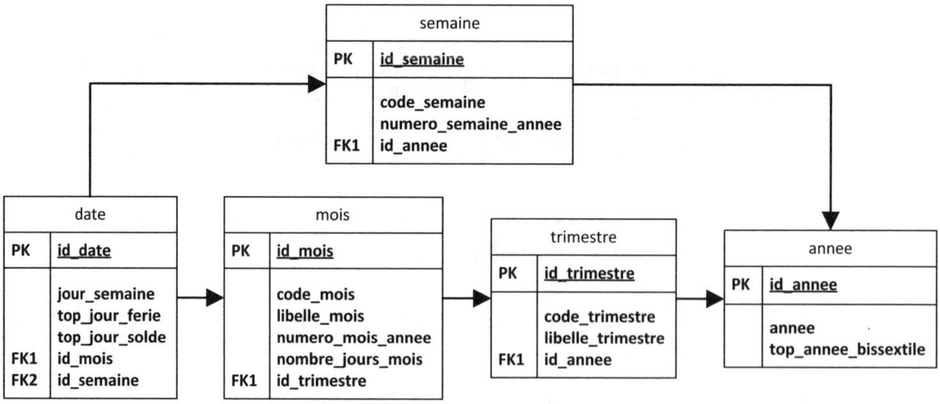

Figure 8.27 **Modèle logique en flocon de la dimension Date**

Chapitre 9

Intégration de la gestion temporelle dans la modélisation logique des dimensions

Jusqu'à présent, nous avons étudié les différentes techniques de modélisation relationnelle des dimensions et hiérarchies en faisant comme si les valeurs des attributs et les relations hiérarchiques entre les niveaux d'un MCMD n'étaient pas modifiées au cours du temps. Or, nous avons vu dans le chapitre 3 que ces valeurs et ces relations pouvaient changer dans le temps et qu'il existait d'un point de vue conceptuel plusieurs manières de gérer ces changements. Le moment est donc venu d'étudier les différentes méthodes de prise en compte de ces changements du point de vue de la modélisation logique des dimensions.

9.1 **Cas d'une dimension avec uniquement des attributs et relations hiérarchiques dont la gestion temporelle est de type 1**

Prenons le cas de la dimension Produit de notre MCMD des ventes. Cette dimension ne contient que des attributs ou des relations hiérarchiques de type 1. Elle est représentée par la figure 9.1.

Figure 9.1 **Modèle conceptuel de la dimension Produit**

9.1.1 Gestion de type 1 avec une approche « en étoile »

Si l'on adopte l'approche de modélisation en étoile, le modèle relationnel correspondant à la dimension Produit est constitué d'une seule table appelée *produit* (cf. figure 9.2).

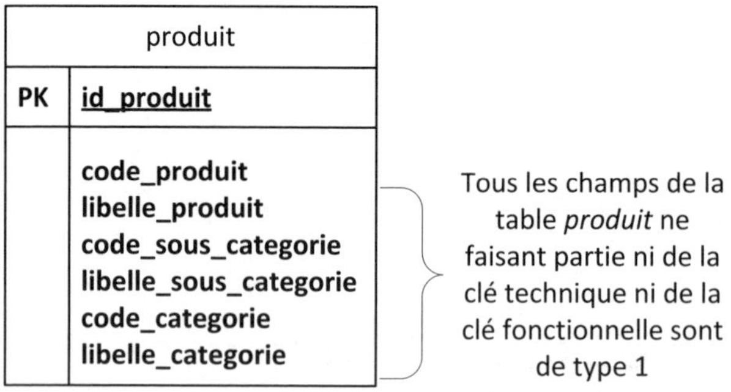

Figure 9.2 **Table de dimension avec uniquement des champs de type 1**

Du point de vue de la gestion temporelle, on peut effectuer la correspondance entre attributs et relations hiérarchiques du modèle conceptuel d'une part, et champs du modèle relationnel d'autre part : on peut affirmer que, hormis la clé primaire (technique) *id_produit* et la clé fonctionnelle *code_produit* issue de l'identifiant du niveau Produit, l'ensemble des champs de la table *produit* est de type 1. En effet, les champs *libelle_produit*, *libelle_sous_categorie* et *libelle_categorie* sont de type 1 car ils sont issus des attributs de mêmes noms qui sont de type 1. De plus, les champs *code_sous_categorie* et *code_categorie* sont également de type 1 car issus respectivement des relations hiérarchiques de type 1 entre les niveaux Produit et Sous-Catégorie et entre les niveaux Sous-Catégorie et Catégorie. (Si par exemple la relation hiérarchique entre Sous-Catégorie et Catégorie avait été de type 2, le champ *code_categorie* aurait été de type 2).

Afin de voir comment prendre en compte les modifications temporelles lors de l'alimentation de la table *produit*, considérons le contenu de la figure suivante pour la dimension Produit.

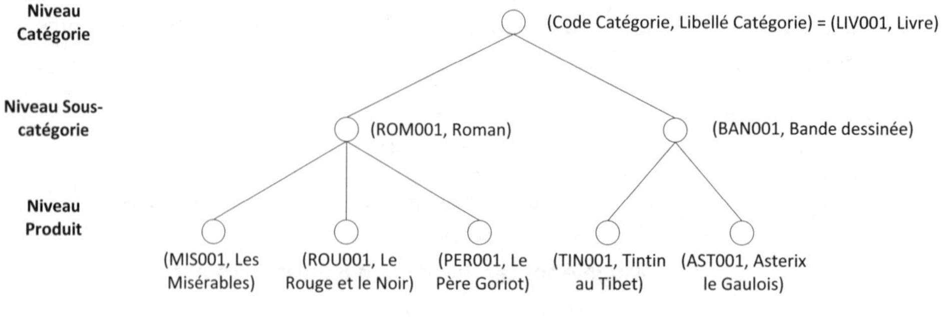

Figure 9.3 **Contenu de la dimension Produit**

Le contenu correspondant dans la table *produit* est représenté par le tableau 9.1.

id_ produit	code_ produit	libelle_ produit	code_sous_ categorie	libelle_sous_ categorie	code_ categorie	libelle_ categorie
1	MIS001	Les Misérables	ROM001	Roman	LIV001	Livre
2	ROU001	Le Rouge et le Noir	ROM001	Roman	LIV001	Livre
3	PER001	Le Père Goriot	ROM001	Roman	LIV001	Livre
4	TIN001	Tintin au Tibet	BAN001	Bande dessinée	LIV001	Livre
5	AST001	Asterix le Gaulois	BAN001	Bande dessinée	LIV001	Livre

Tableau 9.1 **Contenu de la table *produit***

La table *produit* ne contenant que des champs de type 1, tout changement de valeur d'un attribut ou d'une relation hiérarchique de la hiérarchie Produit se traduira par la mise à jour d'un ou de plusieurs enregistrements de la table *produit*. Ces changements n'entraîneront donc pas d'insertion d'enregistrements dans cette table.

Bien que l'on ne doive effectuer que des mises à jour, selon les cas, on aura pour chaque changement à mettre à jour un ou plusieurs enregistrements et, pour chaque enregistrement, la valeur d'un ou de plusieurs champs.

1er *cas : mise à jour d'un seul champ pour un seul enregistrement*

Ce cas de figure se produit par exemple lors du changement de valeur d'un attribut du niveau le plus fin de la hiérarchie.

Supposons que, dans le référentiel « Produits », le produit dont le code est « AST001 »[1] change de libellé en passant de « Asterix le Gaulois » à « Astérix le Gaulois »[2].

Comme le montre la figure 9.4, ce changement se traduira par une mise à jour du champ *libelle_produit* de la table *produit* pour l'enregistrement correspondant au produit de code « AST001 ».

1. On fait référence ici au code, c'est à dire à la clé fonctionnelle et pas à la clé technique car, dans le référentiel « Produits », les produits sont identifiés par leurs clés fonctionnelles, la clé technique n'étant connu que du système d'information décisionnel.

2. En réalité, il s'agit plutôt d'une correction d'erreur typographique (remplacement d'un « e » par un « é ») qu'un véritable changement car en réalité, un livre ne peut pas changer de titre. Mais peu importe car, comme on l'a vu dans la section 3.7, on traite les corrections d'erreurs avec le type 1 (comme de véritables changements pour lesquels on appliquerait le type 1).

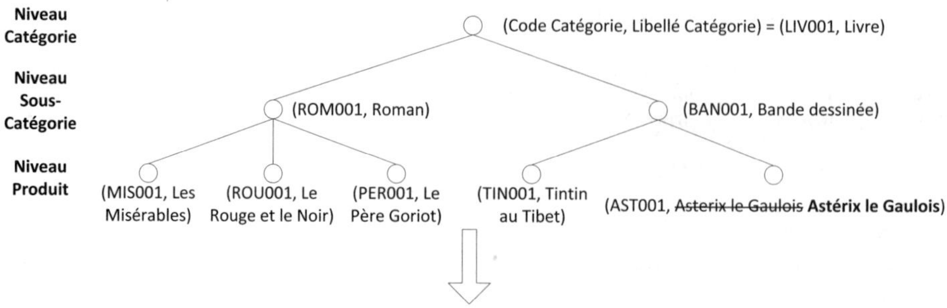

id_ produit	*code_ produit*	*libelle_ produit*	*code_sous_ categorie*	*libelle_sous_ categorie*	*code_ categorie*	*libelle_ categorie*
1	MIS001	Les Misérables	ROM001	Roman	LIV001	Livre
2	ROU001	Le Rouge et le Noir	ROM001	Roman	LIV001	Livre
3	PER001	Le Père Goriot	ROM001	Roman	LIV001	Livre
4	TIN001	Tintin au Tibet	BAN001	Bande dessinée	LIV001	Livre
5	AST001	~~Asterix le Gaulois~~ **Astérix le Gaulois**	BAN001	Bande dessinée	LIV001	Livre

Figure 9.4 **Mise à jour d'un seul champ pour un seul enregistrement**

2e cas : mise à jour de plusieurs champs pour un seul enregistrement

Ce cas se produit par exemple lors du changement d'un membre parent d'une relation hiérarchique dont le membre enfant appartient au niveau le plus fin de la hiérarchie.

Pour illustrer ce cas, supposons que le produit « Tintin au Tibet » change de sous-catégorie en passant de « Bande dessinée » à « Roman ».

Ce changement se traduit par la mise à jour des deux champs *code_sous_categorie* et *libelle_sous_categorie* pour l'enregistrement correspondant au produit « Tintin au Tibet », tel que l'illustre la figure 9.5.

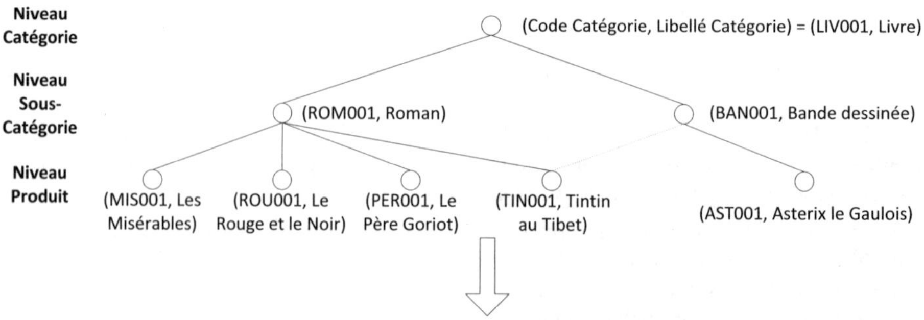

id_ produit	*code_ produit*	*libelle_ produit*	*code_sous_ categorie*	*libelle_sous_ categorie*	*code_ categorie*	*libelle_ categorie*
1	MIS001	Les Misérables	ROM001	Roman	LIV001	Livre
2	ROU001	Le Rouge et le Noir	ROM001	Roman	LIV001	Livre
3	PER001	Le Père Goriot	ROM001	Roman	LIV001	Livre
4	TIN001	Tintin au Tibet	~~BAN001~~ **ROM001**	~~Bande dessinée~~ **Roman**	LIV001	Livre
5	AST001	Asterix le Gaulois	BAN001	Bande dessinée	LIV001	Livre

Figure 9.5 **Mise à jour de plusieurs champs pour un seul enregistrement**

Remarque : si la sous-catégorie « Roman » avait appartenu à une catégorie différente de « Livre », on aurait également dû mettre à jour les champs code_categorie *et* libelle_categorie. *Il faut donc tenir compte de cette possibilité lors de la conception des traitements de mise à jour de la table* produit.

3ᵉ cas : mise à jour d'un seul champ pour plusieurs enregistrements

Ce cas se produit par exemple lors du changement de valeur d'un attribut d'un niveau qui n'est pas le plus fin de la hiérarchie.

Supposons que la sous-catégorie dont le code est « BAN001 » change de libellé en passant de « Bande dessinée » à « BD ».

Cette modification se traduira par une mise à jour du champ *libelle_sous-categorie* pour tous les enregistrements dont le champ *code_sous_categorie* a pour valeur « BAN001 » (cf. figure 9.6).

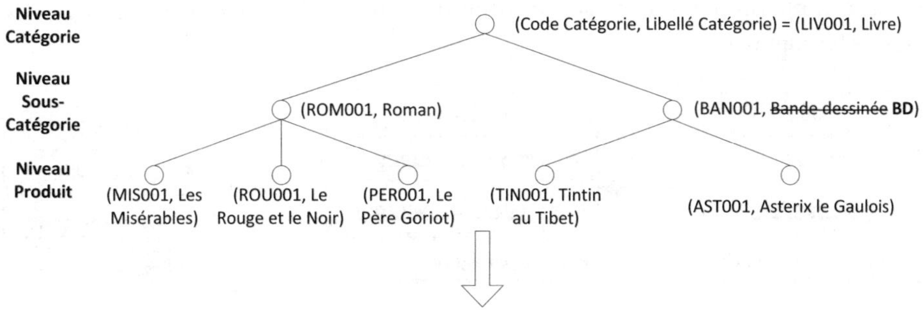

id_ produit	code_ produit	libelle_ produit	code_sous_ categorie	libelle_sous_ categorie	code_ categorie	libelle_ categorie
1	MIS001	Les Misérables	ROM001	Roman	LIV001	Livre
2	ROU001	Le Rouge et le Noir	ROM001	Roman	LIV001	Livre
3	PER001	Le Père Goriot	ROM001	Roman	LIV001	Livre
4	TIN001	Tintin au Tibet	BAN001	~~Bande dessinée~~ **BD**	LIV001	Livre
5	AST001	Asterix le Gaulois	BAN001	~~Bande dessinée~~ **BD**	LIV001	Livre

Figure 9.6 **Mise à jour d'un seul champ pour plusieurs enregistrements**

4e cas : mise à jour de plusieurs champs pour plusieurs enregistrements

Je ne vais pas détailler ce cas de figure mais il se produit lors du changement d'un membre parent d'une relation hiérarchique dont le membre enfant n'est pas du niveau le plus fin de la hiérarchie (par exemple, dans le cas où la sous-catégorie « Bande dessinée » changerait de catégorie).

Remarque : le SQL à produire est comparable, que l'on doive mettre à jour un seul ou plusieurs enregistrements. Du point de vue de la conception des traitements de mise à jour, le premier et le troisième cas d'une part, et le deuxième et quatrième cas d'autre part, n'ont donc pas à être distingués.

9.1.2 Gestion de type 1 avec une approche « en flocon »

Si l'on adopte l'approche de modélisation en flocon, le modèle relationnel correspondant à la dimension Produit est constitué des trois tables *produit*, *sous_categorie* et *categorie* (cf. figure 9.7).

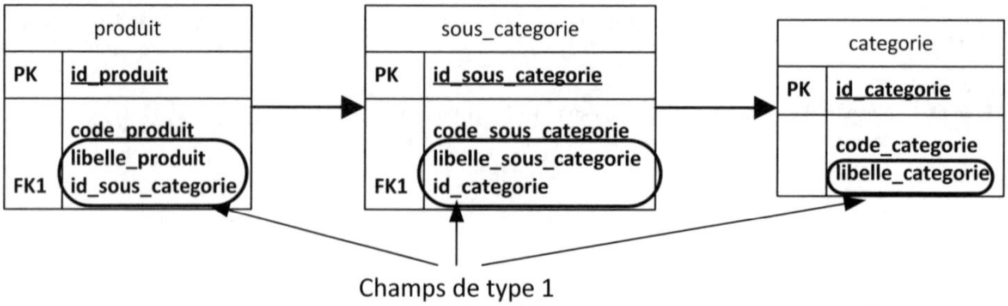

Figure 9.7 **Modèle relationnel en flocon pour la dimension Produit avec uniquement des champs de type 1**

Comme indiqué précédemment, la clé technique et la clé fonctionnelle de chaque table ne portent pas de type de gestion temporelle. Les champs de type 1 sont donc ici les trois champs représentant des libellés ainsi que les deux clés étrangères *id_sous_categorie* et *id_categorie*, champs issus des relations hiérarchiques entre les niveaux Produit et Sous-Catégorie d'une part, et Sous-Catégorie et Catégorie d'autre part.

Les principes de prise en compte des changements temporels sont les mêmes pour le modèle en flocon que pour celui en étoile. Donnons quelques exemples.

Reprenons le cas où le produit « Tintin au Tibet » change de sous-catégorie en passant de « Bande dessinée » à « Roman ». Dans ce cas, au lieu d'avoir les valeurs des deux champs *code_sous_categorie* et *libelle_sous_categorie* à modifier, seule la valeur du champ *id_sous_categorie* de la table *produit* devra être modifiée.

Par ailleurs, dans le cas d'un changement de libellé d'une sous-catégorie, la valeur du champ *libelle_sous_categorie* n'a besoin d'être modifiée que pour un unique enregistrement de la table *sous_categorie*, et non pas pour tous les enregistrements correspondant aux produits associés à la sous-catégorie en question (cf. figure 9.6).

Le haut degré de normalisation sous-jacent au modèle en flocon fait donc que tout changement unitaire n'entraîne la mise à jour que d'un seul enregistrement, contrairement au modèle en étoile pour lequel plusieurs enregistrements pouvaient être mis à jour (cf. 3e et 4e cas). De plus, dans le modèle en flocon, la valeur d'un seul champ se trouve modifiée en cas de changement unitaire, alors que plusieurs champs pouvaient l'être avec le modèle en étoile (2e et 4e cas). Dans le cas d'une dimension contenant un nombre très important de membres (la dimension Client par exemple), certaines mises à jour induites par une gestion temporelle de type 1 pourront donc prendre un temps beaucoup plus important avec un modèle en étoile qu'avec un modèle en flocon, ce qui peut s'avérer un avantage pour ce dernier.

9.2 Cas d'une dimension avec uniquement des champs dont la gestion temporelle est de type 2

Prenons le cas de la dimension Client représentée par la figure 9.8.

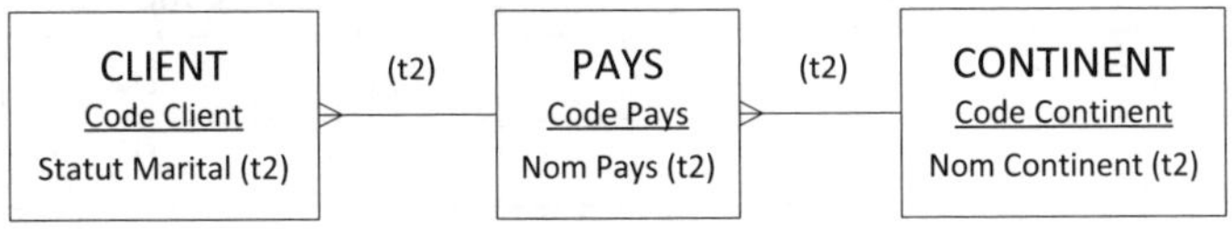

Figure 9.8 **Dimension Client**

Comme nous pouvons le constater sur la figure, tous les attributs et relations hiérarchiques de la dimension Client sont de type 2.

9.2.1 Gestion de type 2 avec une approche « en étoile »

Si l'on adopte l'approche de modélisation en étoile, le modèle relationnel correspondant à la dimension Client est constitué d'une seule table appelée *client* (cf. figure 9.9).

client	
PK	id_client
	code_client statut_marital code_pays nom_pays code_continent nom_continent

Figure 9.9 **Table de dimension *client***

Rappelons le principe de la gestion temporelle de type 2 : lorsque le membre parent d'une relation hiérarchique ou un attribut change de valeur, on souhaite analyser les faits antérieurs à ce changement suivant l'ancienne valeur et les faits postérieurs suivant la nouvelle valeur.

Le fait d'analyser certains faits suivant l'ancienne valeur et d'autres suivant la nouvelle implique de stocker à la fois l'une et l'autre. À chaque changement, on doit donc ajouter la nouvelle valeur tout en conservant l'ancienne. Dans le cas de la dimension Client, si par exemple un client change de statut marital en passant de « Célibataire » à « Marié », cela implique d'avoir pour ce client deux enregistrements dans la table *client* : un pour lequel son statut est « Célibataire » et l'autre pour lequel celui-ci est « Marié ». Nous aurons donc, comme dans le tableau 9.2, deux enregistrements pour la même valeur du champ *code_client*, chaque enregistrement ayant une valeur du champ *id_client* distincte.

id_client	*code_ client*	*statut_ marital*	*code_pays*	*nom_pays*	*code_ continent*	*libelle_ continent*
1	AAA001	Célibataire	FR	France	EU	Europe
2	AAA001	Marié	FR	France	EU	Europe

Tableau 9.2 **Changement de statut marital pour un client**

Mais pour pouvoir affecter les faits antérieurs au changement à un enregistrement et les faits postérieurs à l'autre, il est nécessaire d'associer une période de validité à chacun des enregistrements. Il faut donc ajouter dans la table *client* les deux champs de type « date » suivants : *dat_deb_val* et *dat_fin_val*.

Cela conduit à modifier le modèle de données comme dans la figure 9.10.

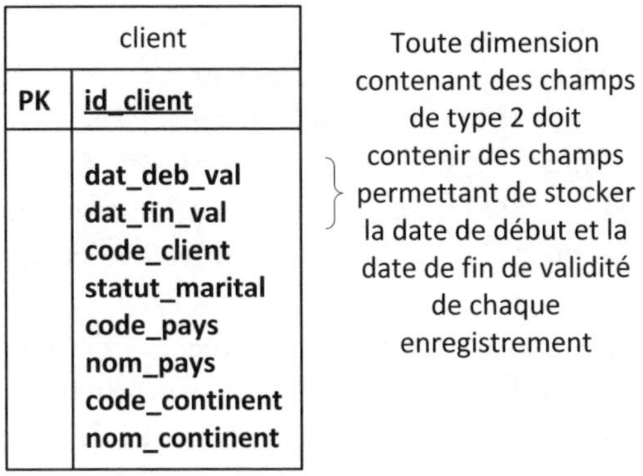

Figure 9.10 **Table de dimension client avec les champs *dat_deb_val* et *dat_fin_val***

Si l'on suppose que le changement de statut marital a eu lieu le 01/01/2011 pour le client de code « AAA001 », on aura donc pour celui-ci le contenu du tableau suivant dans la table *client.*

id_ client	*dat_deb_ val*	*dat_fin_val*	*code_ client*	*statut_ marital*	*code_ pays*	*nom_ pays*	*code_ continent*	*libelle_ continent*
1	01/01/0001	31/12/2010	AAA001	Célibataire	FR	France	EU	Europe
2	01/01/2011	31/12/9999	AAA001	Marié	FR	France	EU	Europe

Tableau 9.3 **Contenu de la table *client* pour le client AAA001**

Remarques : le premier enregistrement est valable entre le 01/01/0001 et le 31/12/2010 alors que le second est valable du 01/01/2011 au 31/12/9999. La date de début de validité de l'enregistrement le plus ancien d'un client est arbitrairement fixée à la date la plus ancienne possible, en l'occurrence le 01/01/0001. De même, la date de fin de validité de l'enregistrement le plus récent d'un client est arbitrairement fixée à la date la plus lointaine possible, soit le 31/12/9999. Lors de l'ajout d'un enregistrement pour un client donné, la date de fin de validité de l'enregistrement précédent est fixée au jour précédant la date de début de validité de l'enregistrement ajouté. Nous aurions pu nous contenter de l'unique champ dat_deb_val *pour indiquer à partir de quelle date un enregistrement est valable mais nous verrons que la présence des deux dates* dat_deb_val *et* dat_fin_val *facilite l'association des enregistrements de la table des faits à ceux de la table de dimension.*

Les champs *dat_deb_val* et *dat_fin_val* vont permettre de déterminer la valeur du champ *id_client* à stocker dans les différentes tables de faits en relation avec la table de dimension *client*. Supposons qu'un fait de vente ait eu lieu pour le client de code « AAA001 ». Pour déterminer quelle valeur du champ *id_client* affecter à l'enregistrement correspondant à cette vente dans la table de faits, il suffit en effet de comparer la date de la vente aux différentes valeurs des champs *dat_deb_val* et *dat_fin_val*. En l'occurrence, si la vente a eu lieu avant le 01/01/2011, on affectera au champ *id_client* de la table de faits la valeur 1. À l'inverse, si la vente a eu lieu après cette date, on lui affectera la valeur 2.

Voyons à présent au travers d'un exemple comment se déroule l'alimentation de la table *client* en fonction des différents changements se déroulant au cours du temps. Le tableau 9.4 représente le contenu de la table *client* à l'issue de l'alimentation initiale de celle-ci.

id_ client	*dat_deb_ val*	*dat_fin_ val*	*code_ client*	*statut_ marital*	*code_ pays*	*nom_ pays*	*code_ continent*	*libelle_ continent*
1	01/01/0001	31/12/9999	AAA001	Célibataire	FR	France	UE	Europe
2	01/01/0001	31/12/9999	AAA002	Célibataire	TR	Turquie	AS	Asie
3	01/01/0001	31/12/9999	AAA003	Marié	TR	Turquie	AS	Asie
4	01/01/0001	31/12/9999	AAA004	Marié	EG	Egypte	AF	Afrique

Tableau 9.4 **Contenu initial de la table *client***

Nous avons donc quatre clients avec, pour chacun d'eux, une date de début de validité de l'enregistrement au 01/01/0001 (la plus ancienne possible) et une date de fin de validité au 31/12/9999 (la plus lointaine possible).

Supposons que lors de la deuxième alimentation de la table *client*, le 01/01/2011, on détecte dans le référentiel des clients et dans celui des pays et continents les quatre changements suivants :

- Le client « AAA001 » a changé de statut marital en passant de « Célibataire » à « Marié ».
- Le client « AAA003 » a changé de statut marital en passant de « Marié » à « Divorcé ».
- Le même client « AAA003 » a changé de pays de résidence en passant de « TR » (Turquie) à « TN » (Tunisie).
- Les continents de codes « EU » et « AS » fusionnent pour devenir un unique continent de code « EA » et de libellé « Eurasie ».

Ces changements se traduisent par des modifications que reflète le tableau 9.5.

id_ client	*dat_deb_ val*	*dat_fin_val*	*code_ client*	*statut_ marital*	*code_ pays*	*nom_ pays*	*code_ continent*	*libelle_ continent*
1	01/01/0001	~~31/12/9999~~ **31/12/2010**	AAA001	Célibataire	FR	France	EU	Europe
2	01/01/0001	31/12/9999 **31/12/2010**	AAA002	Célibataire	TR	Turquie	AS	Asie
3	01/01/0001	~~31/12/9999~~ **31/12/2010**	AAA003	Marié	TR	Turquie	AS	Asie
4	01/01/2011	31/12/9999	AAA004	Marié	EG	Egypte	AF	Afrique
5	**01/01/2011**	**31/12/9999**	**AAA001**	**Marié**	**FR**	**France**	**EA**	**Eurasie**
6	**01/01/2011**	**31/12/9999**	**AAA002**	**Célibataire**	**TR**	**Turquie**	**EA**	**Eurasie**
7	**01/01/2011**	**31/12/9999**	**AAA003**	**Divorcé**	**TN**	**Tunisie**	**AF**	**Afrique**

Tableau 9.5 **Contenu de la table *client* après prise en compte des changements**

Les modifications effectuées sont les suivantes :

- Les enregistrements 1, 2 et 3 correspondant aux clients « AAA001», « AAA002 » et « AAA003 » ont vu leurs dates de fin de validité mises à jour au 31/12/2010, veille de la date d'alimentation de la table *client*.
- L'enregistrement 5 a été ajouté pour le client « AAA001 » pour refléter son changement de statut marital et le changement de continent de son pays de résidence. Sa date de début de validité, le 01/01/2011, correspond à la date d'alimentation de la table *client*.
- L'enregistrement 6 a été ajouté pour le client « AAA002 » car, même si aucun changement n'a eu lieu sur le client proprement dit, le continent associé à son pays de résidence a été modifié en passant de « Europe » à « Eurasie ».
- L'enregistrement 7 a été ajouté pour le client « AAA003 » avec ses nouvelles valeurs de statut marital et de pays de résidence.

9.2.2 **Gestion de type 2 avec une approche « en flocon »**

Le modèle en flocon correspondant à la dimension Client est représenté par la figure 9.11.

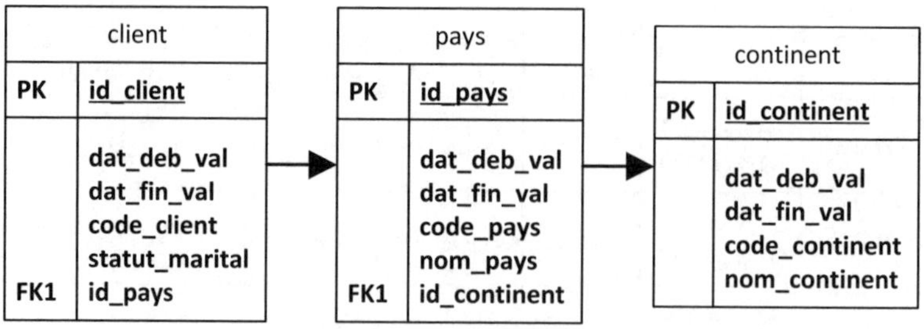

Figure 9.11 **Modèle en flocon de la dimension Client**

Reprenons le même exemple que précédemment. Le contenu initial des tables *client*, *pays* et *continent* correspondant à celui du tableau 9.4 est représenté dans les tableaux suivants.

id_client	*dat_deb_val*	*dat_fin_val*	*code_client*	*statut_marital*	*id_pays*
1	01/01/0001	31/12/9999	AAA001	Célibataire	1
2	01/01/0001	31/12/9999	AAA002	Célibataire	2
3	01/01/0001	31/12/9999	AAA003	Marié	2
4	01/01/0001	31/12/9999	AAA004	Marié	4

Tableau 9.6 **Contenu initial de la table *client***

id_pays	*dat_deb_val*	*dat_fin_val*	*code_pays*	*nom_pays*	*id_continent*
1	01/01/0001	31/12/9999	FR	France	3
2	01/01/0001	31/12/9999	TR	Turquie	1
3	01/01/0001	31/12/9999	TN	Tunisie	2
4	01/01/0001	31/12/9999	EG	Egypte	2

Tableau 9.7 **Contenu initial de la table *pays*[1]**

id_continent	*dat_deb_val*	*dat_fin_val*	*code_continent*	*nom_continent*
1	01/01/0001	31/12/9999	AS	Asie
2	01/01/0001	31/12/9999	AF	Afrique
3	01/01/0001	31/12/9999	EU	Europe
4	01/01/0001	31/12/9999	AN	Amérique du Nord
5	01/01/0001	31/12/9999	AS	Amérique du Sud
6	01/01/0001	31/12/9999	OC	Océanie

Tableau 9.8 **Contenu initial de la table *continent***

1. Seuls les pays qui nous intéressent dans notre exemple sont présents dans le tableau mais en réalité, tous les pays du monde devraient être présents.

Considérons les mêmes changements que ceux pris en exemple pour l'approche « en étoile ».

Les trois premiers changements imposent le même type de modification que pour le modèle en étoile, c'est-à-dire la mise à jour d'un enregistrement existant et l'insertion d'un nouvel enregistrement.

En revanche, le quatrième changement (fusion des deux continents « Europe » et « Asie » en « Eurasie ») est plus lourd à traiter que pour le modèle en étoile. En effet, si l'on considère ce seul changement, il faut appliquer des modifications en cascade dans les tables *continent*, *pays* et *client*.

Tout d'abord, il faut prendre en compte la fusion des continents « Europe » et « Asie » dans la table *continent*. Le tableau 9.9 illustre les modifications à apporter au contenu de cette table.

id_continent	*dat_deb_val*	*dat_fin_val*	*code_continent*	*nom_continent*
1	01/01/0001	~~31/12/9999~~ **31/12/2010**	AS	Asie
2	01/01/0001	31/12/9999	AF	Afrique
3	01/01/0001	~~31/12/9999~~ **31/12/2010**	EU	Europe
4	01/01/0001	31/12/9999	AN	Amérique du Nord
5	01/01/0001	31/12/9999	AS	Amérique du Sud
6	01/01/0001	31/12/9999	OC	Océanie
7	**01/01/2011**	**31/12/9999**	**EA**	**Eurasie**

Tableau 9.9 **Contenu de la table *continent* après modifications**

Puis il faut modifier le contenu de la table *pays* pour affecter au nouveau continent « Eurasie » les pays des continents « Europe » et « Asie » (cf. tableau 9.10).

id_pays	*dat_deb_val*	*dat_fin_val*	*code_pays*	*nom_pays*	*id_continent*
1	01/01/0001	~~31/12/9999~~ **31/12/2010**	FR	France	3
2	01/01/0001	~~31/12/9999~~ **31/12/2010**	TR	Turquie	1
3	01/01/0001	31/12/9999	TN	Tunisie	2
4	01/01/0001	31/12/9999	EG	Egypte	2
5	**01/01/2011**	**31/12/9999**	**FR**	**France**	**7**
6	**01/01/2011**	**31/12/9999**	**TR**	**Turquie**	**7**

Tableau 9.10 **Contenu de la table *pays* après modifications**

Enfin, il faut modifier le contenu de la table *client* en affectant un nouvel identifiant de pays à tous les clients dont le pays de résidence appartient au nouveau continent « Eurasie » (cf. tableau 9.11).

id_client	*dat_deb_val*	*dat_fin_val*	*code_client*	*statut_marital*	*id_pays*
1	01/01/0001	~~31/12/9999~~ **31/12/2010**	AAA001	Célibataire	1
2	01/01/0001	~~31/12/9999~~ **31/12/2010**	AAA002	Célibataire	2
3	01/01/0001	~~31/12/9999~~ **31/12/2010**	AAA003	Marié	2
4	01/01/0001	31/12/9999	AAA004	Marié	4
5	**01/01/2011**	**31/12/9999**	**AAA001**	**Célibataire**	**5**
6	**01/01/2011**	**31/12/9999**	**AAA002**	**Célibataire**	**6**
7	**01/01/2011**	**31/12/9999**	**AAA003**	**Marié**	**6**

Tableau 9.11 **Contenu de la table *client* après modifications**

On constate donc qu'avec l'approche en flocon, tout changement sur un champ de type 2 appartenant à un niveau parent d'une hiérarchie nécessite de mettre à jour non seulement la table correspondant à ce niveau mais également toutes les tables correspondant aux niveaux inférieurs : on peut parler d'« effet domino ».

Cet effet domino constitue un sérieux désavantage de l'approche en flocon par rapport à celle en étoile pour la modélisation des hiérarchies dont les niveaux supérieurs contiennent des attributs de type 2.

9.3 Cas d'une dimension contenant à la fois des attributs et/ou relations hiérarchiques de type 1 et de type 2

Il suffit de combiner pour une même dimension les techniques de gestion de type 1 et de type 2. Si l'on reprend l'exemple de la dimension Client, la présence de champs de type 2 implique la présence potentielle de plusieurs enregistrements pour un même client. Un changement de valeur d'un champ de type 1 nécessitera donc parfois de mettre à jour la valeur de ce champ pour l'ensemble des enregistrements d'un même client (et non pas pour un seul comme cela aurait été le cas pour une dimension ne contenant que des champs de type 1).

9.4 Cas d'une dimension avec attribut(s) ou relation(s) hiérarchique(s) de type 3

Lorsqu'un attribut de type 3 change de valeur, on souhaite pouvoir analyser l'ensemble des faits (à la fois ceux antérieurs et ceux postérieurs au changement) soit suivant l'ancienne valeur, soit suivant la nouvelle. Du point de vue du modèle logique, ce besoin implique de créer deux champs pour le même attribut, un champ qui contiendra l'ancienne valeur et un autre qui contiendra la nouvelle.

Prenons l'exemple de la dimension Magasin de la figure 9.12.

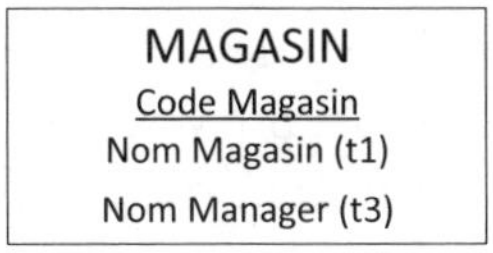

Figure 9.12 **Dimension avec attribut de type 3**

Le modèle relationnel correspondant à la dimension Magasin sera le suivant.

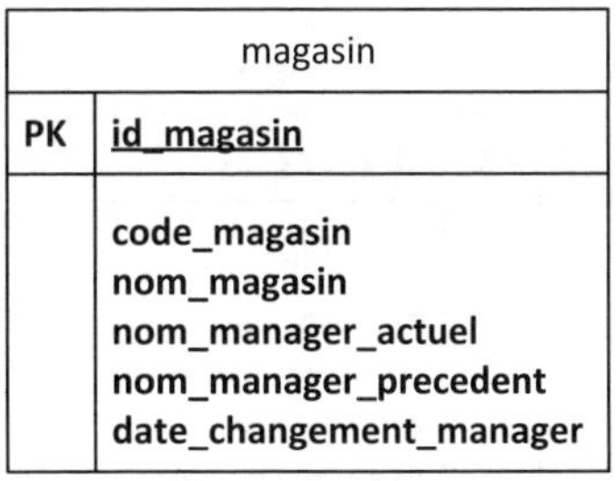

Figure 9.13 **Table avec champ de type 3**

L'attribut Nom Manager étant de type 3, nous avons créé dans la table *magasin* deux champs pour cet attribut : le champ *nom_manager_actuel* destiné à stocker le nom du manager actuel d'un magasin et le champ *nom_manager_precedent* permettant de stocker le nom du manager qui a précédé le manager actuel. À des fins d'audit, nous avons également pris le parti de créer le champ *date_changement_manager* permettant de stocker la date du dernier changement de manager d'un magasin.

L'alimentation de la table *magasin* se déroule de la manière suivante : à chaque changement de manager pour un magasin donné, le champ *nom_manager_actuel* prend comme valeur le nom du nouveau manager alors que le champ *nom_manager_precedent* prend la valeur qui était présente dans le champ *nom_manager_actuel* avant la modification. Le champ *date_changement_manager* prend comme valeur la date du jour de l'alimentation (à moins que le système opérationnel source de la table de dimension *magasin* conserve une piste d'audit des changements de manager, auquel cas on valorisera le champ *date_changement_manager* avec la date réelle du changement).

Remarque : dans le cas où certains champs de la dimension Magasin seraient de type 2, on aurait potentiellement dans la table plusieurs enregistrements pour le même magasin. Il faudrait alors mettre à jour les champs nom_manager_actuel, nom_manager_precedent *et* date_changement_manager *sur l'ensemble des enregistrements relatifs au magasin concerné par la modification.*

9.5 Cas d'une dimension avec attribut(s) de type hybride (type 12)

Reprenons l'exemple de la dimension Magasin mais en supposant cette fois-ci que l'attribut Nom Manager soit de type 12.

Rappelons la signification du type 12. Traiter un attribut avec une gestion temporelle de type 12 signifie que l'on souhaite pouvoir choisir au moment de l'analyse entre une vision actuelle de la valeur de l'attribut (type 1) et une vision historique (type 2). Autrement dit, on souhaite pouvoir analyser les faits soit selon la valeur courante de l'attribut, soit selon sa valeur « au moment du fait ».

Le modèle logique de données de la dimension Magasin correspondant à l'affectation du type 12 à l'attribut Nom Manager est représenté par la figure 9.14.

magasin	
PK	id_magasin
	dat_deb_val dat_fin_val code_magasin nom_magasin nom_manager nom_manager_actuel

Figure 9.14 **Table de dimension avec un champ de type 12**

La solution consiste à créer pour l'attribut Nom Manager deux champs (un de type 1 et un autre de type 2) :

- Le champ *nom_manager* qui contient les valeurs historiques des noms des managers de chaque magasin. Il s'agit d'un champ de type 2 dont les valeurs pour un magasin donné sont fonction de la période de validité de chaque enregistrement (*dat_deb_val* et *dat_fin_val*).
- Le champ *nom_manager_actuel* qui contient le nom du manager actuel de chaque magasin. Il s'agit d'un champ de type 1 dont la valeur est identique pour l'ensemble des enregistrements relatifs à un magasin donné.

Ainsi, les utilisateurs ont la possibilité de choisir d'utiliser l'un ou l'autre de ces deux champs en fonction de leur besoin d'analyse.

9.6 Cas des corrections d'erreurs

Il arrive que l'on doive traiter des changements de valeurs relatifs à des données sources de dimensions qui ne sont pas de véritables changements temporels, mais des corrections de valeurs dues à une mauvaise qualité de ces données.

Ces corrections peuvent concerner potentiellement n'importe quel attribut ou relation hiérarchique car aucune donnée n'est à l'abri d'une mauvaise qualité. Une correction peut donc concerner un attribut de type 0 (la valeur d'un attribut de type 0 ne peut pas être modifiée au cours du temps) tel que la date de naissance d'un client. Il faut donc également prévoir dans les traitements d'alimentation des tables de dimension une mise à jour des champs de type 0.

De ce point de vue, l'avantage des attributs de type 0 par rapport aux autres types d'attributs est que l'on sait pour ce type d'attribut qu'une modification de valeur de la donnée source représente une correction d'erreur alors que pour les autres types d'attributs, on ne le sait pas toujours. On peut même dire qu'on le sait rarement car le seul moyen de savoir si un changement de valeur représente une correction d'erreur est de disposer dans le système source d'un champ indiquant quelle est la cause du changement de valeur. Or, cela est rarement le cas.

Sous réserve de pouvoir identifier les corrections d'erreurs parmi l'ensemble des changements de valeurs d'un attribut, voyons comment traiter une correction d'erreur en fonction du type de gestion temporelle du champ dérivé de cet attribut.

Pour les champs de type 0, on remplacera l'ancienne valeur du champ par la nouvelle. (Cela revient à traiter les champs de type 0 comme des champs de type 1.)

Pour les champs de type 1, on remplacera également l'ancienne valeur par la nouvelle puisque l'on ne conserve pas d'historique pour ce type de champs.

Pour les champs de type 2, il faut distinguer deux cas :

- Est-ce la dernière valeur connue qui était fausse et qui est donc corrigée ? Si la réponse est oui, il ne faut mettre à jour dans la table de dimension que l'enregistrement le plus récent relatif au membre de la dimension concerné par la correction (celui dont la date de fin de validité est 31/12/9999).

- Est-ce que toutes les valeurs prises par l'attribut au cours du temps étaient fausses et la correction porte donc sur l'ensemble de l'historique ? Dans ce cas, il faut mettre à jour le champ en question pour l'ensemble des enregistrements relatifs au membre concerné.

Pour les champs de type 3, il faut modifier le champ correspondant à la valeur actuelle de l'attribut.

9.7 Gestion temporelle des hiérarchies récursives

De par les différentes approches de modélisation relationnelle dont les hiérarchies récursives font l'objet et, nous allons le voir, les nombreux impacts engendrés par la gestion temporelle de ce type de hiérarchies, il me paraît important de consacrer une section entière à celle-ci.

Afin d'illustrer la problématique, je vais, pour chacune des trois techniques de modélisation logique des hiérarchies récursives, m'appuyer sur l'exemple de la dimension Employé du MCMD des ventes.

Pour chacune des trois techniques, je considérerai les deux cas de figure suivants :

- Gestion de type 1 : la dimension Employé ne contient que des attributs de type 1 et la relation hiérarchique Superviseur est également de type 1.
- Gestion de type 2 : la dimension Employé contient au moins un attribut de type 2 ou la relation hiérarchique Superviseur est de type 2.

9.7.1 Gestion temporelle d'une hiérarchie récursive avec la 1re approche (table parent-enfant)

Gestion de type 1 avec la 1re approche

Le modèle logique de la dimension Employé s'appuyant sur la table parent-enfant et pour lequel on souhaite appliquer une gestion temporelle de type 1 sera identique à celui de la figure 8.16. Le contenu initial de la table *employe* sera également identique à celui présent dans le tableau 8.19.

Supposons à présent que le 01/01/2011, Paul Girard soit supervisé non plus par Bernard Garcia mais par Evelyne David, comme l'illustre la figure 9.15.

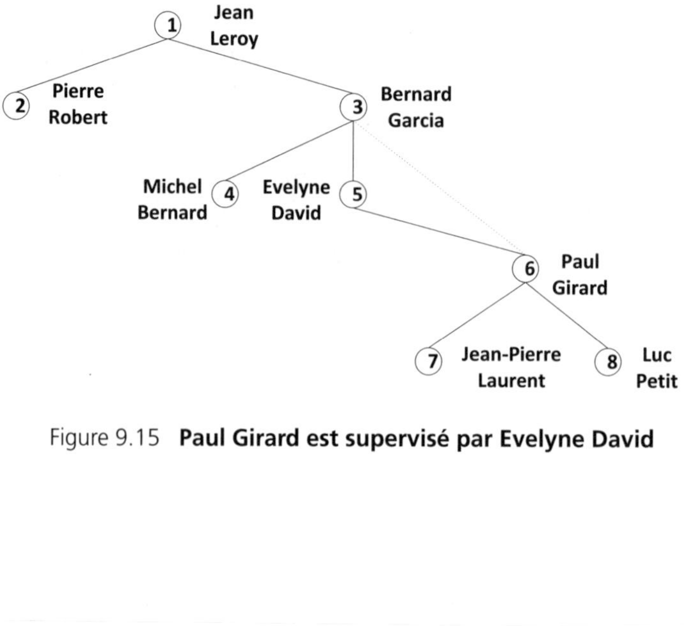

Figure 9.15 **Paul Girard est supervisé par Evelyne David**

Comme nous sommes dans une gestion de type 1 et que nous ne souhaitons donc pas conserver l'historique des liens de supervision, cette modification se traduit tout simplement par la mise à jour du champ *id_superviseur* pour l'enregistrement relatif à Paul Girard, tel qu'illustré par le tableau 9.12.

id_employe	*nom*	*prenom*	*id_superviseur*
1	Leroy	Jean	NULL
2	Robert	Pierre	1
3	Garcia	Bernard	1
4	Bernard	Michel	3
5	David	Evelyne	3
6	Girard	Paul	~~3~~ **5**
7	Laurent	Jean-Pierre	6
8	Petit	Luc	6

Tableau 9.12 **Changement de superviseur pour Paul Girard avec gestion temporelle de type 1**

Gestion de type 2 avec la 1re approche

Dès lors qu'au moins un des attributs de la dimension Employé est de type 2 ou bien que la relation hiérarchique Superviseur est de type 2, le modèle logique de la table *employe* doit être modifié par l'ajout des deux champs *dat_deb_val* et *dat_fin_val*, comme l'illustre la figure 9.16.

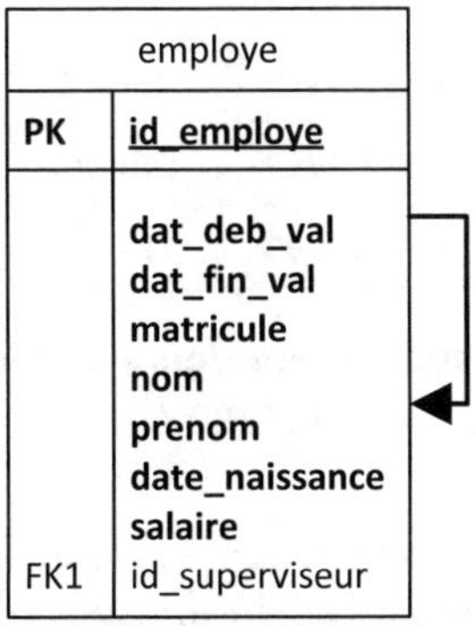

Figure 9.16 **Modèle logique de la dimension Employé avec attribut ou relation hiérarchique de type 2**

Considérons le même changement que celui de la figure 9.15 mais en supposant cette fois que la relation hiérarchique Superviseur soit de type 2.

Ce changement nécessite d'ajouter un enregistrement pour matérialiser le nouveau rattachement de Paul Girard à Evelyne David et de mettre à jour la date de fin de validité de l'enregistrement précédent correspondant à Paul Girard. Mais, étant donné que Paul Girard fait désormais l'objet d'un nouvel enregistrement, la conséquence indirecte est qu'il faut également créer de nouveaux enregistrements pour Jean-Pierre Laurent et Luc Petit, les employés supervisés par Paul Girard. Autrement dit, le changement de superviseur de l'un des employés entraîne des modifications en chaîne par l'ajout d'enregistrements pour l'ensemble des employés rattachés directement ou indirectement à l'employé ayant changé de superviseur.

Le tableau 9.13 illustre les modifications apportées au contenu de la table *employe.*

id_employe	*dat_deb_val*	*dat_fin_val*	*nom*	*prenom*	*id_superviseur*
1	01/01/0001	31/12/9999	Leroy	Jean	NULL
2	01/01/0001	31/12/9999	Robert	Pierre	1
3	01/01/0001	31/12/9999	Garcia	Bernard	1
4	01/01/0001	31/12/9999	Bernard	Michel	3
5	01/01/0001	31/12/9999	David	Evelyne	3
6	01/01/0001	~~31/12/9999~~ **31/12/2010**	Girard	Paul	3
7	01/01/0001	~~31/12/9999~~ **31/12/2010**	Laurent	Jean-Pierre	6
8	01/01/0001	~~31/12/9999~~ **31/12/2010**	Petit	Luc	6
9	**01/01/2011**	**31/12/9999**	**Girard**	**Paul**	**5**
10	**01/01/2011**	**31/12/9999**	**Laurent**	**Jean-Pierre**	**9**
11	**01/01/2011**	**31/12/9999**	**Petit**	**Luc**	**9**

Tableau 9.13 **Changement de superviseur pour Paul Girard avec gestion temporelle de type 2**

Remarques : dans cet exemple, l'impact est relativement limité car Paul Girard supervise uniquement deux employés. Si le changement était intervenu au niveau de Jean Leroy, il aurait impacté l'ensemble des enregistrements de la table employe. *Les modifications à apporter au contenu de la table* employe *seraient similaires si le changement était relatif non pas à la relation hiérarchique Superviseur mais à un attribut de type 2 de la dimension Employé. Si par exemple nous considérons que l'attribut Salaire de la dimension Employé est de type 2, toute modification de salaire d'un employé entraînera non seulement la création d'un nouvel enregistrement pour cet employé mais également la création d'autant d'enregistrements que d'employés supervisés directement ou indirectement par l'employé en question. Le nombre d'enregistrements de la table* employe *étant limité au nombre d'employés dans la société, effectuer ces modifications reste « gérable » car le nombre d'insertions et de mises à jour d'enregistrements restera limité à quelques milliers ou quelques dizaines de milliers pour une grande société.*

9.7.2 Gestion temporelle d'une hiérarchie récursive avec la 2e approche (table intermédiaire)

Gestion de type 1 avec la 2e approche

La figure 9.17 représente le modèle logique de la dimension Employé (associée à une relation factuelle) obtenu au moyen de notre deuxième approche, en ayant considéré que la relation hiérarchique Supervision ainsi que tous les attributs du niveau Employé étaient de type 1. (Ce modèle est identique à celui de la figure 8.18.)

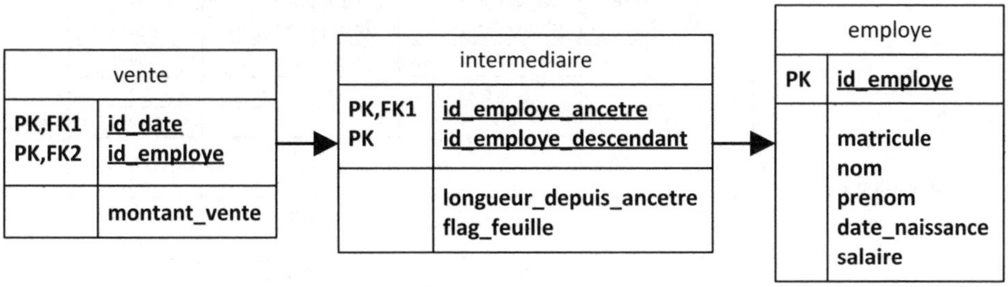

Figure 9.17 **Table intermédiaire avec gestion temporelle de type 1**

Il faut considérer ici deux cas de figure.

1er cas : changement de valeur d'un attribut du niveau Employé.

Il suffit dans ce cas de mettre à jour le champ correspondant à l'attribut dans la table *employe.*

2e cas : changement au niveau de la relation hiérarchique Superviseur.

Le changement de superviseur pour un employé n'entraîne aucune modification du contenu de la table *employe* car celle-ci ne contient pas les relations entre employés. (Avec cette approche, le champ *id_superviseur* n'est pas présent dans la table *employe.*) En revanche, le contenu de la table *intermediaire* est impacté car c'est cette table qui contient les relations de supervision.

Si l'on considère une nouvelle fois le cas du changement de superviseur de Paul Girard, illustré par la figure 9.15, les modifications à apporter au contenu de la table *intermediaire* sont nombreuses alors même qu'un seul lien de supervision a été modifié.

Ces modifications sont illustrées dans le tableau 9.14. Elles sont de trois types :

- Modification 1 : ajout de trois lignes pour matérialiser le fait qu'Evelyne David (*id_employe_ancetre* = 5) supervise désormais directement ou indirectement les trois employés Paul Girard (*id_employe_descendant* = 6), Jean-Pierre Laurent (*id_employe_descendant* = 7) et Luc Petit (*id_employe_descendant* = 8).
- Modification 2 : mise à jour du champ *flag_feuille* en changeant sa valeur de « O » à « N » pour les lignes pour lesquelles *id_employe_descendant* = 5 (Evelyne David). En effet, le membre correspondant à Evelyne David n'est plus une feuille dans l'arbre matérialisant les relations de supervision (cf. figure 9.15).
- Modification 3 : ajout de « 1 » à la valeur du champ *longueur_depuis_ancetre* pour les lignes correspondant aux relations entre Jean Leroy et Bernard Garcia d'une part (*id_employe_ancetre* = 1 et 3) et Paul Girard, Jean-Pierre Laurent et Luc Petit d'autre part (*id_employe_descendant* = 6, 7 et 8). En effet, ces trois derniers employés sont éloignés d'une longueur de plus des deux premiers du fait du rattachement de Paul Girard à Evelyne David à la place de Bernard Garcia.

	id_employe_ ancetre	*id_employe_ descendant*	*longueur_ depuis_ancetre*	*flag_ feuille*
	1	1	0	N
	1	2	1	O
	1	3	1	N
	1	4	2	O
Modification 2 →	1	5	2	~~O~~ **N**
Modification 3	1	6	~~2~~ **3**	N
Modification 3	1	7	~~3~~ **4**	O
Modification 3	1	8	~~3~~ **4**	O
	2	2	0	O
	3	3	0	N
	3	4	1	O
Modification 2 →	3	5	1	~~O~~ **N**
Modification 3	3	6	~~1~~ **2**	N
Modification 3	3	7	~~2~~ **3**	O
Modification 3	3	8	~~2~~ **3**	O
	4	4	0	O
Modification 2 →	**5**	5	0	~~O~~ **N**
Modification 1	**5**	**6**	**1**	**N**
Modification 1	**5**	**7**	**2**	**O**
Modification 1	**5**	**8**	**2**	**O**
	6	6	0	N
	6	7	1	O
	6	8	1	O
	7	7	0	O
	8	8	0	O

Tableau 9.14 **Impact d'un changement de lien de supervision sur le contenu de la table *intermediaire***

Compte tenu de la complexité du traitement de mise à jour de la table *intermediaire*, il peut être souvent plus judicieux de réalimenter entièrement cette table dès lors qu'au moins un changement de lien hiérarchique est détecté, plutôt que de procéder à des mises à jour ciblées comme on vient de le faire dans cet exemple.

Gestion de type 2 avec la 2ᵉ approche

Considérons à présent que la relation hiérarchique de Supervision et/ou que certains attributs du niveau Employé sont de type 2. Le modèle logique devient alors celui de la figure suivante.

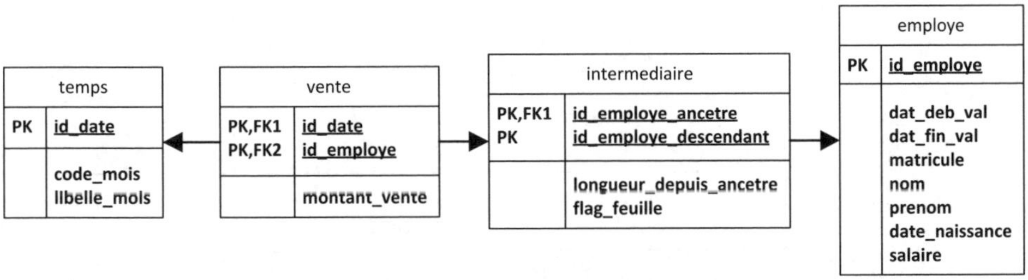

Figure 9.18 **Table intermédiaire avec gestion temporelle de type 2**

Le modèle de la figure 9.18 diffère de celui de la figure 9.17 par l'ajout des deux champs *dat_deb_val* et *dat_fin_val* dans la table *employe* (aucun champ n'est ajouté dans la table *intermediaire*).

Remarque : ces deux champs doivent être ajoutés à la table employe *même si tous les attributs du niveau Employé sont de type 1 et seule la relation hiérarchique est de type 2.*

Nous pouvons là encore distinguer les mêmes cas de figure que dans la précédente section.

1ᵉʳ cas : changement de valeur d'un attribut du niveau Employé.

Considérons par exemple que l'attribut Salaire est de type 2 et que le salaire de Paul Girard passe de 40 000 €/an à 45 000 €/an au 01/01/2011.

Ce changement va entraîner les modifications suivantes en termes de données :

- Modification 1 : ajout dans la table *employe* d'un enregistrement pour Paul Girard (et mise à jour de la date de fin de validité de l'enregistrement précédent).
- Modification 2 : ajout dans la table *employe* d'un enregistrement pour chacun des employés (et mise à jour de la date de fin de validité des enregistrements précédents).
- Modification 3 : ajout d'enregistrements dans la table *intermediaire* pour matérialiser les relations entre les nouveaux enregistrements créés dans la table *employe.*

Les modifications 1 et 2 sont représentées par le tableau 9.15.

	id_employe	*dat_deb_val*	*dat_fin_val*	*nom*	*prenom*	*salaire*
	1	01/01/0001	~~31/12/9999~~ **31/12/2010**	Leroy	Jean	90000
	2	01/01/0001	~~31/12/9999~~ **31/12/2010**	Robert	Pierre	50000
	3	01/01/0001	~~31/12/9999~~ **31/12/2010**	Garcia	Bernard	50000
	4	01/01/0001	~~31/12/9999~~ **31/12/2010**	Bernard	Michel	30000
	5	01/01/0001	~~31/12/9999~~ **31/12/2010**	David	Evelyne	30000
	6	01/01/0001	~~31/12/9999~~ **31/12/2010**	Girard	Paul	40000
	7	01/01/0001	~~31/12/9999~~ **31/12/2010**	Laurent	Jean-Pierre	20000
	8	01/01/0001	~~31/12/9999~~ **31/12/2010**	Petit	Luc	20000
Modification 1 →	**9**	**01/01/2011**	**31/12/9999**	**Girard**	**Paul**	**45000**
	10	**01/01/0001**	**31/12/9999**	**Leroy**	**Jean**	**90000**
	11	**01/01/0001**	**31/12/9999**	**Robert**	**Pierre**	**50000**
	12	**01/01/0001**	**31/12/9999**	**Garcia**	**Bernard**	**50000**
Modification 2	**13**	**01/01/0001**	**31/12/9999**	**Bernard**	**Michel**	**30000**
	14	**01/01/0001**	**31/12/9999**	**David**	**Evelyne**	**30000**
	15	**01/01/2011**	**31/12/9999**	**Laurent**	**Jean-Pierre**	**20000**
	16	**01/01/2011**	**31/12/9999**	**Petit**	**Luc**	**20000**

Tableau 9.15 **Représentation des modifications 1 et 2 (table *employe*)**

Dans le tableau 9.15, une nouvelle ligne a été créée pour matérialiser l'augmentation de salaire de Paul Girard et sept nouvelles lignes ont été créées pour chacun des autres employés de la hiérarchie. Les anciennes lignes ont subi une modification au niveau du champ *dat_fin_val*.

La modification 3 consiste à ajouter des lignes dans la table *intermediaire* pour matérialiser les relations hiérarchiques directes et indirectes existant entre les employés correspondant aux lignes nouvellement créées dans la table *employe*, autrement dit tous les employés. On a donc doublé le nombre de lignes de la table *intermediaire*.

On se retrouve donc avec deux hiérarchies qui coexistent, comme l'illustre la figure 9.19.

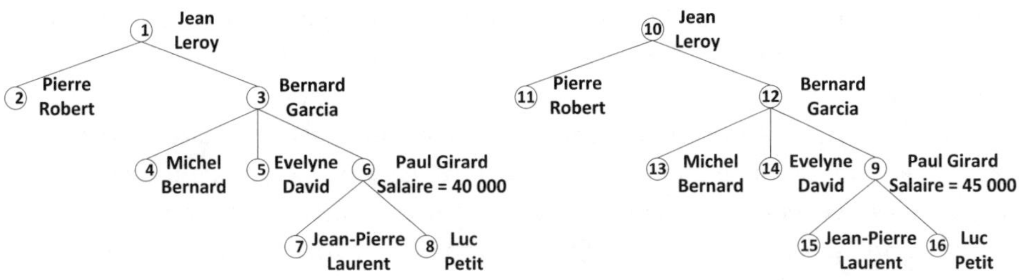

Figure 9.19 **Duplication de la hiérarchie des employés due au changement de salaire de Paul Girard**

Les faits antérieurs au changement de salaire de Paul Girard resteront inchangés et font donc référence aux enregistrements de la table *intermediaire* et de la table *employe* dont les identifiants sont compris entre 1 et 8 alors que les faits postérieurs à ce changement feront référence aux enregistrements d'identifiants 9 à 16. Autrement dit, aucun fait postérieur au changement ne pourra plus être affecté à un employé dont l'identifiant est compris entre 1 et 8. (L'ancienne version de la hiérarchie devient caduque pour l'affectation des faits, mais les faits antérieurs continuent à être analysés suivant cette ancienne version.)

Mais pourquoi donc avoir dupliqué la hiérarchie ? Pourquoi ne pas avoir simplement créé un nouvel enregistrement pour Paul Girard et ne pas avoir associé les autres membres de la hiérarchie à cet enregistrement, comme dans la figure suivante.

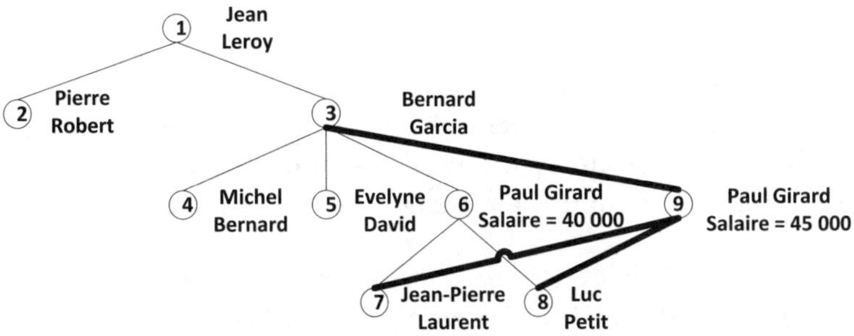

Figure 9.20 **Ajout d'un seul membre pour refléter le changement de salaire de Paul Girard ?**

Selon la figure 9.20, il suffirait d'ajouter dans la table *employe* un unique enregistrement pour Paul Girard et dans la table *intermediaire* trois enregistrements pour matérialiser les liens entre ce nouvel enregistrement et les autres membres de la hiérarchie (les liens « épais » dans la figure). On aurait alors beaucoup moins d'enregistrements à ajouter dans la table *intermediaire*.

À présent, imaginons que l'on souhaite connaître le montant des ventes effectuées par les employés supervisés par Paul Girard (analyse descendante), quelle que soit la date de la vente (avant ou après le changement de salaire de Paul Girard). Il faudrait donc sélectionner les enregistrements correspondant à Paul Girard dans la table *employe*, soit les enregistrements pour lesquels *id_employe* = 6 ou 9, puis récupérer les faits associés à ces enregistrements via la table *intermediaire*. Etant donné qu'à la fois l'enregistrement 6 et l'enregistrement 9 (champ *id_employe_ancetre*) seraient associés dans la table *intermediaire* à l'enregistrement 7 (champ *id_employe_descendant*) correspondant à Jean-Pierre Laurent, les ventes de ce dernier seraient comptabilisées deux fois ! Idem pour les ventes de Luc Petit. Afin d'éviter ces double-comptages, on est donc contraint de créer dans la table *employe* et dans la table *intermediaire* de nouveaux enregistrements pour les « descendants » de Paul Girard : Jean-Pierre Laurent et Luc Petit.

Imaginons maintenant que l'on souhaite récupérer le montant des ventes des employés supervisant Paul Girard (analyse ascendante). Il faut là encore sélectionner les enregistrements de la table *employe* correspondant à Paul Girard (*id_employe* = 6 ou 9) et récupérer dans la table *intermediaire* les superviseurs de Paul Girard, autrement dit les lignes de *intermediaire* pour lesquelles *id_employe_descendant* (et non plus *id_employe_ancetre* comme pour l'analyse descendante) est égal à 6 ou 9. Si l'on prend l'exemple de Bernard Garcia (superviseur direct de Paul Girard), dont l'identifiant est égal à 3, on va là encore récupérer deux lignes dans la table *intermediaire* et ainsi comptabiliser les ventes de Bernard Garcia en double. Afin d'éviter cela, on est donc obligé de créer de nouveaux enregistrements pour les « ascendants » de Paul Girard : Bernard Garcia et Jean Leroy. Ce dernier étant le membre « racine » de la hiérarchie Superviseur, il faut alors, étant donné qu'un nouvel enregistrement a été créé pour lui dans la table *employe*, créer de nouveaux enregistrements pour l'ensemble de ses descendants, autrement dit pour l'ensemble des membres de la hiérarchie. On retrouve en quelque sorte l'effet domino rencontré lorsque l'on a étudié la gestion de type 2 sur une hiérarchie modélisée en flocon.

Remarque : si l'on ne souhaite pas effectuer d'analyse ascendante sur la hiérarchie récursive ou bien si les faits ne sont associés qu'aux membres du niveau le plus fin de la hiérarchie (feuilles), on pourra se contenter de répercuter le changement d'un membre de la hiérarchie sur ses descendants (et non pas sur l'ensemble de la hiérarchie). Cela dit, même si la volumétrie des enregistrements à créer est plus importante lorsque l'on duplique l'ensemble de la hiérarchie, le traitement ETL de prise en compte du changement est plus simple à implémenter que si l'on doit ne modifier que les membres descendants du membre ayant subi la modification.

2ᵉ cas : changement au niveau de la relation hiérarchique Superviseur.

Dans le cas où un membre de la hiérarchie Superviseur change de membre parent, le traitement à effectuer est exactement le même que dans le 1ᵉʳ cas, où un attribut du niveau Employé change de valeur.

Pour conclure cette section, on peut affirmer que le besoin d'une gestion temporelle de type 2 est susceptible de remettre en question l'adoption de la 2ᵉ approche dans le cas où le nombre de membres de la hiérarchie est important et où la fréquence de prise en compte des changements de type 2 est élevée, par exemple quotidienne. En effet, dans ce cas de figure, le nombre d'enregistrements de la table *intermediaire* peut rapidement devenir très élevé et engendrer au cours du temps une dégradation considérable de la performance des requêtes des utilisateurs. À titre d'exemple, si l'on considère une hiérarchie composée d'environ 30 000 membres (cela peut être le nombre d'employés d'une grande entreprise), le nombre initial d'enregistrements de la table *intermediaire* sera approximativement au maximum (dans le cas d'un arbre où chaque membre parent de la hiérarchie possède deux membres enfants) de 450 000, ce qui reste tout à fait gérable en terme de performances. Mais si certains attributs des membres de la hiérarchie sont de type 2, il est fort probable qu'au moins un de ces attributs change de valeur pour au moins un des membres chaque jour. Si l'on souhaite prendre en compte ces changements quotidiennement dans la table *intermediaire*, son nombre d'enregistrements sera augmenté de 450 000 chaque jour. Au bout d'un an, le nombre total de lignes de la table *intermediaire* sera égal à environ 165 millions, ce qui posera d'importants problèmes de performance lors de la lecture de cette table.

9.7.3 Gestion temporelle d'une hiérarchie récursive avec la 3ᵉ approche (nested sets ou LR)

Gestion de type 1 avec la 3ᵉ approche

Si l'on adopte la 3ᵉ approche de modélisation logique, l'approche LR, et que l'on choisit de gérer l'ensemble des attributs ainsi que la relation hiérarchique Superviseur avec une gestion temporelle de type 1, le modèle logique correspondant à la dimension Employé sera identique à celui de la figure 8.23.

1ᵉʳ cas : changement de valeur d'un attribut du niveau Employé.

Il suffit dans ce cas de mettre à jour le champ correspondant à l'attribut dans la table *employe*.

2ᵉ cas : changement au niveau de la relation hiérarchique Superviseur.

Si l'on considère le changement de superviseur de Paul Girard au 01/01/2011 illustré par la figure 9.15, il faut effectuer des mises à jour sur les champs *gauche*, *droite* et *niveau* pour Evelyne David (nouveau superviseur de Paul Girard) et pour l'ensemble des membres qu'elle supervise directement ou indirectement. Ces mises à jour sont illustrées par le tableau suivant.

id_employe	*Nom*	*Prenom*	*gauche*	*droite*	*niveau*
1	Leroy	Jean	1	16	0
2	Robert	Pierre	2	3	1
3	Garcia	Bernard	4	15	1
4	Bernard	Michel	5	6	2
5	David	Evelyne	7	~~8~~ **14**	2
6	Girard	Paul	~~9~~ **8**	~~14~~ **13**	~~2~~ **3**
7	Laurent	Jean-Pierre	~~10~~ **9**	~~11~~ **10**	~~3~~ **4**
8	Petit	Luc	~~12~~ **11**	~~13~~ **12**	~~3~~ **4**

Tableau 9.16 **Mises à jour à effectuer dans la table *employe* avec la 3e approche et la gestion de type 1**

Remarque : contrairement à la 2e approche pour laquelle un tel changement avec la gestion de type 1 impactait très fortement le contenu de la table intermediaire, *l'impact est ici un peu plus limité.*

Gestion de type 2 avec la 3e approche

Comme le montre la figure 9.21, la gestion de type 2 implique l'ajout dans la table *employe* des deux champs *dat_deb_val* et *dat_fin_val.*

employe	
PK	**id_employe**
	dat_deb_val **dat_fin_val** **matricule** **nom** **prenom** **date_naissance** **salaire** **gauche** **droite** **niveau**

Figure 9.21 **Table *employe* avec 3e approche et gestion de type 2**

1er cas : changement de valeur d'un attribut du niveau Employé.

Prenons le même exemple que précédemment : l'attribut Salaire est de type 2 et le salaire de Paul Girard passe de 40 000 €/an à 45 000 €/an au 01/01/2011.

Ce changement implique de créer un nouvel enregistrement pour Paul Girard avec une date de début de validité au 01/01/2011 et de mettre à jour la date de fin de validité de l'enregistrement précédent au 31/12/2010, comme l'illustre le tableau suivant.

id_ employe	*dat_deb_ val*	*dat_fin_val*	*nom*	*prenom*	*salaire*	*gauche*	*droite*	*niveau*
1	01/01/0001	31/12/9999	Leroy	Jean	90000	1	16	0
2	01/01/0001	31/12/9999	Robert	Pierre	50000	2	3	1
3	01/01/0001	31/12/9999	Garcia	Bernard	50000	4	15	1
4	01/01/0001	31/12/9999	Bernard	Michel	30000	5	6	2
5	01/01/0001	31/12/9999	David	Evelyne	30000	7	8	2
6	01/01/0001	~~31/12/9999~~ **31/12/2010**	Girard	Paul	40000	9	14	2
7	01/01/0001	31/12/9999	Laurent	Jean-Pierre	20000	10	11	3
8	01/01/0001	31/12/9999	Petit	Luc	20000	12	13	3
9	**01/01/2011**	**31/12/9999**	**Girard**	**Paul**	**45000**	**9**	**14**	**2**

Tableau 9.17 **Mises à jour à effectuer dans la table *employe* suite au changement de salaire de Paul Girard (avec la 3e approche et la gestion de type 2)**

Remarque : l'impact du changement de salaire de Paul Girard est plus réduit avec cette 3e approche qu'avec les deux premières. Cela est dû au fait que dans l'approche LR, les liens de supervision ne sont pas stockés sous la forme de relations entre les identifiants des employés mais au moyen des champs gauche et droite.

2e cas : changement au niveau de la relation hiérarchique Superviseur.

Considérons une dernière fois comme exemple le changement du superviseur de Paul Girard. Comme le montre le tableau 9.18, les modifications à apporter sont encore une fois moindres qu'avec les deux premières approches car seuls certains membres de la hiérarchie sont impactés.

id_employe	*dat_deb_val*	*dat_fin_val*	*nom*	*prenom*	*gauche*	*droite*	*niveau*
1	01/01/0001	31/12/9999	Leroy	Jean	1	16	0
2	01/01/0001	31/12/9999	Robert	Pierre	2	3	1
3	01/01/0001	31/12/9999	Garcia	Bernard	4	15	1
4	01/01/0001	31/12/9999	Bernard	Michel	5	6	2
5	01/01/0001	~~31/12/9999~~ **31/12/2010**	David	Evelyne	7	8	2
6	01/01/0001	~~31/12/9999~~ **31/12/2010**	Girard	Paul	9	14	2
7	01/01/0001	~~31/12/9999~~ **31/12/2010**	Laurent	Jean-Pierre	10	11	3
8	01/01/0001	~~31/12/9999~~ **31/12/2010**	Petit	Luc	12	13	3
9	**01/01/2011**	**31/12/9999**	**David**	**Evelyne**	**7**	**14**	**2**
10	**01/01/2011**	**31/12/9999**	**Girard**	**Paul**	**8**	**13**	**3**
11	**01/01/2011**	**31/12/9999**	**Laurent**	**Jean-Pierre**	**9**	**10**	**4**
12	**01/01/2011**	**31/12/9999**	**Petit**	**Luc**	**11**	**12**	**4**

Tableau 9.18 **Mises à jour à effectuer dans la table *employe* suite au changement de superviseur de Paul Girard (avec la 3e approche et la gestion de type 2)**

En conclusion, on peut affirmer que, dans le cas où une hiérarchie récursive contient des attributs ou une relation hiérarchique de type 2, l'approche LR permet de gérer les modifications temporelles de manière plus aisée et avec moins d'impact sur la volumétrie des données que l'approche utilisant la table intermédiaire. Ce critère doit donc être pris en compte lors du choix de l'approche de modélisation d'une hiérarchie récursive.

Chapitre 10

Modélisation logique des relations factuelles

Dans le chapitre 7 ont été décrits les principes de base de dérivation logique des relations factuelles.

Ces principes sont assez simples :

- Créer une table de faits pour chaque relation factuelle.
- Les indicateurs d'une relation factuelle deviennent des champs de la table de faits.
- Un champ doit être créé dans la table de faits pour chaque niveau de dimension avec lequel la relation factuelle est associée. (Ce champ correspond à la clé primaire de la table de dimension associée à la table de faits.)

Au-delà de ces principes de base, il existe des cas particuliers pour lesquels ces principes doivent être précisés voire adaptés. Dans le présent chapitre, nous allons nous pencher sur ces cas particuliers.

10.1 Dérivation logique des indicateurs

En règle générale, un champ est créé dans la table de faits pour chaque indicateur de la relation factuelle donc la table de faits est issue. Cependant, cela n'est pas toujours vrai. En effet, certains indicateurs n'ont pas besoin d'être stockés.

10.1.1 Dérivation logique des indicateurs dérivés

Dans la section 4.6, on a classé les indicateurs en deux grandes catégories : les indicateurs élémentaires et les indicateurs dérivés. Les indicateurs dérivés pouvant être obtenus à partir des indicateurs élémentaires, nous allons voir qu'il n'est pas obligatoire de les stocker dans la table de faits.

Considérons comme exemples les indicateurs de la relation factuelle Vente présentés dans le tableau 4.1. Parmi ceux-ci, l'indicateur Montant Vente HT est un indicateur dérivé car il est égal (au niveau le plus fin) au produit des indicateurs Quantité Vendue et Prix Unitaire HT. Par ailleurs, cet indicateur est additif.

En ce qui concerne la dérivation logique de cet indicateur, on a deux solutions :

- soit on le stocke dans la table de faits sous la forme du champ *montant_vente_ht*. Ainsi, pour obtenir le montant des ventes à un niveau agrégé, il suffira d'utiliser l'expression SQL `SUM(montant_vente_ht)` ;
- soit on ne stocke que les champs *quantite_vendue* et *prix_unitaire_ht* dans la table de faits et on recalcule l'indicateur Montant Vente HT à chaque fois que l'on en a besoin via l'expression SQL `SUM(quantite_vendue*prix_unitaire_ht)`.

La deuxième solution nous montre qu'il n'est pas nécessaire de créer un champ dans la table de faits correspondant à l'indicateur Montant Vente HT, cet indicateur pouvant être calculé à partir d'autres champs. Cela est vrai de tous les indicateurs dérivés.

En règle générale, il vaut mieux opter pour la 2e solution et ne pas créer de champs dans la table de faits pour les indicateurs dérivés, cela pour les raisons suivantes :

- Le stockage d'un indicateur dérivé requiert de l'espace disque et, même s'il est de moins en moins onéreux, cet espace disque a un coût.
- L'espace disque supplémentaire que requiert le stockage d'un indicateur dérivé occasionne une augmentation de la taille mémoire de la table de faits, ce qui a pour conséquence une augmentation du temps de lecture de cette table, et donc une augmentation des temps de réponse des requêtes accédant à la table de faits. En effet, plus on ajoute de champs dans une table de faits, plus la lecture des enregistrements de la table prend du temps et plus les performances des requêtes utilisant la table se dégradent. À contrario, pour l'exécution d'une requête, les temps de calcul sont en général très courts par rapport aux temps de lecture des données. Il est donc en général plus rapide de calculer dynamiquement les indicateurs dérivés à partir des données élémentaires que de les stocker et de les lire[1].
- C'est relativement rare mais il peut arriver que la formule de calcul d'un indicateur dérivé soit modifiée ou corrigée. Dans ce cas, on souhaite que la nouvelle formule soit appliquée sur l'ensemble des faits et non pas uniquement sur les nouveaux faits. Il est donc préférable de ne pas stocker le résultat des calculs des indicateurs dérivés

1. Cela est vrai pour la plupart des bases de données relationnelles pour lesquelles les données sont lues ligne par ligne (enregistrement par enregistrement) et non pas colonne par colonne (champ par champ) et pour lesquelles l'accès aux données d'un seul champ de la table requiert donc la lecture de tous les champs de la table. En revanche, cela n'est pas vrai pour les bases de données orientées colonnes pour lesquelles l'accès aux données d'un champ ne requiert pas la lecture des autres champs de la table.

car une modification de la formule de calcul nécessitera alors de mettre à jour l'ensemble de la table de faits.

Il peut cependant être intéressant de stocker les indicateurs dérivés dans les cas de figure suivants :

- Cas n° 1 : la base de donnée relationnelle utilisée est une **base de données orientée colonnes** (*column-oriented DBMS*).

  Dans ce cas (cf. note 1 page 200), les performances des requêtes portant sur la table de faits ne sont pas dépendantes du nombre de champs dans la table et ne sont donc pas dégradées par la présence de champs correspondant aux indicateurs dérivés. Les performances risquent même d'être meilleures en stockant les indicateurs dérivés car la base de données n'aura pas besoin de recalculer ces indicateurs au moment de l'exécution de la requête. (Le temps de calcul étant beaucoup plus réduit que le temps de lecture des données, ce gain de performance sera cependant probablement faible.)

- Cas n° 2 : plusieurs outils de reporting sont utilisés pour restituer les données du data warehouse ou du data mart.

  Dans le cas où les indicateurs dérivés ne sont pas stockés et sont recalculés dynamiquement[1] au moment de l'exécution de la requête, les formules de calcul de ces indicateurs sont spécifiées dans les métadonnées des outils de reporting. Si plusieurs outils de reporting sont utilisés, il sera donc nécessaire, pour chaque indicateur dérivé, d'implémenter la formule de calcul et de réaliser des tests de vérification de la bonne implémentation pour chacun de ces outils. Cela peut s'avérer être une charge de travail plus importante que d'implémenter les calculs une seule fois et de stocker les résultats de ces calculs dans la base de données (pour qu'ensuite les différents outils de restitution s'appuient sur le même résultat de calcul).

  Remarque : cela dit, si l'on stocke les indicateurs dérivés, ces indicateurs devront quand même être implémentés et testés dans les différents outils de restitution pour que les utilisateurs puissent les exploiter. Mais leurs formules de calcul seront plus simples car seule l'agrégation sera à la charge des outils de restitution : par exemple, l'indicateur Montant Vente HT sera défini par la formule `SUM(montant_vente)` *au lieu de* `SUM(quantite_vendue*prix_unitaire_ht)`. *Il faut donc peser le pour et le contre de chaque approche en fonction du nombre d'outils de restitution et de la complexité de calcul des indicateurs.*

- Cas n° 3 : certains indicateurs dérivés sont très complexes à calculer.

  Il peut arriver qu'un indicateur dérivé soit tellement complexe à calculer que l'on ne puisse pas confier son calcul aux outils de restitution. Dans ce cas, il est préférable de

1. Nous parlons bien entendu ici du calcul de l'indicateur au niveau fin (par exemple le calcul « Quantité vendue × Prix unitaire ») car le calcul d'agrégation est toujours effectué au moment de l'exécution de la requête.

stocker le résultat du calcul de cet indicateur en tant que champ dans la table de faits. Comme exemples, on peut citer le cas des indicateurs dont le calcul nécessite plusieurs étapes ou « passes ». Ces indicateurs ne peuvent en général pas être calculés par les outils de restitution car ces derniers s'appuient sur le langage SQL qui n'est pas un langage procédural et qui ne permet donc pas d'effectuer des calculs à passes multiples.

- Cas n° 4 : l'indicateur dérivé appartient à une relation factuelle de synthèse.
  Une relation factuelle de synthèse contenant uniquement des indicateurs dérivés, il n'est en général pas nécessaire de créer de table de faits correspondant à celle-ci. En effet, on peut le plus souvent calculer les indicateurs contenus dans une relation factuelle de synthèse via des requêtes s'appuyant sur les tables de faits correspondant aux relations factuelles dont est issue la relation de synthèse en question. Mais il est pour cela nécessaire de combiner les résultats de plusieurs `SELECT`, ce qui peut poser des problèmes de performance, et être complexe à réaliser au travers de certains outils de restitution. Si tel est le cas, il peut alors être judicieux de créer une table de faits correspondant à la relation factuelle de synthèse et donc de stocker les indicateurs dérivés qu'elle contient.

10.1.2 Dérivation logique des indicateurs élémentaires

Les indicateurs dérivés ne sont pas les seuls à ne pas devoir être stockés. C'est aussi le cas de certains indicateurs élémentaires.

Indicateurs élémentaires calculés à partir d'autres données

Tout comme les indicateurs dérivés, certains indicateurs élémentaires peuvent être calculés à partir d'autres données et il n'est donc pas nécessaire de les stocker.

Pour illustrer ce cas de figure, considérons la relation factuelle Candidature présentée par la figure 4.11.

Les indicateurs élémentaires de cette relation peuvent tous être recalculés en effectuant une soustraction entre deux dates. Prenons l'exemple de l'indicateur Durée CV Reçu. Pour un fait de candidature donné, sa formule de calcul dépend du statut de la candidature :

- Si le statut est « CV reçu », on a Durée CV Reçu = Date du jour – Date réception CV.
- Si la date d'entretien RH est renseignée (l'entretien RH a été effectué), on a Durée CV Reçu = Date entretien RH – Date réception CV.
- Sinon (la candidature a été abandonnée avant la réalisation de l'entretien RH), on a Durée CV Reçu = Date abandon – Date réception CV.

Tout comme avec les indicateurs dérivés, on a donc pour cet indicateur[1] deux solutions :

1. Bien que pouvant être obtenu à partir d'autres données, l'indicateur Durée CV Reçu est bien un indicateur élémentaire et non pas un indicateur dérivé car les données à partir desquelles on l'obtient ne sont pas des indicateurs.

- Soit on le calcule au moment de l'alimentation de la table de faits et on le stocke dans cette table sous la forme du champ *duree_cv_recu*. Ainsi, pour obtenir cet indicateur à un niveau agrégé (moyenne des durées), il suffira d'utiliser l'expression SQL `AVG(duree_cv_recu)`.
- Soit on ne stocke que les champs « date » dans la table de faits et on recalcule l'indicateur chaque fois que nécessaire via l'expression SQL 10.1 :

```
AVG(
CASE
WHEN      statut_candidature = 'CV reçu'
THEN      trunc(sysdate,'DD') - date_reception_cv
WHEN      date_entretien_rh IS NOT NULL
THEN      date_entretien_rh - date reception_cv
ELSE      date_abandon - date_reception_cv
END)
```

SQL 10.1

Remarques : en SQL, le mot clé CASE permet d'écrire des expressions logiques de la forme Si… Alors … Sinon. Par ailleurs, j'ai employé ici la syntaxe Oracle `trunc(sysdate, 'DD')` permettant de récupérer la date et l'heure du jour (`sysdate`) et de tronquer cette date (`trunc`) afin de ne retenir que la date en éliminant la partie heures-secondes.

Si l'on opte pour la 2e solution en choisissant de ne pas stocker les indicateurs tels que Durée CV reçu, la dérivation logique de la relation factuelle Candidature conduira à créer une table de faits ne contenant aucun indicateur : cette table contiendra les différentes dates associées à chaque candidature qui, conjuguées avec le statut, permettent de calculer l'ensemble des indicateurs définis dans la relation factuelle Candidature.

Indicateurs élémentaires multiples pour une même donnée

Dans la figure 4.13, on a défini une relation factuelle appelée Inventaire contenant les trois indicateurs suivants : Quantité Stock Minimale, Quantité Stock Maximale et Quantité Stock Moyenne. Ces trois indicateurs sont basés sur la même donnée qui est la quantité en stock. En effet, seules les formules d'agrégation de ces indicateurs diffèrent (cf. tableau 4.11).

Dans la table de faits issue de la relation factuelle Inventaire, on n'aura donc qu'un seul champ *quantite_stock* permettant de calculer les trois indicateurs mentionnés ci-dessus.

Indicateurs non additifs

Nous avons vu dans la section 4.5 qu'il existait trois types d'indicateurs du point de vue de leur additivité : les indicateurs additifs, les indicateurs semi-additifs et les indicateurs non additifs.

Parmi les indicateurs non additifs, on distingue les indicateurs agrégeables tels que l'indicateur Prix Unitaire HT dans la relation factuelle Vente et les indicateurs non agrégeables tels que l'indicateur Nombre Produits Distincts Vendus appartenant à la même relation factuelle.

Les indicateurs non additifs agrégeables doivent être stockés dans les tables de faits. Par exemple, pour l'indicateur Prix Unitaire HT, nous devons créer le champ *prix_unitaire_ht* dans la table de faits *vente*, ce champ permettant de calculer l'indicateur à un niveau agrégé par la formule suivante :

```
SUM(quantite_vendue*prix_unitaire_ht) / SUM(quantite_vendue)
```

Remarque : le champ prix_unitaire_ht sert également à calculer l'indicateur dérivé Montant Vente HT.

En revanche, certains indicateurs non agrégeables ne peuvent pas être stockés. Par exemple, cela n'a pas de sens de stocker l'indicateur Nombre Produits Distincts Vendus car celui-ci s'obtient en recensant chaque produit distinct vendu et en sommant le nombre de produits recensés[1].

L'expression SQL permettant d'obtenir l'indicateur Nombre Produits Distincts Vendus est la suivante :

```
COUNT(DISTINCT vente.id_produit)
```

avec *id_produit* l'identifiant dans la table de faits *vente* de chaque produit vendu.

10.2 Niveaux avec rôles multiples

La figure 10.1 représente une partie du MCMD des ventes illustrant le fait que le niveau Employé est associé deux fois à la relation factuelle Vente, une fois avec le rôle Caissier et une autre fois avec le rôle Conseiller, chaque vente pouvant faire intervenir à la fois un employé jouant le rôle de caissier et un employé jouant celui de conseiller.

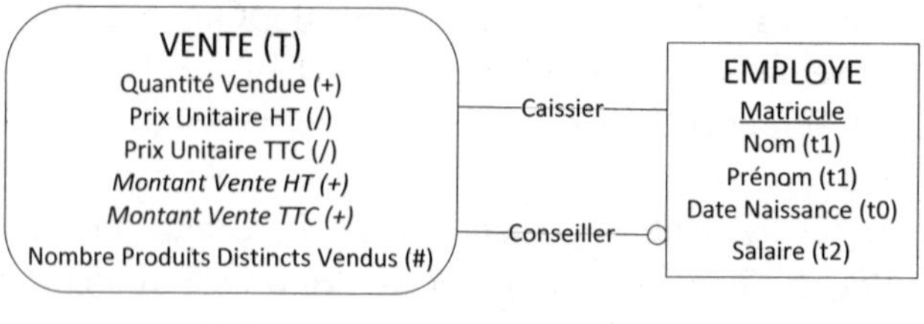

Figure 10.1 **Niveau Employé jouant deux rôles vis-à-vis de la relation factuelle Vente**

1. Ce recensement étant fonction du contexte de chaque requête, il est inutile d'en stocker le résultat.

Pour traduire l'existence pour chaque vente de deux employés, il nous faut créer dans la table de faits *vente* deux champs : le champ *id_employe_caissier* et le champ *id_employe_conseiller*. Ce principe est illustré par la figure 10.2.

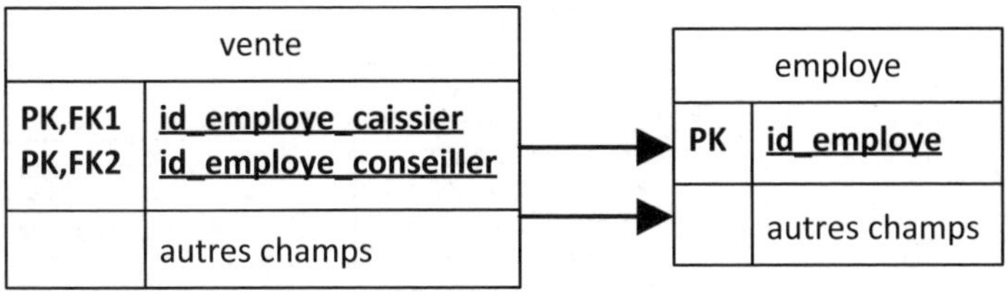

Figure 10.2 **Création de deux champs dans la table de faits vente pour chaque rôle d'employé**

Remarque : plus généralement, il nous faudra créer dans une table de faits autant de champs que de rôles joués par un même niveau vis-à-vis de la relation factuelle dont est dérivée la table de faits.

10.3 Tables de faits sans faits

Dans la section 4.8, nous avons vu un cas particulier de relation factuelle ne contenant aucun indicateur. Nous allons à présent étudier le modèle relationnel correspondant à ce type de relation factuelle et voir comment exploiter ce modèle relationnel pour répondre à un certain nombre de questions.

Les tables de faits dérivées des relations factuelles sans indicateur sont couramment appelées **tables de faits sans faits** (les anglophones utilisant le terme de *factless fact table*).

Remarque : le terme de « table de faits sans faits » est en réalité inapproprié. On devrait en effet utiliser le terme de « table de faits sans indicateurs » car si les tables de faits en question ne contiennent pas d'indicateurs, elles contiennent bien des faits.

La dérivation logique d'un schéma factuel comprenant une relation factuelle sans indicateurs ne pose pas de problème particulier : il suffit d'appliquer les principes de base déjà présentés.

Je vais m'appuyer ici sur l'exemple du schéma factuel Présence Cours de la figure 4.4. Le modèle relationnel correspondant est celui de la figure page suivante.

Remarque : nous n'avons pas créé de table de dimension correspondant au niveau Heure Début mais nous avons stocké le champ heure_debut *directement dans la table de faits. Nous verrons pourquoi dans le chapitre suivant lorsque nous aborderons le sujet des dimensions dites « dégénérées ».*

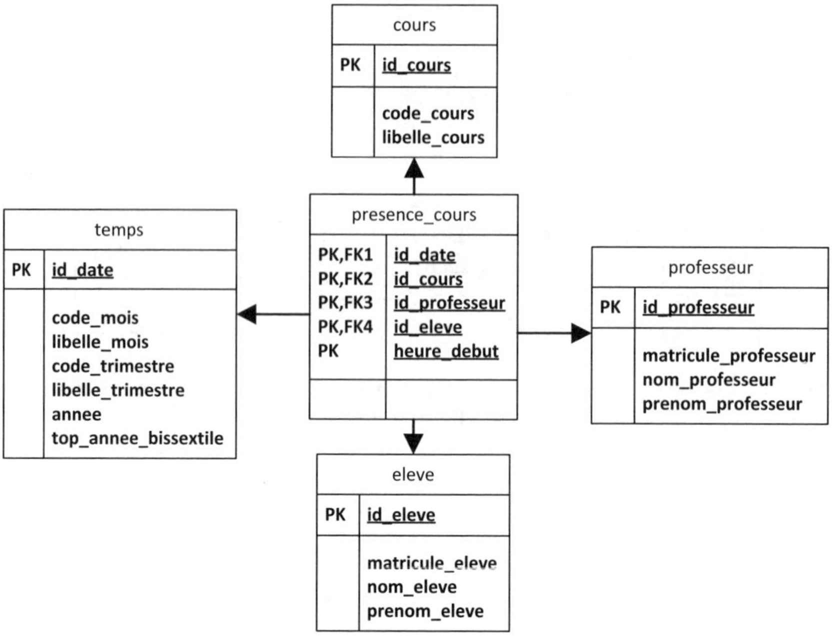

Figure 10.3 **Modèle relationnel correspondant au schéma factuel Présence Cours**

On peut constater que la table *presence_cours* ne contient aucun indicateur. Mais cela ne nous empêche pas de réaliser des comptages que nous ferons au moyen de la fonction SQL COUNT.

Voyons à présent comment utiliser cette fonction pour répondre aux questions que nous nous sommes posées dans la section 4.8.

Question 1 : Combien de cours a donné le professeur Durand pendant le mois de mars 2012 ?

Le code SQL permettant de répondre à cette question est le suivant.

```
SELECT        COUNT(DISTINCT
              CAST(pc.id_date as char(8))||pc.heure_debut)
FROM          presence_cours pc
INNER JOIN    professeur p
ON            pc.id_professeur = p.id_professeur
INNER JOIN    temps t
ON            pc.id_date = t.id_date
WHERE         p.nom_professeur = 'Durand'
AND           t.code_mois = 201203
```

SQL 10.2

Remarques : dans cette requête, nous comptabilisons non pas le nombre total d'occurrences dans la table de faits pour le professeur Durand et le mois de mars 2012 — nous aurions alors utilisé la fonction `COUNT(*)` *au lieu de* `COUNT(DISTINCT ...)` *— mais le nombre de dates et d'heures de cours distinctes pour ce professeur et ce mois. En effet, si nous avions comptabilisé le nombre d'occurrences dans la table de faits, nous aurions en fait comptabilisé le nombre total d'élèves ayant été présents aux différents cours donnés par le professeur Durand en mars 2012. Dans cet exemple, nous avons supposé que le champ* heure_debut *était de type « chaîne de caractères » et nous avons concaténé (opérateur « || ») la date du cours avec l'heure du cours en ayant au préalable converti le champ* id_date *en chaîne de caractères au moyen de la fonction* `CAST`. *Cette concaténation permet de comptabiliser le nombre de dates et d'heures distinctes et non pas uniquement le nombre de dates distinctes, cela afin de prendre en compte le fait qu'un professeur peut donner le même cours plusieurs fois au cours de la même journée.*

Question 2 : À combien de cours de mathématiques l'élève Dubois a-t-il assisté pendant le mois de janvier 2012 ?

Le code SQL permettant de répondre à cette question est le suivant :

```
SELECT        COUNT(DISTINCT
              CAST(pc.id_date as char(8))||pc.heure_debut)
FROM          presence_cours pc
INNER JOIN    eleve e ON pc.id_eleve = e.id_eleve
INNER JOIN    cours c ON pc.id_cours = c.id_cours
INNER JOIN    temps t ON pc.id_date = t.id_date
WHERE         e.nom_eleve = 'Dubois'
AND           c.libelle_cours = 'Mathématiques'
AND           t.code_mois = 201201
```

SQL 10.3

Question 3 : Quelle est l'évolution mois après mois du nombre moyen d'élèves ayant assisté aux cours du professeur Durand pendant l'année 2011 ?

Pour répondre à cette question, on peut formuler le code SQL 10.4.

La méthode consiste ici à calculer pour chaque mois de l'année 2011 :

- D'une part le nombre total d'élèves présents pour l'ensemble des cours donnés par le professeur Durand. Cela revient à dénombrer l'ensemble des faits pour lesquels le professeur est « Durand » et cela se traduit par l'expression SQL `COUNT(pc.id_eleve)`.
- D'autre part le nombre de cours donnés par ce professeur, ce qui se traduit par l'expression suivante :
  `COUNT(DISTINCT CAST(pc.id_date as char(8))||pc.heure_debut)`.

```
SELECT        t.code_mois,
              COUNT(pc.id_eleve)/
              COUNT(DISTINCT
              CAST(pc.id_date as char(8))||pc.heure_debut)
FROM          presence_cours pc
INNER JOIN    professeur p ON pc.id_professeur = p.id_professeur
INNER JOIN    temps t ON pc.id_date = t.id_date
WHERE         p.nom_professeur = 'Durand'
AND           t.annee = 2011
GROUP BY      t.code_mois
```

SQL 10.4

Puis le ratio entre les deux expressions est appliqué afin d'obtenir la moyenne du nombre d'élèves par cours.

Remarque : à la place de l'expression `COUNT(pc.id_eleve)`, *on aurait pu utiliser l'expression* `COUNT(pc.id_professeur)` *ou encore l'expression* `COUNT(*)` *car ces trois expressions sont équivalentes.*

Certains concepteurs choisissent de créer systématiquement un indicateur dans les tables de faits sans faits. Par exemple, dans la table de faits *presence_cours*, on pourrait ajouter le champ *presence* et le valoriser systématiquement avec la valeur 1. Ainsi, au lieu d'utiliser l'expression `COUNT(pc.id_eleve)` pour obtenir le nombre d'élèves présents aux cours du professeur Durand, on pourrait utiliser cet indicateur via l'expression `SUM(presence)`. Cela dit, de mon point de vue, un tel indicateur n'en est pas véritablement un puisqu'il ne sert qu'à obtenir le nombre de faits d'une table de faits. Je ne recommanderais donc pas d'ajouter un tel indicateur pour les raisons suivantes :

- Son stockage requiert de l'espace disque.
- On peut toujours s'en passer en utilisant la fonction `COUNT`.
- L'exécution d'une requête utilisant un indicateur tel que *presence* nécessite pour le moteur de base de données d'accéder à la table de faits pour récupérer la valeur de cet indicateur. Or, si la table de faits est correctement indexée (présence d'un index unique), le comptage du nombre de lignes de cette table peut être effectué simplement en accédant à l'index (sans devoir accéder à la table de faits). L'utilisation de la fonction `COUNT` sera par conséquent plus performante que l'utilisation de l'indicateur.
- Puisqu'il est toujours égal à 1, on peut même se passer de l'indicateur en utilisant l'expression `SUM(1)`.

10.4 Tables de couverture

Les **tables de couverture** (*coverage table* ou *coverage factless fact table*) sont une forme particulière de tables de faits sans faits. Elles sont dérivées des relations factuelles de couverture présentées dans la section 4.8. Utilisée conjointement avec une autre table de faits, une table de couverture permet de déduire quels sont les événements qui n'ont pas eu lieu. Elle pourra par exemple servir à répondre à des questions telles que les suivantes :

- Quels sont les clients bénéficiant d'une garantie sur un produit et qui n'ont pas fait appel à la garantie ?
- Quels sont les clients à qui l'on a offert une promotion et qui n'ont pas bénéficié de cette promotion ?
- Quels sont les clients d'une banque bénéficiant d'une autorisation de découvert et qui n'ont pas utilisé cette autorisation au cours des 12 derniers mois ?

Si nous considérons une nouvelle fois l'exemple du suivi des cours dans une université présenté précédemment, nous pouvons par exemple chercher à connaître les élèves inscrits à un cours et absents à ce cours.

Pour cela, il faut auparavant concevoir le modèle relationnel correspondant au schéma factuel Affectation Cours de la figure 4.5. Celui-ci est présenté par la figure suivante.

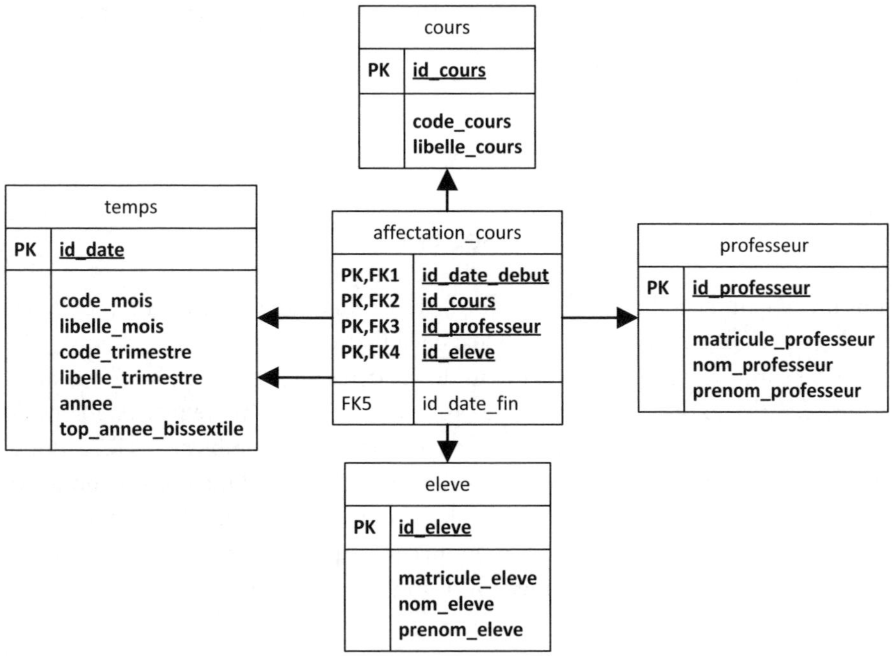

Figure 10.4 **Modèle relationnel correspondant au schéma factuel Affectation Cours**

La table *affectation_cours* est une table de couverture contenant un fait par élève inscrit ou affecté à un cours donné par un professeur. Chaque fait est caractérisé par une date de début et une date de fin d'affectation (champs *id_date_debut* et *id_date_fin* de la table *affectation_cours*).

Pour déterminer les élèves absents à un cours, il faut déterminer quels sont les élèves inscrits à un cours grâce à la table de couverture *affectation_cours*, puis déterminer quels sont les élèves présents à un cours au moyen de la table *presence_cours*, et enfin déterminer les élèves absents par comparaison des deux ensembles préalablement obtenus.

Précisons tout d'abord notre question : nous chercherons à déterminer quels ont été les élèves absents au cours de Français du professeur Robert ayant eu lieu le 15/06/2011 à 11h.

Pour cela, il nous faut tout d'abord récupérer la liste des élèves inscrits à ce cours. Le requête SQL 10.5 utilisant le modèle logique de la figure 10.4 permet de d'obtenir cette liste.

```
SELECT        e.matricule_eleve
FROM          affectation_cours ac
INNER JOIN    eleve e ON ac.id_eleve = e.id_eleve
INNER JOIN    cours c ON ac.id_cours = c.id_cours
INNER JOIN    professeur p ON ac.id_professeur = p.id_professeur
WHERE         c.libelle_cours = 'Français'
AND           p.nom_professeur = 'Robert'
AND           CAST('2011-06-15' AS date)
BETWEEN       ac.id_date_debut AND ac.id_date_fin
```

SQL 10.5

Ensuite, il faut recueillir la liste des élèves présents à ce même cours. Pour cela, il faut écrire le code SQL 10.6 basé sur le modèle de la figure 10.3.

Enfin, il suffit de comparer le contenu de ces deux listes d'élèves, les élèves absents du cours étant ceux dont le matricule est présent dans la première liste et absent de la deuxième liste. Il faut pour cela utiliser l'opérateur SQL ensembliste `MINUS` qui doit être inséré entre la requête SQL 10.5 et la requête SQL 10.6. Une fois que nous avons récupéré la liste des matricules des élèves absents du cours en question, on interroge la table *eleve* pour obtenir les noms et prénoms correspondant à chaque matricule. Au bout du compte, on obtient la requête SQL 10.7.

```
SELECT        e.matricule_eleve
FROM          presence_cours pc
INNER JOIN    eleve e ON pc.id_eleve = e.id_eleve
INNER JOIN    cours c ON pc.id_cours = c.id_cours
INNER JOIN    professeur p ON pc.id_professeur = p.id_professeur
WHERE         c.libelle_cours = 'Français'
AND           p.nom_professeur = 'Robert'
AND           pc.id_date = CAST('2011-06-15' AS date)
AND           pc.heure_debut = '11:00'
```

SQL 10.6

```
SELECT        nom_eleve,
              prenom_eleve
FROM          eleve
WHERE         matricule_eleve IN
((SELECT      e.matricule_eleve
FROM          affectation_cours ac
INNER JOIN    eleve e ON ac.id_eleve = e.id_eleve
INNER JOIN    cours c ON ac.id_cours = c.id_cours
INNER JOIN    professeur p ON ac.id_professeur = p.id_professeur
WHERE         c.libelle_cours = 'Français'
AND           p.nom_professeur = 'Robert'
AND           CAST('2011-06-15' AS date)
BETWEEN       ac.id_date_debut AND ac.id_date_fin)
MINUS
(SELECT       e.matricule_eleve
FROM          presence_cours pc
INNER JOIN    eleve e ON pc.id_eleve = e.id_eleve
INNER JOIN    cours c ON pc.id_cours = c.id_cours
INNER JOIN    professeur p ON pc.id_professeur = p.id_professeur
WHERE         c.libelle_cours = 'Français'
AND           p.nom_professeur = 'Robert'
AND           pc.id_date = CAST('2011-06-15' AS date)
AND           pc.heure_debut = '11:00'))
```

SQL 10.7

10.5 Dérivation logique des relations factuelles en relation 1..N (ou 0..N) avec un niveau

Une relation factuelle est le plus souvent en relation 1..1 (ou 0..1) avec un niveau. Cela signifie que pour chaque fait de la relation factuelle, il existe au plus un membre associé au fait pour le niveau en question.

Mais, dans la section 4.4, nous avons vu que la cardinalité de la relation entre un niveau et une relation factuelle pouvait également être 1..N (ou 0..N)[1]. Cela implique que pour un fait donné, on peut avoir plusieurs membres du même niveau associés au fait. Par exemple, dans le schéma factuel Admission de la figure 4.2, le niveau Diagnostic est en relation 1..N[2] avec la relation factuelle (lien de la forme ≻—— entre le niveau Diagnostic et la relation factuelle Admission). Cela signifie que pour chaque admission d'un patient dans l'hôpital, plusieurs diagnostics peuvent être émis.

Pour modéliser logiquement une relation 1..N entre une relation factuelle et un niveau, nous avons deux approches que nous allons étudier dans les sections suivantes :

- 1re approche : simplifier la relation 1..N en créant plusieurs relations 1..1.
- 2e approche : créer une table intermédiaire entre la table de faits et la table de dimension.

10.5.1 Simplification de la relation 1..N par la création de plusieurs relations 1..1

La première approche pour gérer la relation multiple entre Admission et Diagnostic consiste à adapter le modèle conceptuel pour faire apparaître plusieurs relations 1..1 entre la relation factuelle Admission et le niveau Diagnostic. Si l'on considère par exemple que le nombre maximal de diagnostics est égal à 3 pour une même admission, on peut appliquer une transformation telle que celle présentée par la figure 10.5.

Remarque : la cardinalité minimale du rôle Diagnostic 1 est égale à 1 du côté du niveau Diagnostic alors que celles des rôles Diagnostic 2 et Diagnostic 3 sont égales à 0. En effet, la cardinalité minimale de la relation d'origine entre Admission et Diagnostic est égale à 1, ce qui signifie que l'on a au moins un diagnostic par admission. Par conséquent, l'existence du premier diagnostic est obligatoire alors que celles des deuxième et troisième ne le sont pas.

1. C'est uniquement la cardinalité maximale qui nous intéresse pour la dérivation logique.
2. On dit aussi que le niveau Diagnostic est « multivalué » par rapport à la relation factuelle Admission.

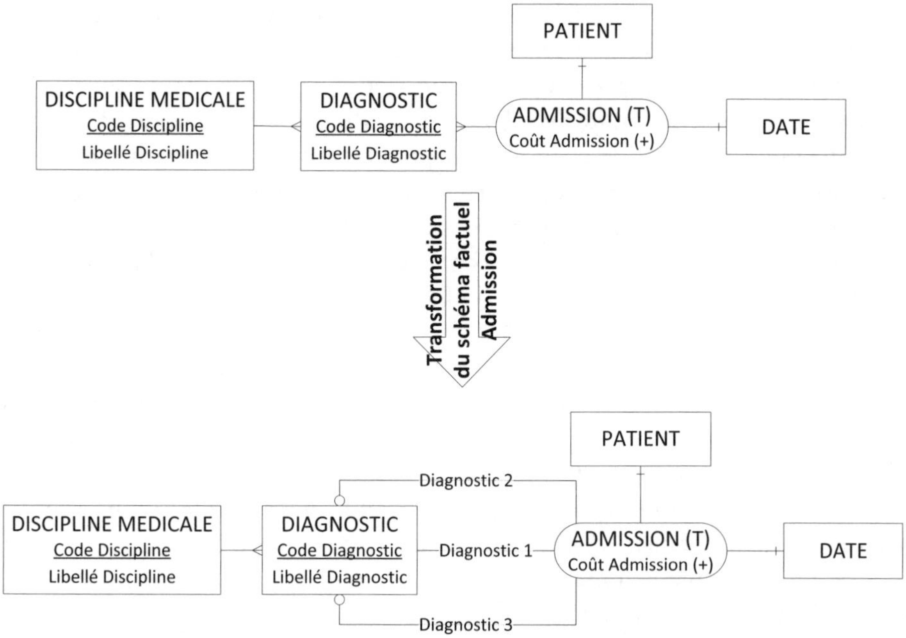

Figure 10.5 **Transformation du schéma factuel Admission**

On se retrouve alors dans un schéma classique avec l'existence de rôles multiples pour le niveau Diagnostic vis-à-vis de la relation factuelle Admission et la dérivation logique du schéma factuel Admission transformé permet d'aboutir au modèle de la figure suivante.

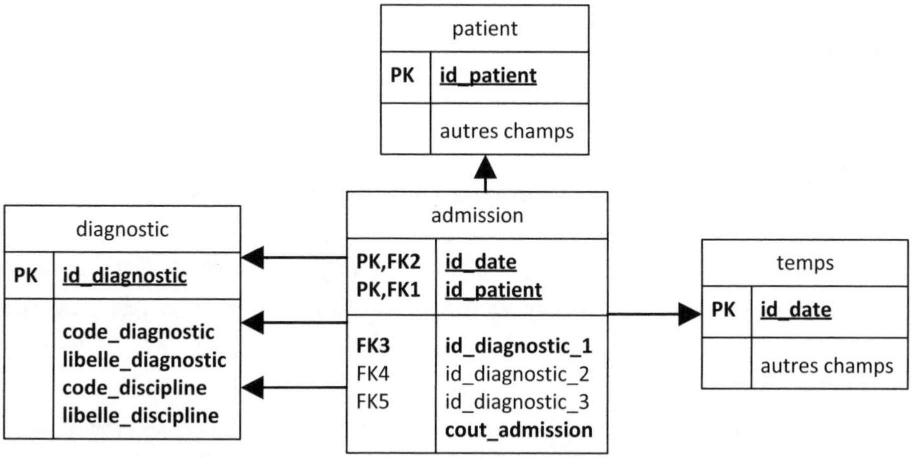

Figure 10.6 **Modèle logique correspondant au schéma factuel Admission avec la 1re approche**

L'existence de trois rôles pour le niveau Diagnostic vis-à-vis de la relation factuelle Admission a conduit à créer dans la table de faits les trois champs *id_diagnostic_1*, *id_diagnostic_2* et *id_diagnostic_3*. Pour chaque admission, le champ *id_diagnostic_1* sera alimenté avec l'identifiant du premier diagnostic trouvé pour l'admission en question, le champ *id_diagnostic_2* avec l'identifiant du deuxième diagnostic et enfin le champ *id_diagnostic_3* avec l'identifiant du troisième.

Le modèle de la figure 10.6 pose un certain nombre de problèmes.

Tout d'abord, il nécessite de connaître la cardinalité maximale du niveau multivalué. Que se passe-t-il si une admission fait l'objet de quatre diagnostics ? On ne pourra en stocker que trois. Même si dans l'historique des admissions effectuées jusqu'à présent on constate que le nombre maximal de diagnostics est égal à trois, rien ne dit qu'à l'avenir, une admission ne fera pas l'objet de quatre diagnostics. C'est le principal problème engendré par une telle modélisation : elle est source d'une perte d'informations si le nombre de diagnostics vient à dépasser trois.

Mais même si le nombre de diagnostics est limité à trois, nous sommes confrontés à un autre problème. En effet, un même diagnostic ne portera pas nécessairement toujours le même numéro. Par exemple, le diagnostic « tachycardie » pourra être le diagnostic n° 1 pour une admission et le diagnostic n° 2 pour une autre admission.

Pour illustrer cette problématique, prenons un exemple. Supposons que l'on ait enregistré les quatre admissions représentées par le tableau 10.1.

Diagnostic 1	Diagnostic 2	Diagnostic 3	Coût admission
Tachycardie	Brûlure	Arythmie	10
Brûlure	Tachycardie		20
Tachycardie			30
Brûlure	Arythmie	Tachycardie	40

Tableau 10.1 **Quatre admissions avec différents diagnostics**

Remarque : bien que les diagnostics soient présentés dans des ordres différents, les premier et dernier faits du tableau 10.1 sont strictement identiques du point de vue des diagnostics établis. (C'est la transformation du modèle conceptuel illustrée par la figure 10.5 qui les rend différents en apparence.)

Compte tenu du modèle de la figure 10.6, les contenus des tables *diagnostic* et *admission* correspondant aux quatre faits du tableau précédent sont représentés dans le tableau 10.2 et dans le tableau 10.3.

id_diagnostic	*code_diagnostic*	*libelle_diagnostic*	*code_discipline*	*libelle_discipline*
1	TAC	Tachycardie	CAR	Cardiologie
2	BRU	Brûlure	DER	Dermatologie
3	ARY	Arythmie	CAR	Cardiologie

Tableau 10.2 **Contenu de la table *diagnostic*[1]**

id_diagnostic_1	*id_diagnostic_2*	*id_diagnostic_3*	*cout_admission*
1	2	3	10
2	1	NULL	20
1	NULL	NULL	30
2	3	1	40

Tableau 10.3 **Contenu de la table *admission*[2]**

Si l'on veut par exemple connaître le coût total des admissions associées au diagnostic « tachycardie », il faut alors appliquer trois filtres dans la requête (pour chacun des trois diagnostics) et lier ces filtres avec la condition « OR ». La requête SQL 10.8 permet de répondre à cette question.

```
SELECT        SUM(a.cout_admission)
FROM          admission a
INNER JOIN    diagnostic d1
ON            a.id_diagnostic_1 = d1.id_diagnostic
LEFT JOIN     diagnostic d2
ON            a.id_diagnostic_2 = d2.id_diagnostic
LEFT JOIN     diagnostic d3
ON            a.id_diagnostic_3 = d3.id_diagnostic
WHERE         d1.code_diagnostic = 'TAC'
OR            d2.code_diagnostic = 'TAC'
OR            d3.code_diagnostic = 'TAC'
```

SQL 10.8

1. Par souci de simplification, dans cet exemple, la table *diagnostic* ne contient que trois véritables diagnostics mais dans la réalité elle devrait contenir tous les diagnostics possibles donc probablement plusieurs centaines de lignes.

2. Le tableau ne contient pas tous les champs de la table mais uniquement ceux qui nous intéressent pour notre exemple.

Remarque : les jointures utilisant les champs id_diagnostic_2 *et* id_diagnostic_3 *sont des jointures « gauche » car ces champs peuvent être NULL.*

La requête SQL 10.8 retourne le résultat 100 (somme des coûts de chacune des quatre admissions) car le diagnostic « Tachycardie » est présent dans les quatre admissions (deux fois en tant que diagnostic n° 1, une fois en tant que diagnostic n° 2 et en tant que diagnostic n° 3).

Si l'on souhaite à présent connaître pour chaque diagnostic les coûts d'admission associés, en faisant apparaître les différents diagnostics dans le résultat de la requête, cela se complique car il faut « requêter » trois fois la table de faits, une fois pour chaque numéro de diagnostic, puis regrouper les résultats de chacune des trois requêtes et enfin sommer les coûts d'admission pour chaque diagnostic. Cela se traduit par le code SQL 10.9.

```
SELECT        d.libelle diagnostic,
              SUM(a.cout_admission)
FROM          admission a
INNER JOIN    groupe_diagnostics gd
ON            a.id_groupe_diagnostics = gd.id_groupe_diagnostics
INNER JOIN    diagnostic d
ON            gd.id_diagnostic = d.id_diagnostic
GROUP BY      d.libelle_diagnostic
```

SQL 10.9

Le résultat retourné par cette requête est présenté dans le tableau suivant.

diagnostic	*coût*
Tachycardie	100
Brûlure	70
Arythmie	50

Tableau 10.4 **Résultat retourné par la requête SQL 10.9**

La requête SQL 10.9 consiste à :

1. Récupérer les libellés de diagnostic et les coûts d'admission pour chacun des trois identifiants de diagnostic. Cela est effectué par chacun des trois SELECT apparaissant dans la clause FROM.

2. Mettre bout à bout les résultats obtenus par chacune des trois requêtes. Cela est effectué au moyen de l'expression `UNION ALL` apparaissant entre chacune des trois requêtes.
3. À partir du résultat obtenu via l'étape 2, sommer les coûts par diagnostic.

Outre sa complexité, le fait que la requête SQL 10.9 accède trois fois à la table de faits est susceptible de poser des problèmes de performance.

10.5.2 **Création d'une table intermédiaire entre la table de faits et la table de dimension**

La deuxième approche pour gérer la relation multiple entre Admission et Diagnostic consiste à créer une table intermédiaire entre la table de faits et la table de dimension Diagnostic. Cette table intermédiaire est couramment appelée *bridge table* par les anglophones car elle sert de « pont » entre la table de faits et la table de dimension.

La figure 10.7 présente le modèle relationnel obtenu au moyen de cette deuxième approche.

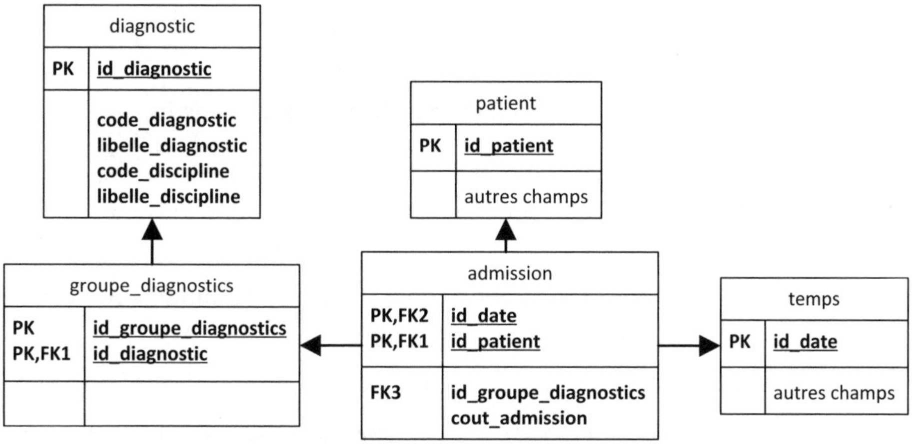

Figure 10.7 **Modèle relationnel issu du schéma factuel Admission avec la 2e approche**

Dans la figure 10.7, la table de faits est associée non plus directement à la table de dimension *diagnostic* mais à la table intermédiaire *groupe_diagnostics* : chaque fait de la table *admission* est associé, par l'intermédiaire du champ *id_groupe_diagnostics*, à un groupe de diagnostics unique présent dans la table *groupe_diagnostics*[1]. Les différents diagnostics associés à chaque fait peuvent ensuite être récupérés dans la table *diagnostic*

1. Remarquons que dans ce modèle, la table de faits *admission* ne fait référence qu'à un seul champ de la clé primaire de la table intermédiaire *groupe_diagnostics*, le champ *id_groupe_diagnostics*. Nous avons donc une relation N..N entre la table de faits et la table intermédiaire (un enregistrement de la table *admission* peut avoir plusieurs enregistrements associés dans la table *groupe_diagnostics* et réciproquement). Ce type de modélisation est une exception dans le modèle relationnel qui veut que les relations entre tables soient des relations 1..N et non pas N..N.

par l'intermédiaire d'une jointure entre la table *groupe_diagnostics* et la table *diagnostic* sur le champ *id_diagnostic*.

La table *groupe_diagnostics* a donc pour objet de stocker chaque combinaison (ou groupe) de diagnostics existante ainsi que les diagnostics composant chaque combinaison. Elle est constituée du champ *id_groupe_diagnostics* permettant d'identifier chaque combinaison de diagnostics et du champ *id_diagnostic* permettant d'identifier chaque diagnostic faisant partie d'une combinaison.

Si l'on considère les quatre admissions du tableau 10.1, le contenu de la table *groupe_diagnostics* sera le suivant (en conservant le contenu de la table *diagnostic* présenté dans le tableau 10.2).

id_groupe_diagnostics	*id_diagnostic*
1	1
1	2
1	3
2	1
2	2
3	1

Tableau 10.5 **Contenu de la table *groupe_diagnostics***

Le tableau 10.5 montre que la table *groupe_diagnostics* contient trois groupes de diagnostics correspondant aux trois[1] combinaisons de diagnostics établis pour les quatre admissions de notre exemple :

- Le groupe 1 fait référence à la combinaison Tachycardie + Brûlure + Arythmie.
- Le groupe 2 à la combinaison Tachycardie + Brûlure.
- Le groupe 3 à la combinaison Tachycardie.

Remarque : comme le montre le groupe 3, il faut également créer un groupe de diagnostics même si l'admission ne fait l'objet que d'un seul diagnostic.

Quant à la table admission, elle possède pour les champs *id_groupe_diagnostics* et *cout_admission* le contenu du tableau suivant.

id_groupe_diagnostics	*cout_admission*
1	10
2	20
3	30
1	40

Tableau 10.6 **Contenu de la table *admission***

1. Les combinaisons de diagnostics de la première et de la dernière admission sont en réalité identiques, l'ordre de présentation des diagnostics n'ayant pas d'importance.

Par rapport à celle de la section précédente, cette approche possède les deux avantages suivants :

- Le nombre de diagnostics pour une admission n'est pas limité : si une admission fait l'objet de dix diagnostics, il suffit de créer un groupe pour ces dix diagnostics dans la table *groupe_diagnostics* (cela se traduira par l'ajout de dix lignes dans cette table) et d'associer l'admission à ce nouveau groupe dans la table de faits.
- Les requêtes exploitant le modèle issu de cette approche sont beaucoup plus simples à formuler que celles exploitant celui issu de la 1re approche.

Pour illustrer le deuxième avantage, considérons une nouvelle fois le besoin de connaître pour chaque diagnostic les coûts d'admission associés. Ce besoin est satisfait par la requête suivante.

```
SELECT        d.libelle_diagnostic,
              SUM(a.cout_admission)
FROM          admission a
INNER JOIN    groupe_diagnostics gd
ON            a.id_groupe_diagnostics = gd.id_groupe_diagnostics
INNER JOIN    diagnostic d
ON            gd.id_diagnostic = d.id_diagnostic
GROUP BY      d.libelle_diagnostic
```

SQL 10.10

Remarque : outre le fait que la requête SQL 10.10 *soit beaucoup plus simple que la requête SQL* 10.9*, elle est également plus performante car la table de faits admission n'est lue qu'une seule fois au lieu de trois.*

La difficulté occasionnée par cette deuxième approche réside dans l'alimentation de la table intermédiaire. En effet, cette table doit être alimentée en même temps que la table de faits associée en fonction des combinaisons rencontrées dans les faits[1]. Si l'on reprend l'exemple des admissions, cette alimentation doit être effectuée selon la logique suivante :

Pour chaque nouvelle admission, on « regarde » quels sont les diagnostics associés :

- Si un groupe de diagnostics a déjà été créé dans la table *groupe_diagnostics* pour la combinaison de diagnostics de la nouvelle admission, on ne modifie pas le contenu de la table *groupe_diagnostics* et on associera l'identifiant de ce groupe de diagnostics au fait correspondant à la nouvelle admission.
- Si la combinaison de diagnostics ne correspond à aucun groupe de la table *groupe_diagnostics*, on crée un nouveau groupe dans cette table pour cette nouvelle combinaison.

1. Ou plutôt juste avant l'alimentation de la table de faits si l'on veut pouvoir effectuer les contrôles d'intégrité référentielle entre la table de faits et cette table.

Remarque : au lieu d'alimenter dynamiquement la table groupe_diagnostics *en fonction des combinaisons de diagnostics rencontrés, on pourrait imaginer de l'alimenter par avance avec toutes les combinaisons possibles de diagnostics : cela simplifierait le traitement d'alimentation. Cependant, cette option n'est en général pas réalisable compte tenu du nombre très important de combinaisons possibles*[1] *et du fait que l'on ne connaît en général pas à l'avance le nombre maximal d'éléments d'une combinaison.*

Avec cette deuxième approche, il faut être vigilant dans le cas où il existe des attributs de type 2 dans la dimension. En effet, tout changement de valeur d'un attribut de type 2 pour un membre donné de la dimension entraînera la création d'un nouvel enregistrement dans la table de dimension, et tout nouveau groupe devra faire référence à ce nouvel enregistrement. Dans notre exemple, si la dimension Diagnostic contient un attribut de type 2 et que cet attribut change de valeur pour un diagnostic donné, un nouvel enregistrement devra être créé dans la table *diagnostic*. Une nouvelle admission faisant référence au diagnostic concerné par le changement entraînera alors la création d'un nouveau groupe de diagnostics.

Par rapport à la première approche, le danger occasionné par l'approche basée sur la table intermédiaire est la possibilité d'obtenir des « double-comptages »[2] lorsque les requêtes ne sont pas correctement formulées.

En effet, lorsqu'une table de dimension telle que *diagnostic* est multivaluée par rapport à la table de faits, il faut veiller à ne grouper les résultats des requêtes faisant intervenir cette dimension que par les membres « élémentaires » de celle-ci. Autrement dit, si la dimension en question possède une hiérarchie, il faut faire en sorte de grouper les résultats sur les membres du niveau le plus fin de la hiérarchie et non pas sur les membres de niveau supérieur.

Je m'explique. La dimension Diagnostic contient une relation hiérarchique entre les niveaux Diagnostic et Discipline médicale, chaque diagnostic étant affecté à une discipline médicale et une seule et chaque discipline médicale regroupant plusieurs diagnostics. Supposons que l'on souhaite connaître les coûts d'admission par discipline médicale : si une admission fait l'objet de deux diagnostics et si ces diagnostics appartiennent tous deux à la même discipline médicale, le coût de l'admission sera comptabilisé deux fois pour la discipline médicale en question. En effet, la requête récupérant les coûts d'admission par discipline médicale va trouver deux lignes dans la table diagnostic pour la même admission. Ces deux lignes étant associées à la même discipline, le coût de l'admission sera comptabilisé deux fois.

La requête SQL 10.11 et le résultat de cette requête présenté dans le tableau suivant illustrent ce phénomène.

1. Si on limite à 4 le nombre de diagnostics possible pour une même admission et que le nombre de diagnostics référencés est de 100, on arrive à un nombre supérieur à 4 millions.

2. J'emploie le terme de « double-comptage » pour signifier tout comptage multiple qui peut être un comptage en double, en triple, voire plus.

```
SELECT        d.libelle_discipline,
              SUM(a.cout_admission)
FROM          admission a
INNER JOIN    groupe_diagnostics gd
ON            a.id_groupe_diagnostics = gd.id_groupe_diagnostics
INNER JOIN    diagnostic d
ON            gd.id_diagnostic = d.id_diagnostic
GROUP BY      d.libelle_discipline
```

SQL 10.11

discipline	***coût***
Cardiologie	150
Dermatologie	70

Tableau 10.7 **Résultat retourné par la requête SQL 10.11**

Le tableau 10.7 fait apparaître un résultat erroné pour la discipline Cardiologie car les 1re et 4e admissions font toutes deux l'objet de deux diagnostics faisant référence à cette discipline et leurs coûts sont donc comptabilisés deux fois.

Nous sommes en réalité en face du même type de problème que le problème de double comptage apparaissant pour les hiérarchies généralisées bien que dans le cas présent nous n'ayons pas affaire à ce type de hiérarchie.

Nous pouvons donc adopter une solution similaire à une des trois solutions de contournement présentées dans la section sur les hiérarchies généralisées, à savoir :

- Transformer la relation 1..N entre Admission et Diagnostic en relation 1..1 en choisissant arbitrairement un diagnostic unique pour chaque admission. On simplifie alors encore plus le modèle que dans notre première approche car seul un diagnostic est retenu pour chaque admission. Cette solution est rarement envisageable car elle est très réductrice.
- Affecter un coefficient de distribution à la relation entre Admission et Diagnostic et utiliser ce coefficient pour calculer les coûts d'admission lorsque la requête fait intervenir la dimension Diagnostic.
- Modifier la relation factuelle en y associant directement le niveau Discipline Médicale. Cela évite de passer par le niveau Diagnostic pour récupérer la discipline médicale. Cette troisième solution se traduit par le modèle conceptuel de la figure 10.8.

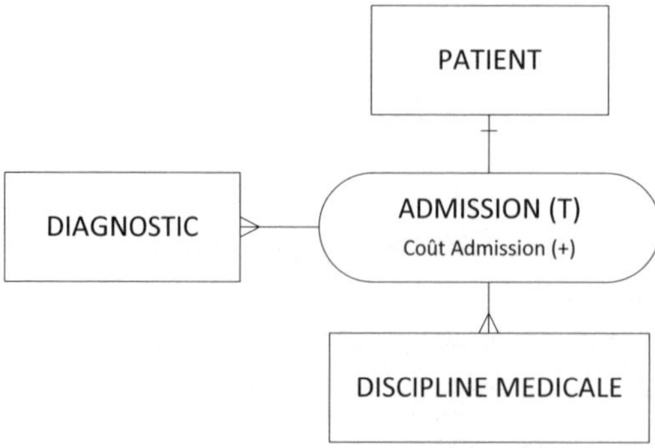

Figure 10.8 **Schéma factuel Admission transformé via la 3e solution**

Dans ce modèle, le niveau Discipline Médicale est en relation 1..N avec la relation factuelle car une même admission peut faire l'objet de plusieurs diagnostics faisant chacun référence à des disciplines différentes. Nous avons donc deux dimensions multivaluées pour la même relation factuelle. Pour dériver logiquement ce modèle, il faudra donc introduire deux tables intermédiaires : entre la table *admission* et la table *diagnostic* d'une part, et entre la table *admission* et la table *discipline* d'autre part.

Plus généralement, au cas où la dimension Diagnostic contiendrait plus de deux niveaux, il faudrait associer la relation factuelle à chacun des niveaux de la dimension, via des relations 1..N.

L'intérêt de cette troisième solution doit être mis en regard de la complexité introduite par la présence de plusieurs dimensions multivaluées.

Chapitre 11

Techniques complémentaires de modélisation logique des dimensions

11.1 Dimensions dégénérées et dimensions fourre-tout

11.1.1 Dimensions dégénérées

La figure 11.1 représente une partie du MCMD des ventes dont j'ai modifié la dimension Date (en particulier le niveau Date pour qu'il ne contienne que l'unique attribut Date).

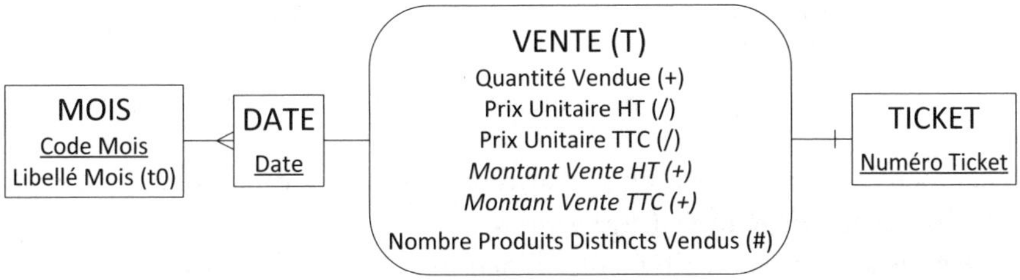

Figure 11.1 **Relation factuelle Vente associée aux niveaux Ticket et Date ne contenant qu'un attribut**

Il arrive parfois qu'un niveau associé à une relation factuelle ne contienne qu'un seul attribut. C'est par exemple le cas des niveaux Ticket et Date de la figure ci-dessus.

En ce qui concerne le niveau Ticket, l'application des principes de base de dérivation logique d'un MCMD conduirait dans le cas présent à créer la table de dimension *ticket* contenant le champ *numero_ticket*, et à créer dans la table de faits *vente* un champ de même nom faisant référence à la table de dimension *ticket*. Idem pour le niveau Date.

Cela se traduirait par le modèle de la figure 11.2.

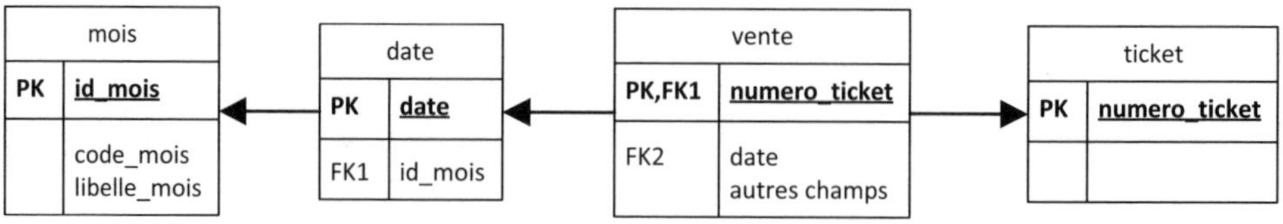

Figure 11.2 **Relation entre les tables *vente, ticket et date***

Nous pouvons clairement constater que la présence de la table *ticket* n'a ici aucun intérêt. En effet, le numéro de ticket est déjà présent dans la table *vente* et il est donc inutile de le stocker dans une autre table.

La table de dimension *ticket* ne doit donc pas figurer dans le modèle logique. La dimension Ticket doit se traduire uniquement par l'existence du champ *numero_ticket* dans la table de faits *vente*.

En revanche, bien que le niveau Date ne contienne qu'un seul attribut, la présence de la table *date* est ici justifiée par l'existence de la relation hiérarchique entre les niveaux Date et Mois : la table de dimension *date* est utilisée pour matérialiser cette relation.

Le modèle relationnel adéquat est celui de la figure 11.3 et non pas celui de la figure précédente.

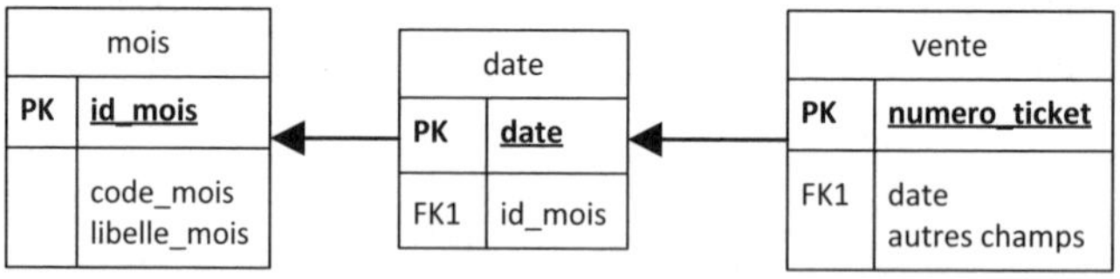

Figure 11.3 **Intégration de la dimension Ticket dans la table de faits**

Une dimension constituée d'un seul attribut telle que la dimension Ticket est qualifiée de **dimension dégénérée** (*degenerate dimension*).

L'intérêt de stocker les attributs des dimensions dégénérées sous forme de champs dans la table de faits est d'améliorer les performances des requêtes en limitant le nombre de jointures nécessaires pour l'exécution de ces requêtes. En effet, il est en général plus performant de lire un champ directement dans la table de faits plutôt que d'effectuer une jointure pour le récupérer dans une autre table.

Remarque : il existe cependant un cas particulier pour lequel on préférera créer une table de dimension pour une dimension dégénérée. C'est le cas où la longueur en octets de l'attribut est importante et où la cardinalité (le nombre de valeurs distinctes) de cet attribut est faible. En effet, il peut être alors plus intéressant en terme de performance et de volumétrie de stocker dans la table de faits une clé technique dont la longueur sera plus faible que celle de l'attribut, et de récupérer l'attribut dans une table de dimension. La table de faits sera alors moins volumineuse étant donné que la longueur de la clé technique sera plus faible que celle de l'attribut.

De plus, si la cardinalité de l'attribut est faible, la jointure pour récupérer ses valeurs sera peu coûteuse en termes de performance. Si l'on reprend notre exemple il ne serait pas intéressant de créer une table de dimension pour y stocker le numéro de ticket car la cardinalité de cet attribut est élevée, chaque passage en caisse faisant l'objet d'un numéro de ticket distinct.

11.1.2 Tables de dimension « fourre-tout »

Une autre solution pour gérer le cas des dimensions mono-attribut est de créer ce que l'on appelle des **tables de dimension « fourre-tout »**, « poubelle » ou encore « rebut », plusieurs termes étant possibles pour traduire le terme anglais de *junk dimension.* J'opterai pour le terme de table de dimension « fourre-tout ».

Une table de dimension fourre-tout a pour objet de stocker dans une même table de dimension un ensemble de plusieurs attributs provenant de différentes dimensions dégénérées. L'intérêt d'une telle table de dimension est de diminuer le volume de la table de faits et de réduire le nombre de jointures des requêtes.

Considérons comme exemple le modèle conceptuel de la figure 11.4.

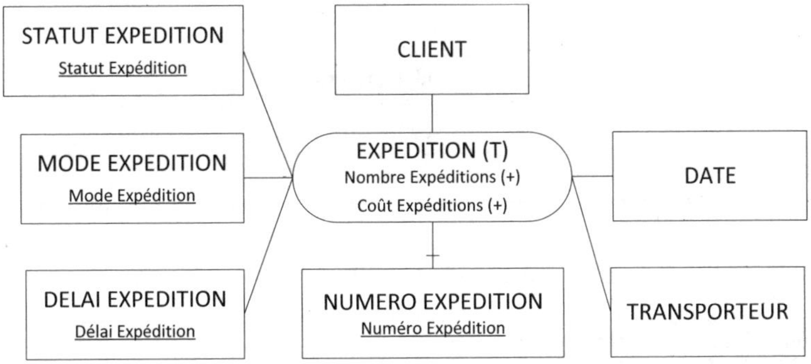

Figure 11.4 **Schéma factuel Expédition**

La relation factuelle Expédition permet le suivi des expéditions des produits commandés par les clients d'une société. Elle contient un fait par expédition effectuée. Chaque fait est associé aux niveaux Client, Date et Transporteur qui contiennent tous trois plusieurs attributs (non représentés sur la figure). Chaque fait est également associé aux quatre dimensions dégénérées suivantes : Numéro Expédition, Statut Expédition, Mode Expédition et Délai Expédition. Le grain de la relation factuelle est constitué uniquement de la dimension Numéro Expédition car un numéro d'expédition est unique à l'expédition qu'il caractérise.

L'attribut Statut d'expédition peut prendre les deux valeurs suivantes : « En cours », « Terminée ». Le mode d'expédition peut prendre trois valeurs : « Avion », « Camion » et Bateau ». Quant au délai d'expédition, il s'agit d'un délai contractuellement défini avec chaque client pouvant avoir l'une des valeurs « Moins de deux jours » et « deux jours et plus ».

Lors du passage du modèle conceptuel au modèle relationnel, on choisit de rassembler les trois attributs au sein d'une table de dimension fourre-tout. Ce modèle est représenté par la figure suivante.

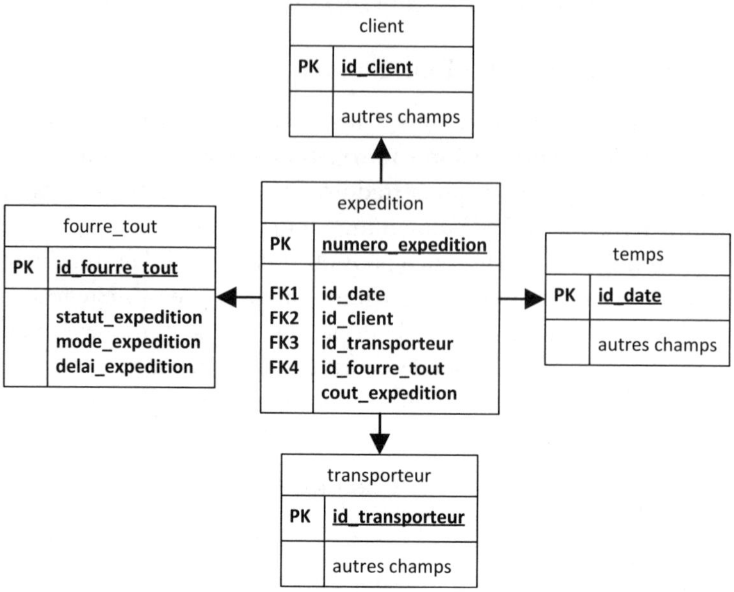

Figure 11.5 **Modèle relationnel correspondant au schéma factuel Expédition**

Le tableau 11.1 présente le contenu de la table de dimension *fourre_tout*.

id_fourre_tout	*statut_expedition*	*mode_expedition*	*delai_expedition*
1	En cours	Avion	Moins de 2 jours
2	En cours	Avion	2 jours et plus
3	En cours	Camion	Moins de 2 jours
4	En cours	Camion	2 jours et plus
5	En cours	Bateau	Moins de 2 jours
6	En cours	Bateau	2 jours et plus
7	Terminée	Avion	Moins de 2 jours
8	Terminée	Avion	2 jours et plus
9	Terminée	Camion	Moins de 2 jours
10	Terminée	Camion	2 jours et plus
11	Terminée	Bateau	Moins de 2 jours
12	Terminée	Bateau	2 jours et plus

Tableau 11.1 **Contenu de la table *fourre_tout***

La table *fourre_tout* contient toutes les combinaisons possibles de valeurs des trois attributs Statut Expédition, Mode Expédition et Délai Expédition, soit 2 × 3 × 2 = 12 valeurs. Cette table a pour clé primaire la clé technique *id_fourre_tout* également présente dans la table de faits *expedition* en tant que clé étrangère vers la table de dimension *fourre_tout.*

On voit bien ici l'intérêt de la table de dimension *fourre_tout* :

- On aurait pu stocker les trois dimensions dégénérées Statut Expédition, Mode Expédition et Délai Expédition dans trois tables de dimension distinctes mais la table de faits aurait alors contenu trois clés techniques au lieu de la seule clé technique *id_fourre_tout,* ce qui aurait alors augmenté sa volumétrie ainsi que le nombre de jointures pour récupérer les trois attributs en question (trois jointures au lieu d'une seule).
- On aurait pu également suivre la recommandation de la précédente section, c'est-à-dire stocker les trois dimensions dégénérées sous la forme de trois champs dans la table de faits, ce qui est une meilleure solution que de créer trois tables de dimension. Cependant, la présence de ces trois champs aurait considérablement augmenté le volume de la table de faits car chaque enregistrement de la table *expedition* aurait vu sa taille croître d'environ 30 octets (8 pour le statut, 6 pour le mode et 16 pour le délai). L'utilisation de la table *fourre_tout* permet de ne stocker dans la table *expedition* que le champ *id_fourre_tout* dont la taille peut être réduite à un octet[1]. Cette réduction du volume de la table de faits permet d'économiser de l'espace disque mais surtout de :
    - diminuer le temps d'exécution des requêtes nécessitant une lecture complète de la table de faits[2] ;
    - diminuer le temps d'exécution des requêtes incluant des conditions sur les champs issus des dimensions dégénérées rassemblés dans la table de dimension *fourre_tout.* Compte tenu de son faible nombre de valeurs, cette table offre en effet un point d'entrée plus rapide de sélection des données par rapport à l'application de conditions directement sur les champs de la table de faits[3].

Remarques : j'ai choisi délibérément de ne pas intégrer l'attribut de la dimension dégénérée Numéro Expédition dans la table fourre_tout. *En effet, cet attribut possède, contrairement aux trois autres attributs issus de dimensions dégénérées, une cardinalité très importante*

1. Le nombre de valeurs distinctes du champ id_fourre_tout est en effet inférieur à 256 (1 octet permettant de stocker 256 valeurs).

2. Cet avantage n'existe plus si l'on utilise une base de données orientée « colonnes » car avec ce type de base de données, les tables de faits sont très rarement lues entièrement (seules les colonnes mentionnées dans la requête sont lues).

3. Cet avantage est cependant inexistant si la base de données que l'on utilise supporte les index « bitmap », car si l'on stocke les champs en question dans la table de faits, on peut alors créer pour chacun d'eux un index bitmap et leur appliquer des conditions de manière très performante eu moyen de ces index. Or, la plupart de bases de données modernes supporte les index bitmap.

puisqu'il permet d'identifier chaque expédition. L'intégrer à la table fourre_tout *entraînerait donc une « explosion » de la volumétrie de cette table et elle perdrait de son intérêt.*

Si les dimensions Statut Expédition, Mode Expédition et Délai Expédition avaient contenu deux attributs (un pour le code et un autre pour le libellé) au lieu d'un seul, la technique de modélisation aurait été la même (la table fourre_tout *aurait contenu les codes et libellés de chacune de ces dimensions).*

Nous avons deux possibilités pour alimenter une table de dimension fourre-tout :

- soit l'alimenter par avance en créant dans la table autant d'enregistrements que de combinaisons possibles des valeurs de ces attributs ;
- soit l'alimenter à la volée à chaque fois qu'une nouvelle combinaison de valeurs de ces attributs est rencontrée.

Si le nombre de combinaisons possibles de valeurs est faible comme c'est le cas dans notre exemple, il est plus judicieux de l'alimenter à l'avance car le traitement d'alimentation est alors plus simple que pour une alimentation à la volée. Si le nombre de combinaisons possibles est très important, il vaut alors mieux l'alimenter à la volée pour éviter que sa volumétrie ne soit trop importante.

Avant de créer une table de dimension fourre-tout et de définir son mode d'alimentation, il convient donc de connaître la cardinalité de chacun de ses champs afin de déterminer le nombre maximal de combinaisons de valeurs. Si le nombre maximal de combinaisons est très important, cela peut être rédhibitoire pour la création d'une telle table s'il n'existe pas de corrélation entre les valeurs de ces champs. Il convient donc alors de s'intéresser au degré de corrélation qui existe entre ces valeurs pour savoir si cela vaut le coup de créer une table de dimension fourre-tout ou s'il ne vaut pas mieux stocker ces champs dans la table de faits.

Remarque : il arrive que le nombre de combinaisons possibles des valeurs des attributs soit extrêmement élevé (plusieurs milliards de combinaisons) mais que le degré de corrélation entre ces valeurs soit important et que le nombre de combinaisons réelles soit beaucoup plus faible (quelques milliers).

11.2 Dimensions géantes et minidimensions

11.2.1 Dimensions géantes

Le nombre de membres d'une dimension est parfois très important. Par exemple, certaines entreprises comme les opérateurs de téléphonie, les banques de détail ou les compagnies d'assurance possèdent des millions voire des dizaines de millions de clients. Outre la dimension Client, d'autres dimensions rencontrées dans ces entreprises telles que Ligne téléphonique, Compte bancaire ou encore Police d'assurance peuvent contenir encore plus de membres. Ralph Kimball fut le premier à donner un nom à de telles dimensions en les qualifiant de *monster dimensions* (« dimensions monstrueuses » en français). Pour ne pas effrayer le lecteur, je les qualifierai plutôt de **dimensions géantes** dans la suite de cet ouvrage.

En général, les dimensions géantes contiennent non seulement un nombre très élevé de membres mais également un nombre d'attributs très important : il n'est pas rare en effet qu'une dimension Client contienne plus de cent attributs. Cela fait des tables de dimension géantes des tables très volumineuses en termes d'espace disque.

Le nombre d'enregistrements d'une table de dimension géante est d'autant plus grand que cette table contient de nombreux champs de type 2. Or, habituellement, beaucoup d'attributs d'une dimension telle que Client sont de type 2 car on s'intéresse le plus souvent à la situation du client « au moment du fait » et non pas à sa situation actuelle. Si l'on considère par exemple une dimension Client de 10 millions de membres contenant 10 attributs de type 2 changeant chacun de valeur en moyenne une fois tous les trois ans, le nombre d'enregistrements de la table de dimension va croître à un rythme annuel de 33 millions par an[1] et dépassera donc les 100 millions au bout de seulement trois ans. Un tel nombre peut poser de sérieux problèmes de performance lors de l'exécution des requêtes faisant intervenir la dimension Client.

Plus que sa volumétrie initiale, c'est donc avant tout l'augmentation au cours du temps de la volumétrie d'une table de dimension géante qui pose le plus souvent problème. Si cette augmentation n'a pas été anticipée lors de la conception du modèle logique, on peut se retrouver avec une solution décisionnelle performante lors de ses premiers mois d'utilisation, mais assister au fur et à mesure du temps à une dégradation sensible des performances pouvant aboutir à une situation critique, les jointures entre la table de faits et la table de dimension prenant de plus en plus de temps pour être effectuées.

11.2.2 **Minidimensions**

Afin d'éviter que la volumétrie d'une table de dimension géante ne devienne trop importante en raison des changements de valeurs de ses champs de type 2, la technique privilégiée consiste à placer dans une table dédiée les attributs de type 2 de la dimension géante afin qu'ils ne soient pas présents dans la table de dimension : cette table dédiée est couramment appelée **minidimension**.

Pour illustrer cette technique, considérons le schéma factuel de la figure 11.6 mesurant le nombre, le coût et la durée des appels effectués au cours du temps par les clients d'un opérateur téléphonique.

---

1. Chaque changement de valeur d'un attribut de type 2 entraîne en effet l'insertion d'un nouvel enregistrement dans la table de dimension.

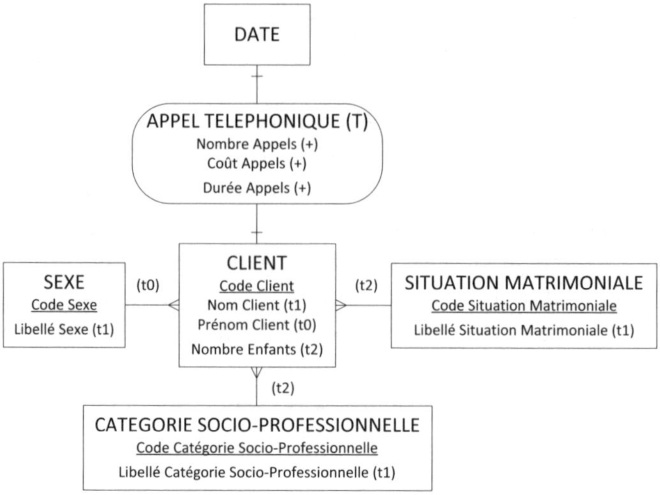

Figure 11.6 **Schéma factuel Appel Téléphonique**

Nous remarquons que le niveau Client contient un attribut de type 2 (Nombre Enfants) et est associé aux niveaux Situation Matrimoniale et Catégorie Socio-Professionnelle (CSP) via des relations hiérarchiques de type 2.

Si l'on suit les principes généraux de dérivation logique d'un schéma factuel en adoptant l'approche en étoile, on va créer une table de dimension Client unique contenant un champ pour chaque attribut de la dimension Client. Cela se traduit par le modèle de la figure 11.7.

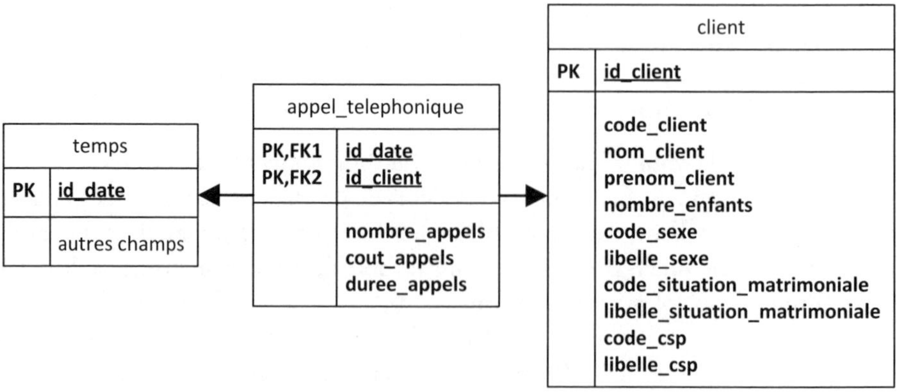

Figure 11.7 **Modèle logique issu du schéma factuel Appel Téléphonique**

À chaque changement de valeur de la situation matrimoniale, du nombre d'enfants ou de la catégorie socioprofessionnelle pour un client donné, un nouvel enregistrement

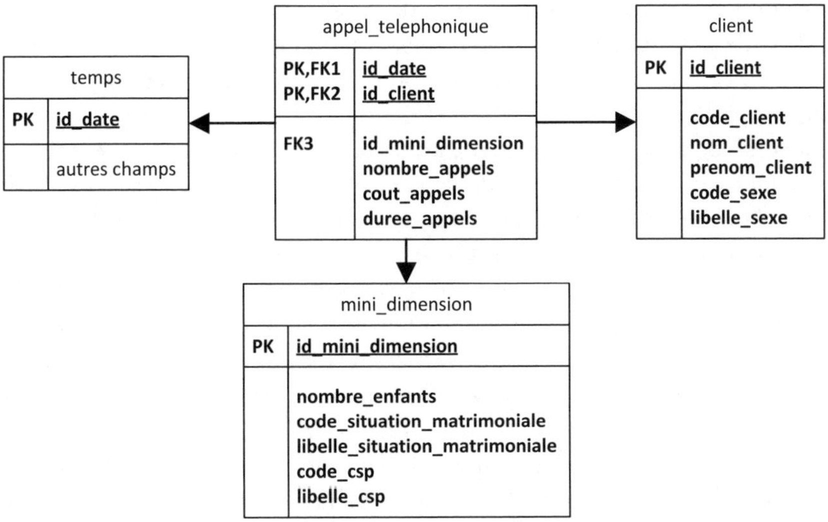

Figure 11.8 **Modèle relationnel issu du schéma factuel Appel Téléphonique avec une minidimension**

sera créé dans la table de dimension *client*, dont la volumétrie va donc croître au cours du temps. Afin d'éviter cette situation, on va créer une minidimension contenant les trois champs correspondant aux attributs de type 2. Le modèle relationnel correspondant est présenté par la figure 11.8.

Les différences entre les deux modèles sont les suivantes :

- Le modèle de la figure 11.8 contient une nouvelle table appelée *mini_dimension* contenant un enregistrement par combinaison des valeurs des trois champs *nombre_enfants*, *code_situation_matrimoniale* et *code_csp* (champs correspondant aux attributs et relations hiérarchiques de type 2 de la dimension Client). Cette table a pour clé primaire la clé technique *id_mini_dimension*.
- La table *client* ne contient plus les champs *nombre_enfants*, *code_situation_matrimoniale*, *libelle_situation_matrimoniale*, *code_csp* et *libelle_csp*.
- La table de faits *appel_telephonique* contient désormais le champ *id_mini_dimension* faisant référence à la table *mini_dimension*.

Ainsi, alors qu'avec le modèle de la figure 11.7 chaque modification de valeur d'un des trois attributs de type 2 entraînait l'ajout d'un nouvel enregistrement dans la table *client*, avec celui de la figure 11.8 ces modifications n'ont aucun impact sur le contenu de cette table (ni d'ailleurs sur celui de la table *mini_dimension*) : le nombre de lignes de la table *client* reste constant à nombre de clients égal étant donné que cette table ne contient plus que des champs correspondant à des attributs de type 0 ou 1.

Pour affecter à chaque enregistrement de la table de faits *appel_telephonique* une valeur de la clé technique *id_mini_dimension*, il suffit de connaître pour le client relatif au fait les différentes valeurs des trois attributs de la minidimension valables à la date du fait.

La table *mini_dimension* s'apparente à une table de dimension fourre-tout car elle rassemble des attributs n'ayant pas de dépendance fonctionnelle entre eux. Mais, à la différence d'une table de dimension fourre-tout, ces attributs sont issus d'une véritable dimension et non d'un ensemble de dimensions dégénérées.

Tout comme une table de dimension fourre-tout, une table de type « minidimension » peut être alimentée à l'avance ou à la volée selon le nombre de combinaisons possibles et le nombre de combinaisons réelles. Dans notre exemple, si l'on considère un nombre maximal d'enfants égal à 20[1], un nombre de catégories socioprofessionnelles égal à 24[2] et un nombre de situations matrimoniales égal à 4 (Célibataire, Marié, Veuf, Divorcé) on arrive à un nombre de combinaisons possibles égal à 1 920. Ce nombre restant très raisonnable, on peut très bien alimenter la table *mini_dimension* à l'avancc.

L'intérêt de la table *mini_dimension* est double :

- Sa présence empêche la volumétrie de la table *client* d'augmenter au fur et à mesure que les attributs de type 2 des différents clients changent de valeur. À nombre de clients constant, la performance de l'exécution de la jointure entre la table de faits et la table *client* ne risque donc pas d'être dégradée au cours du temps.
- La volumétrie de la table *mini_dimension* étant beaucoup plus faible que celle de la table *client*, les requêtes utilisant les champs de la table *mini_dimension* sans utiliser ceux de la table *client* sont beaucoup plus performantes que si la table *mini_dimension* n'existait pas.

11.2.3 **Plusieurs minidimensions pour une même dimension géante**

L'exemple que l'on a pris est assez simple car la dimension Client contient peu d'attributs de type 2 et ces attributs ont une faible cardinalité. La technique de la minidimension est-elle toujours applicable lorsque le nombre d'attributs de type 2 est plus important ?

Supposons par exemple que notre dimension Client soit non pas celle de la figure 11.6 mais celle de la figure 11.9.

---

1. Théoriquement, le nombre d'enfants peut dépasser 20 mais étant donné que cela est rarissime ou que cela peut être une erreur de saisie, on pourra lors du traitement d'alimentation remplacer par la valeur 20 toute valeur de cet attribut supérieure à 20.

2. Le niveau 2 de la classification INSEE PCS-2003 recense actuellement 24 catégories socioprofessionnelles.

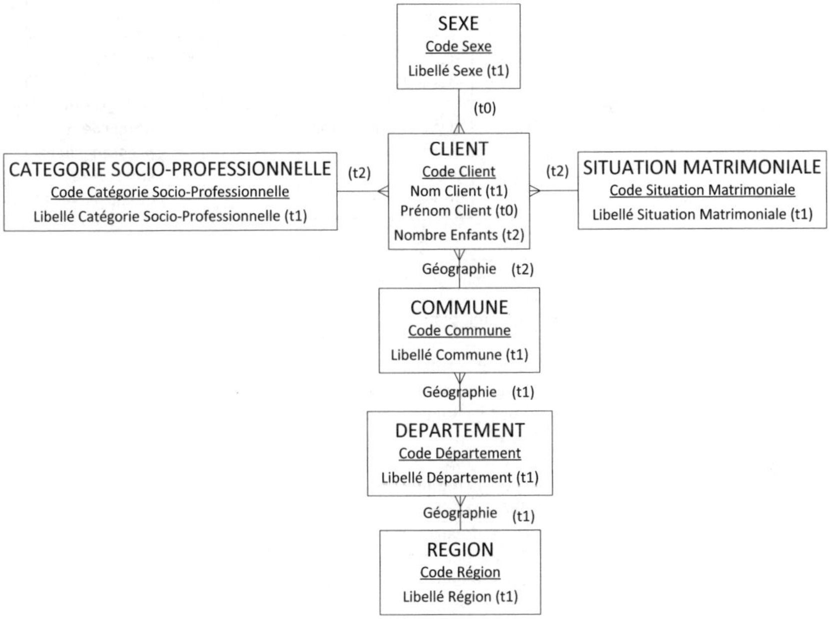

Figure 11.9 **Dimension Client avec hiérarchie Géographie**

Dans la figure 11.9, on a ajouté à la dimension Client les niveaux Région, Département et Commune[1] formant avec le niveau Client la hiérarchie Géographie. La relation hiérarchique entre les niveaux Client et Commune étant de type 2, tout déménagement d'un client dans une autre commune doit être historisé.

Si l'on ne met pas les attributs des niveaux Région, Département et Commune dans la minidimension et qu'on les laisse dans la table *client*, on se retrouve confronté au même problème que précédemment avec la table *client* dont le nombre de lignes va augmenter au fur et à mesure des déménagements des clients. Cela dit, l'augmentation sera moins rapide que si on laisse également les autres attributs de type 2 dans la table *client* car seuls les changements de domicile entraîneront des ajouts de lignes dans cette table.

Si en revanche on place ces nouveaux attributs dans la table *mini_dimension* on obtiendra le modèle de la figure 11.10.

1. On suppose ici que les clients de la société de téléphonie résident tous en France, c'est pourquoi le modèle ne contient pas le niveau Pays et le découpage géographique de celui-ci est propre à la France.

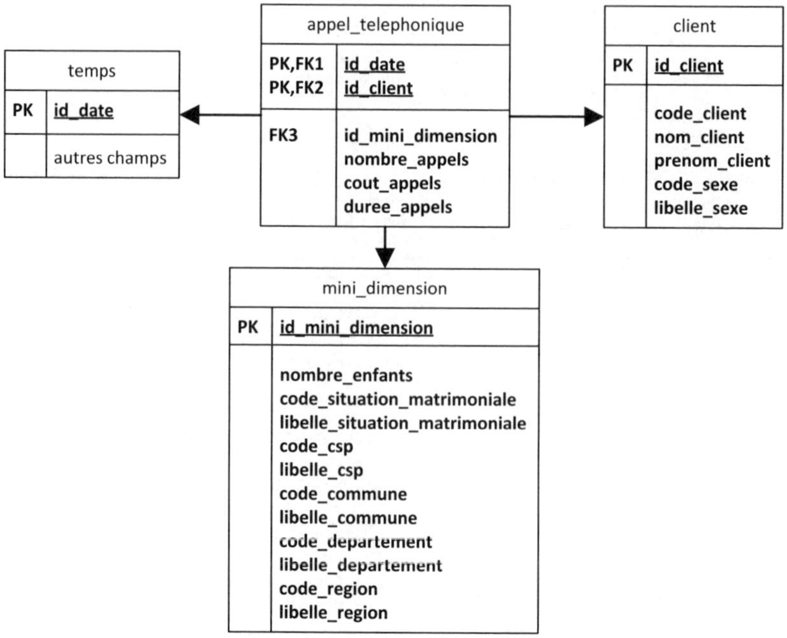

Figure 11.10 **Ajout des champs issus des niveaux Commune, Département et Région dans la table *mini_dimension***

Jusqu'à présent, on avait un nombre de combinaisons possibles de valeurs relativement limité pour les champs constituant la table *mini_dimension.* (Nous avions estimé ce nombre de valeurs à 1 920.) Mais avec l'ajout de nouveaux champs dans la minidimension, ce nombre de combinaisons explose. En effet, nous avons ajouté les champs issus du niveau Commune. Or, le nombre de communes est d'environ 36 000 en France. Si l'on multiplie 1 920 par 36 000, on obtient un nombre de combinaisons de près de 70 millions[1]. Ce nombre est prohibitif. Même si l'on choisit d'alimenter la table *mini_dimension* à la volée avec uniquement les combinaisons réellement existantes des valeurs de ses différents champs, on aboutira probablement à un nombre d'enregistrements trop important pour la table *mini_dimension,* ce qui lui fera perdre de son intérêt[2].

Qu'à cela ne tienne! Pourquoi ne pas créer une nouvelle minidimension pour y stocker les attributs géographiques, tel que dans la figure suivante.

1. Il est inutile de prendre en compte dans notre calcul les cardinalités des niveaux Département et Région car ces niveaux sont liés au niveau Commune.

2. Cela dit, l'exercice d'estimation du nombre de combinaisons réelles doit quand même être effectué car il est possible que les clients de l'opérateur téléphonique soient concentrés dans un nombre restreint de communes, auquel cas l'intégration des nouveaux champs dans la minidimension peut s'avérer être une bonne option.

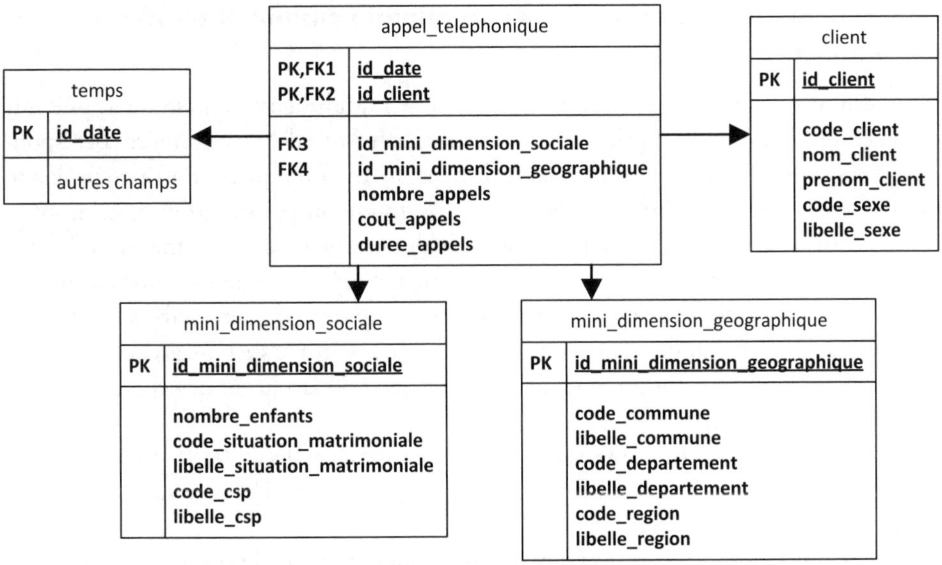

Figure 11.11 **Ajout d'une nouvelle minidimension pour stocker les champs liés à la géographie**

Le modèle de la figure 11.11 contient deux minidimensions pour stocker les attributs de type 2 : la table *mini_dimension_sociale* contenant les mêmes champs que la table *mini_dimension* de la figure 11.8 et la table *mini_dimension_geographique* contenant les champs issus des niveaux Commune, Département et Région. Ces deux tables sont respectivement reliées à la table *appel_telephonique* via les deux champs *id_mini_dimension_sociale* et *id_mini_dimension_geographique.*

Ainsi, au lieu d'avoir une seule minidimension avec un nombre de lignes prohibitif, nous avons deux minidimensions avec chacune un nombre de lignes restreint : 1920 pour la table *mini_dimension_sociale* et au maximum 36000 pour la table *mini_dimension_geographique.* (On peut réduire ce nombre si on alimente la table à la volée avec uniquement les communes pour lesquelles il existe des clients.)

Nous ne sommes donc pas limités à une seule minidimension et l'on peut très bien en créer plusieurs. Il faut cependant veiller à ne pas en créer trop car chaque nouvelle minidimension entraîne l'ajout d'un champ supplémentaire dans la table de faits, engendrant l'augmentation de sa volumétrie, et par conséquent allongeant son temps de lecture. Il faut également veiller à ce que chaque table de type « minidimension » possède un nombre d'enregistrements relativement faible pour que les requêtes qui l'utilisent soient performantes.

11.2.4 Limitation occasionnée par les minidimensions et solutions de contournement

Étant donné que les attributs extériorisés dans une minidimension ne sont pas présents dans la table de dimension principale, on ne peut plus accéder aux données correspondant à ces attributs à partir de la table de dimension. Si l'on reprend notre exemple, on ne peut pas accéder à la liste des clients par commune ou par situation matrimoniale car il n'existe pas de lien direct entre la table de dimension et la minidimension. Le lien est indirect via la table de faits et on ne peut que récupérer les clients d'une commune pour lesquels il existe des faits. Or, tous les clients n'ont pas nécessairement de faits associés. De plus, le fait de passer par la table de faits pour récupérer ces clients à partir des communes est beaucoup moins performant que s'il existait un lien direct entre les communes et les clients.

Pour contourner cette limitation on peut ajouter dans la table de dimension des champs pointant vers la (les) table(s) de minidimension associée(s), comme le montre la figure 11.12 (cf. page suivante).

Dans le modèle de la figure 11.12, nous avons ajouté dans la table *client* les deux champs *id_mini_dimension_sociale_courante* et *id_mini_dimension_geographique_courante.* Ces deux champs sont des clés étrangères pointant respectivement vers les tables *mini_dimension_sociale* et *mini_dimension_geographique.* Ils permettent d'accéder pour chaque client aux valeurs courantes des champs présents dans les minidimensions et ainsi d'obtenir par exemple la liste des clients résidant actuellement dans une commune.

Remarques : les jointures entre la table client *et les minidimensions ne doivent être utilisées que pour les requêtes ne faisant pas appel à la table de faits. Les requêtes basées sur la table* appel_telephonique *doivent en effet utiliser les jointures directes entre cette table et les minidimensions. Par ailleurs, l'existence de plusieurs chemins pour accéder à partir de la table de faits aux minidimensions (directement ou par l'intermédiaire de la table* client*) peut poser problème à certains outils de restitution qui génèrent automatiquement les requêtes à partir du modèle.*

Cette solution n'est pas totalement satisfaisante car elle ne permet d'accéder qu'aux valeurs courantes (aux dernières valeurs) des attributs extériorisés dans les minidimensions. Elle ne permet pas d'accéder aux valeurs valables à une date donnée. On traite ici ces attributs comme s'ils étaient de type 1 alors que les attributs des minidimensions sont généralement de type 2. Cela dit, vis-à-vis des faits, ils sont fort heureusement toujours traités comme des attributs de type 2. Si l'on ne faisait pas référence dans la table *client* aux valeurs courantes des identifiants des minidimensions mais aux valeurs historisées, on perdrait tout le bénéfice de la présence des minidimensions. En effet, on aurait alors pour un même client plusieurs enregistrements dans la table *client* en fonction des changements de valeurs des attributs présents dans les minidimensions.

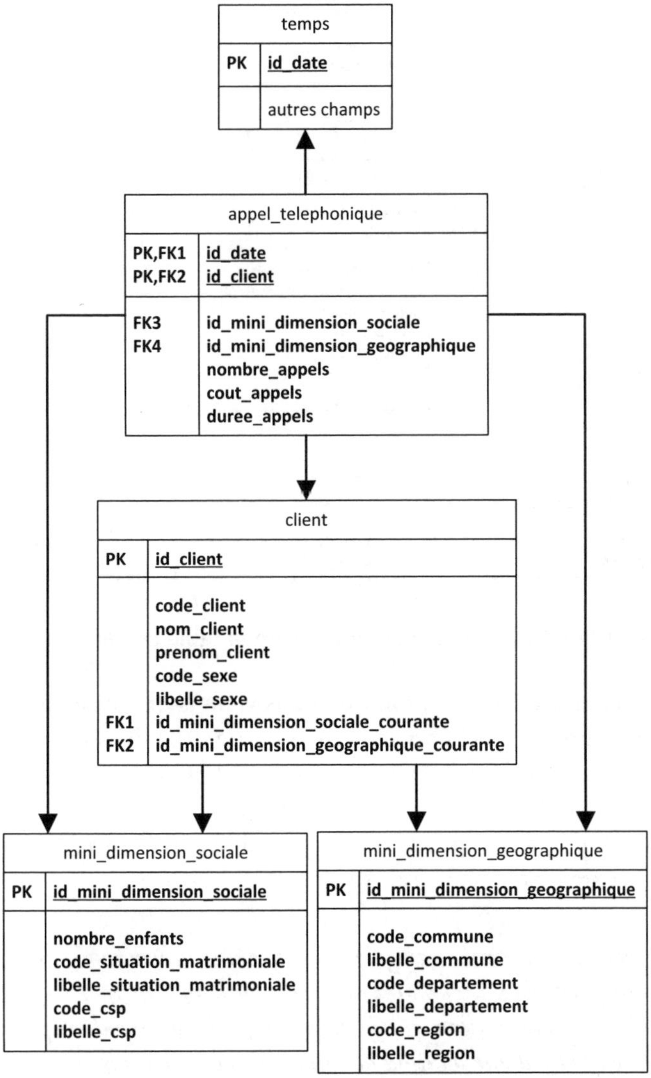

Figure 11.12 **Ajout dans la table *client* de champs pointant vers les minidimensions**

Avec le modèle de la figure 11.12, on ne peut donc pas répondre à une question telle que : quels sont les clients résidant au 31/12/2011 dans la commune de Paris n'ayant pas effectué d'appels téléphoniques au cours du mois de décembre 2011 ? Car on ne connaît que les communes de résidence courantes des clients et pas celles valables au 31/12/2011.

Si l'on veut pouvoir répondre à cette question, il faut créer des tables intermédiaires entre la table client et les minidimensions pour matérialiser pour chaque client les changements de valeurs au cours du temps des champs *id_mini_dimension_sociale* et *id_mini_dimension_geographique*, comme dans la figure suivante.

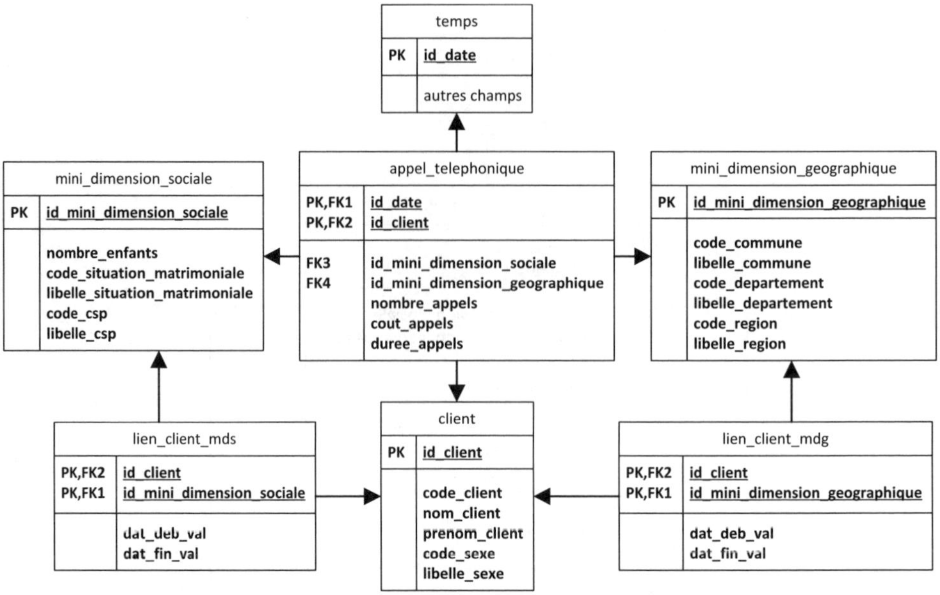

Figure 11.13 **Ajout de tables intermédiaires entre la table *client* et les minidimensions**

Ainsi, pour répondre à la question que nous venons de formuler, il faut dans un premier temps récupérer les clients résidant au 31/12/2011 dans la commune de Paris via une requête basée sur les tables *client*, *lien_client_mdg* et *mini_dimension_geographique*. Puis, dans un deuxième temps, il faut sélectionner parmi les clients récupérés ceux pour lesquels il n'existe pas de faits dans la table *appel_telephonique* en décembre 2011, via une deuxième requête basée sur les tables *client* et *appel_telephonique*.

Remarque : le besoin de pouvoir naviguer au sein d'une dimension sans accéder aux faits n'est pas très courant car dans le domaine du décisionnel, on s'intéresse en général avant tout à l'analyse des faits. La limitation que je viens d'exposer ne pose donc parfois pas de problème et la mise en place d'une solution de contournement ne s'impose pas toujours.

11.3 Attributs à forte cardinalité et regroupements par tranches

Certains attributs peuvent prendre un nombre très important de valeurs distinctes. On dit de ces attributs qu'ils sont « à forte cardinalité ». Il s'agit presque toujours d'attributs de type « numérique » tels que l'âge ou le revenu d'un client. En règle générale, pour pouvoir analyser les faits suivant les valeurs de ces attributs, il est nécessaire de regrouper ces valeurs par tranche, cela afin de rendre le résultat exploitable en limitant le nombre de lignes retournées par les requêtes.

Considérons en guise d'illustration le schéma factuel Vente de la figure suivante.

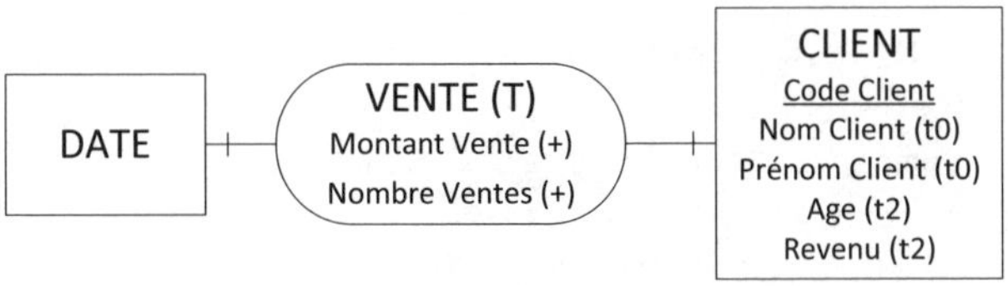

Figure 11.14 **Schéma factuel contenant une dimension avec attributs à forte cardinalité**

Dans ce schéma, le niveau Client contient deux attributs à forte cardinalité : Age et Revenu. Il s'agit d'attributs de type 2 car l'on souhaite analyser les ventes suivant l'âge et le revenu de chaque client au moment où la vente a eu lieu.

Tout d'abord, signalons que l'âge d'un client change tous les ans et que, compte tenu du fait que l'âge est un attribut de type 2, le fait de stocker directement l'âge en tant que champ de la table de dimension *client* implique d'ajouter dans cette table un enregistrement tous les ans pour chaque client. Afin de ne pas augmenter inutilement la volumétrie de la table *client*, il est donc plus judicieux de stocker dans cette table non pas l'âge mais la date de naissance des clients. L'âge d'un client au moment d'une vente pourra être déterminé lors de l'exécution des requêtes en soustrayant sa date de naissance à la date de la vente.

Le modèle relationnel correspondant au MCMD de la figure 11.14 pourrait donc être le suivant.

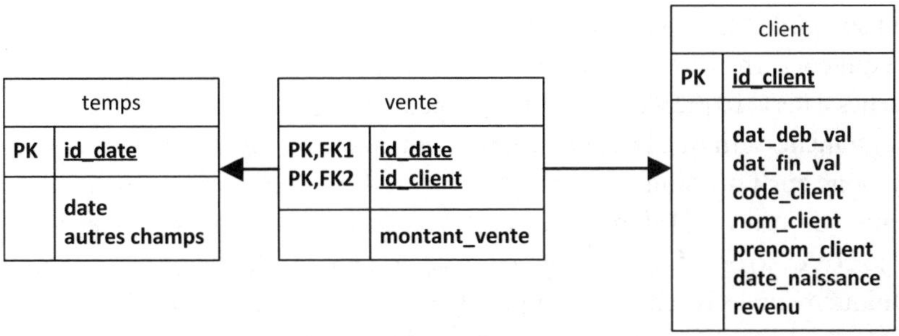

Figure 11.15 **Modèle relationnel incluant la table *client* contenant des champs à forte cardinalité**

Si par exemple l'on souhaite à présent connaître les montants des ventes réalisées le 01/12/2011 en fonction des âges des clients, il suffit d'écrire la requête SQL 11.1[1].

Dans cette requête, nous avons récupéré pour chaque vente la date de vente et la date de naissance du client, déterminé le nombre de mois séparant ces deux dates via la

1. Requête utilisant une syntaxe Oracle.

```
SELECT        FLOOR(MONTHS_BETWEEN(t.date,c.date_naissance)/12)
              age_client,
              SUM (v.montant_vente)
FROM          vente v
INNER JOIN    temps t ON v.id_date = t.id_date
INNER JOIN    client c ON v.id_client = c.id_client
WHERE         v.id_date = 20111201
GROUP BY      FLOOR(MONTHS_BETWEEN(t.date,c.date_naissance)/12)
```

SQL 11.1

fonction MONTHS_BETWEEN[1], divisé ce nombre par 12 pour obtenir un nombre d'années, puis arrondi (via la fonction FLOOR) à l'entier inférieur ce nombre afin d'obtenir un nombre entier d'années représentant l'âge du client au moment de la vente. Nous avons enfin sommé les montants des ventes pour chacun des âges des différents clients.

Le résultat de la requête SQL 11.1 contiendra donc autant de lignes que d'âges distincts des clients ayant acheté un produit le 01/12/2011. Il peut donc contenir plus de 50 lignes, ce qui n'est pas forcément très exploitable. Si l'on souhaite analyser les ventes non pas en fonction de l'âge mais des revenus des clients, on obtiendra encore beaucoup plus de lignes si les revenus sont stockés en euros.

Il est donc souvent préférable de regrouper les âges et les revenus en tranches afin de les analyser.

En ce qui concerne les âges, étant donné qu'ils ne sont pas directement stockés, ce regroupement doit être effectué au moment de l'exécution de la requête d'analyse, en adaptant son code SQL, tel que dans la requête SQL 11.2 page suivante.

En ce qui concerne les revenus, il est bien entendu également possible de les regrouper par tranches dans la requête d'analyse mais il peut être également intéressant de prédéterminer les tranches afin que l'ensemble des utilisateurs s'appuie sur les mêmes tranches.

Supposons que l'on souhaite analyser les ventes en fonction des tranches de revenus des clients suivantes : « Inférieur ou égal à 15 000 € », « Entre 15 001 et 30 000 € », « Entre 30 001 et 50 000 € » et « Supérieur à 50 000 € ». Au lieu de stocker dans la table *client* uniquement le revenu de chaque client, on peut donc décider d'ajouter dans cette table le champ *tranche_revenu* contenant la tranche à laquelle appartient son revenu[2]. Pour analyser les ventes par tranche de revenus, il suffit ensuite de sommer les montants des ventes en les regroupant suivant les valeurs du champ *tranche_revenu*.

1. Oracle ne met pas à disposition de fonction permettant d'obtenir directement le nombre d'années entre deux dates.

2. Il est préférable de conserver le champ *revenu* dans la table *client* car si l'on stocke uniquement la tranche de revenu, on perd de l'information. De plus, il deviendrait par la suite impossible de revoir la segmentation des tranches de revenus.

```
SELECT     CASE
           WHEN  FLOOR(MONTHS_BETWEEN(t.date,c.date_naissance)/12) < 21
           THEN 'entre 0 et 20 ans'
           WHEN  FLOOR(MONTHS_BETWEEN(t.date,c.date_naissance)/12
                 BETWEEN 21 AND 40
           THEN 'entre 21 et 40 ans'
           ELSE 'plus de 40 ans'
           END   tranche_age_client,
           SUM   (v.montant_vente)
FROM       vente v
INNER JOIN temps t ON v.id_date = t.id_date
INNER JOIN client c ON v.id_client = c.id_client
WHERE      v.id_date = 20111201
GROUP BY   CASE
           WHEN  FLOOR(MONTHS_BETWEEN(t.date,c.date_naissance)/12)<21
           THEN 'entre 0 et 20 ans'
           WHEN  FLOOR(MONTHS_BETWEEN(t.date,c.date_naissance)/12)
                 BETWEEN 21 AND 40
           THEN 'entre 21 et 40 ans'
           ELSE 'plus de 40 ans'
           END
```

SQL 11.2

Mais il se peut également que l'on ne souhaite pas toujours segmenter les revenus suivant les quatre tranches définies ci-dessus mais selon d'autres tranches, telles que « Inférieur ou égal à 30 000 € », « Entre 30 001 et 70 000 € » et « Supérieur à 70 000 € ». Que fait-on alors ? Doit-on ajouter un autre champ dans la table *client* pour représenter ces autres tranches ?

Il existe une meilleure solution, à la fois plus « maintenable » et plus « économe » en termes volume des données stockées. Cette solution consiste à ne pas stocker les tranches de revenus dans la table *client* mais dans une autre table dédiée. Elle est illustrée par la figure suivante.

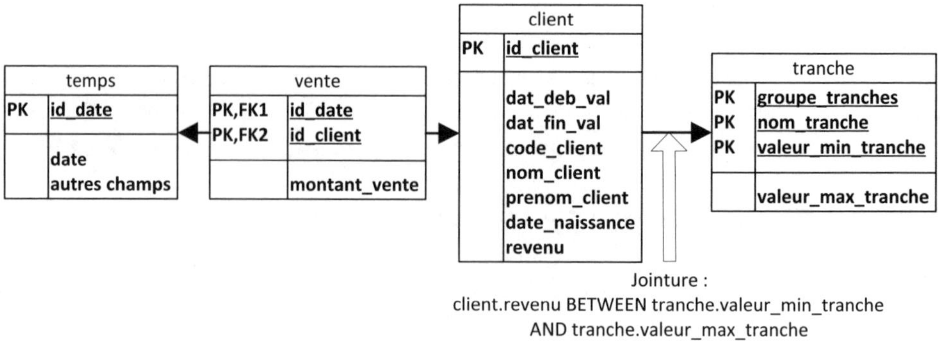

Figure 11.16 **Ajout d'une table dédiée au stockage des tranches**

Le contenu de la table *tranche* pourra être celui du tableau 11.2.

groupe_tranches	*nom_tranche*	*valeur_min_tranche*	*valeur_max_ tranche*
tranches_revenus_1	Inférieur ou égal à 15 000 €	0	15 000
tranches_revenus_1	Entre 15 001 et 30 000 €	15 001	30 000
tranches_revenus_1	Entre 30 001 et 50 000 €	30 001	50 000
tranches_revenus_1	Supérieur à 50 000 €	50 001	999 999
tranches_revenus_2	Inférieur ou égal à 30 000 €	0	30 000
tranches_revenus_2	Entre 30 001 et 70 000 €	30 001	70 000
tranches_revenus_2	Supérieur à 70 000 €	70 001	999 999

Tableau 11.2 **Contenu de la table *tranche***

Ainsi, si l'on souhaite analyser les montants des ventes du 01/12/2011 suivant les quatre tranches de revenus définies dans le groupe de tranches « tranches_revenus_1 », il suffira d'écrire la requête SQL 11.3.

```
SELECT       t.nom_tranche,
SUM          (v.montant_vente)
FROM         vente v
INNER JOIN   client c ON v.id_client = c.id_client
INNER JOIN   tranche t
ON           c.revenu BETWEEN t.valeur_min_tranche
             AND t.valeur_max_tranche
AND          t.groupe_tranches = 'tranches_revenus_1'
WHERE        v.id_date = 20111201
GROUP BY     t.nom_tranche
```

SQL 11.3

Si l'on souhaite analyser les ventes suivant les tranches de revenus définies dans le deuxième groupe de tranches, il suffit alors de remplacer « tranches_revenus_1 » par « tranches_revenus_2 » dans la requête.

Remarque : lors de la définition du contenu de la table tranche, *il faut bien veiller à ce que les différents intervalles définis par les champs* valeur_min_tranche *et* valeur_max_tranche *ne se recoupent pas et qu'aucune valeur de revenu ne soit à l'extérieur de ces intervalles. Pour reprendre notre exemple, si le degré de précision du champ* revenu *est non pas l'euro mais le centime d'euro, une valeur telle que 15 000,50 € ne serait dans aucune tranche. Par ailleurs, tout revenu supérieur à 999 999 € serait également exclu.*

La table *tranche* a également pour intérêt de pouvoir être utilisée de manière transverse pour segmenter les valeurs d'attributs différents, quelle que soit la table de dimension ou de faits à laquelle ils appartiennent.

Par exemple, on peut également utiliser cette table pour segmenter les ventes et obtenir le nombre de ventes par tranche de montant de vente : combien a-t-on réalisé de ventes dont le montant est inférieur à 100 €, compris entre 100 € et 1 000 €, supérieur à 1 000 € ? Il faut pour cela ajouter les lignes suivantes au contenu de la table *tranche.*

groupe_tranches	*nom_tranche*	*valeur_min_tranche*	*valeur_max_tranche*
tranches_vente	Inférieur à 100 €	0	99,99
tranches_vente	Entre 100 et 1 000 €	100	1 000
tranches_vente	Supérieur à 1 000 €	1 000,01	1 000 000

Tableau 11.3 **Lignes à ajouter à la table tranche pour segmenter les ventes par tranche de montants**

Il suffit ensuite d'écrire la requête SQL 11.4.

```
SELECT        t.nom_tranche,
              COUNT(*)
FROM          vente v
INNER JOIN    tranche t
ON            v.montant_vente BETWEEN t.valeur_min_tranche AND
              t.valeur_max_tranche
AND           t.groupe_tranches = 'tranches_vente'
WHERE         v.id_date = 20111201
GROUP BY      t.nom_tranche
```

SQL 11.4

Il est intéressant de noter que le champ *montant_vente* se comporte ici non pas comme un indicateur mais comme un attribut de dimension puisque l'indicateur analysé est le nombre de ventes et qu'il est utilisé comme critère d'analyse de ce nombre.

Remarque : en règle générale, les champs des tables de faits représentant des indicateurs ne sont pas indexés. Mais dans ce cas précis, il pourra être intéressant d'indexer le champ montant_vente *afin d'améliorer les temps de réponse des requêtes l'utilisant comme critère d'analyse.*

Chapitre 12

Traitement des cas particuliers des niveaux interdimensionnels et de l'héritage

12.1 Dérivation logique des niveaux interdimensionnels

J'ai présenté dans la section 2.4 la notion de niveau interdimensionnel en prenant pour exemple la TVA dont le taux dépend à la fois du pays et de la catégorie de produits.

Il convient à présent d'étudier la manière dont on peut intégrer dans un modèle relationnel un tel niveau.

La figure 12.1 reprend la partie du schéma factuel Vente dans laquelle on retrouve le niveau interdimensionnel TVA dépendant des niveaux Catégorie et Pays.

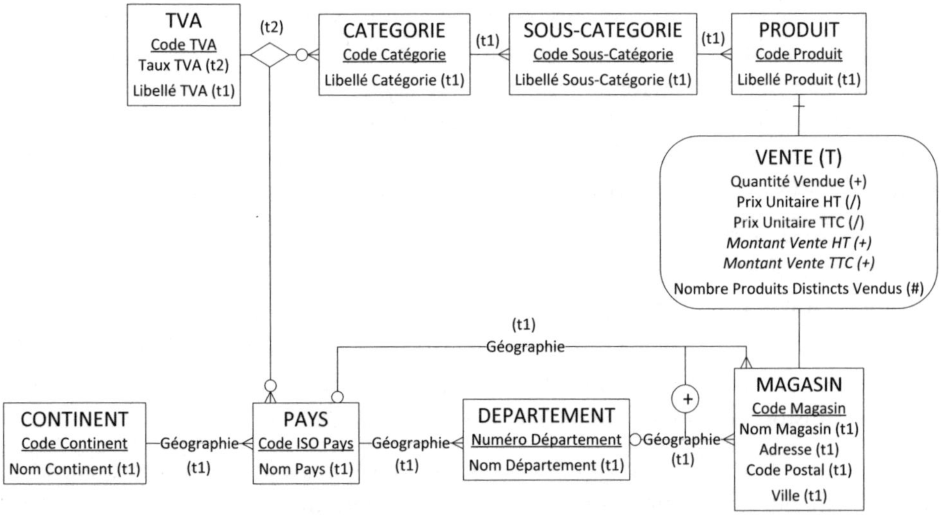

Figure 12.1 **Extrait du schéma factuel Vente comprenant le niveau TVA**

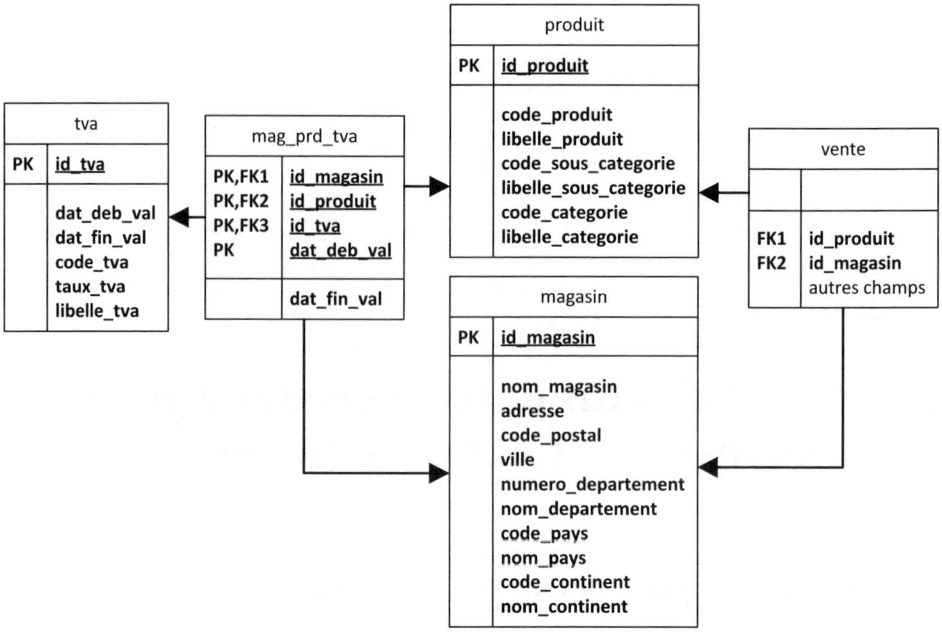

Figure 12.2 **Première version d'un modèle relationnel incluant la TVA (dimensions Produit et Magasin en étoile)**

Le modèle de la figure 12.2 appelle les commentaires suivants :

- La table *mag_prd_tva* contient les associations entre les produits, les magasins et les codes TVA. Ainsi, pour chaque produit vendu dans chaque magasin, cette table contient le code TVA défini par le couple (Produit, Magasin). Or, ce ne sont pas les couples (Produit, Magasin) qui déterminent les codes TVA mais les couples (Catégorie, Pays). L'alimentation de la table *mag_prd_tva* nécessite donc à partir de chaque couple (Catégorie, Pays) de récupérer les couples (Produit, Magasin) via les relations hiérarchiques des dimensions Produit et Magasin, puis d'associer aux couples récupérés le code TVA associé au couple (Catégorie, Pays) de départ.
- L'association ternaire entre TVA, Catégorie et Pays étant de type 2 dans le modèle conceptuel, il est nécessaire d'historiser les relations entre TVA, Produits et Magasins et c'est pourquoi la table *mag_prd_tva* contient les champs *dat_deb_val* et *dat_fin_val*.
- Le niveau TVA contenant un attribut de type 2 (l'attribut Taux TVA, les taux de TVA pouvant changer au cours du temps pour un même code), cette table est également historisée via les champs *dat_deb_val* et *dat_fin_val*.

La présence de la table *mag_prd_tva* associant la TVA aux produits et aux magasins est problématique car étant donné le nombre important de produits vendus dans chaque magasin, sa volumétrie risque d'être très importante, ce qui peut occasionner des problèmes de performance. De plus, son alimentation est complexe et son contenu doit être mis à jour à chaque apparition d'un nouveau produit dans un magasin. Il eut mieux valu avoir une table associant la TVA aux catégories et aux pays mais, étant donné que l'on a fait le choix d'une modélisation en étoile pour les dimensions Produit et Magasin, cela n'est pas possible car la table *mag_prd_tva* doit référencer les clés primaires des tables *produit* et *magasin.*

Si l'on modélise en flocon les dimensions Produit et Magasin, le modèle relationnel incluant la dimension TVA devient le suivant.

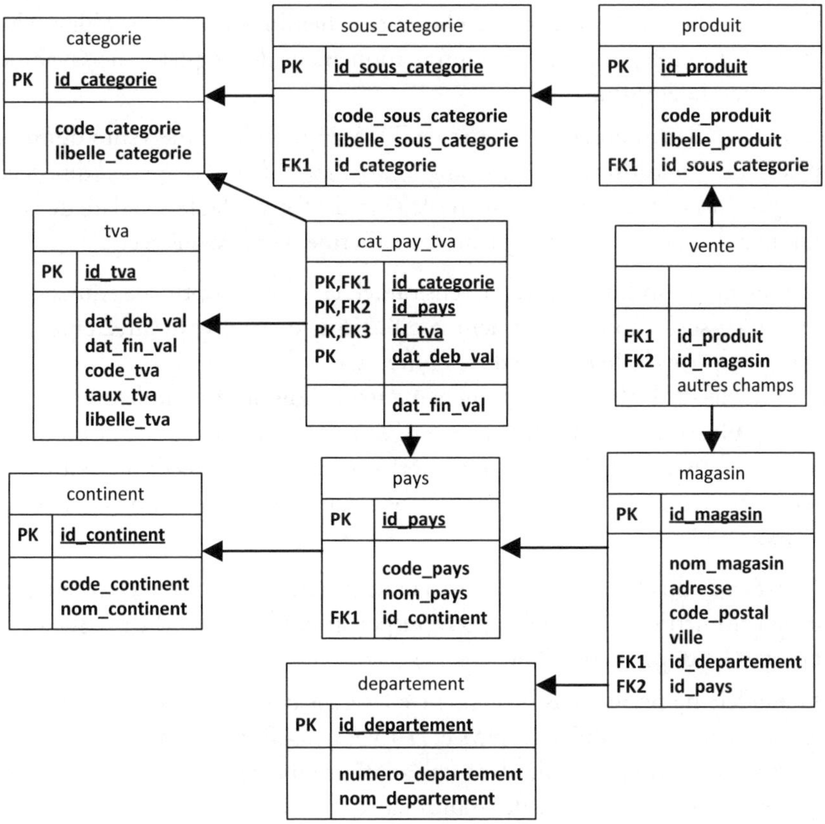

Figure 12.3 **Deuxième version d'un modèle relationnel incluant la TVA (dimensions Produit et Magasin en flocon)**

Dans le modèle de la figure 12.3, la table *tva* n'est plus associée aux tables *magasin* et *produit* mais aux tables *pays* et *categorie*, via la table d'association *cat_pay_tva.* Ainsi, on évite les écueils de la table *mag_prd_tva* présente dans le modèle précédent.

Cela dit, notre modèle possède encore quelques inconvénients :

- La hiérarchie Géographie de la dimension Magasin est une hiérarchie à niveau manquant. Or, même si nous avons repris dans la figure 12.3 la modélisation de la figure 8.7 qui est une modélisation améliorée par rapport au flocon classique, nous avons vu dans la section 8.2.1 qu'il était préférable de modéliser les hiérarchies à niveau manquant avec l'approche « en étoile ».
- La table *cat_pay_tva* introduit une « boucle » dans notre modèle (boucle formée par les tables *vente, produit, sous_categorie, categorie, cat_pay_tva, pays, magasin* et *vente* de nouveau). Or, certains outils de restitution sont « allergiques » aux boucles car elles introduisent l'existence de plusieurs « chemins » pour aller d'une table à une autre. Ces outils, qui génèrent automatiquement des requêtes, ne savent alors pas quel chemin emprunter.
- Si l'on souhaite connaître le taux de TVA applicable à une vente donnée, il faut placer des conditions sur les champs *dat_deb_val* et *dat_fin_val* des deux tables *cat_pay_tva* et *tva* afin de récupérer le taux de TVA valable à la date de la vente, ce qui peut s'avérer complexe et coûteux en terme de performance.

En présence d'un niveau interdimensionnel, la solution optimale consiste la plupart du temps à associer tout simplement la table issue de ce niveau directement à la table de faits, comme dans le modèle de la figure 12.4.

Le modèle de la figure 12.4, bien qu'assez éloigné du modèle conceptuel, est beaucoup plus simple à mettre en œuvre et à exploiter que les deux modèles précédents. Il est aussi probablement plus performant car on accède à la table *tva* directement à partir de la table de faits. Il possède cependant les deux inconvénients suivants :

- La présence du champ *id_tva* dans la table de faits *vente* entraîne une augmentation de la volumétrie de cette table pouvant pénaliser (faiblement) les requêtes n'exploitant pas les données de TVA.
- Le modèle ne permet pas de connaître les associations existant dans l'absolu entre les catégories de produits, les pays et la TVA mais uniquement celles pour lesquelles il existe des ventes. Cela dit, dans une application décisionnelle, on s'intéresse avant tout aux faits et à l'analyse des indicateurs.

Ces deux inconvénients me paraissant limités, je recommanderais dans la plupart des cas d'associer directement aux tables de faits les tables issues des niveaux interdimensionnels.

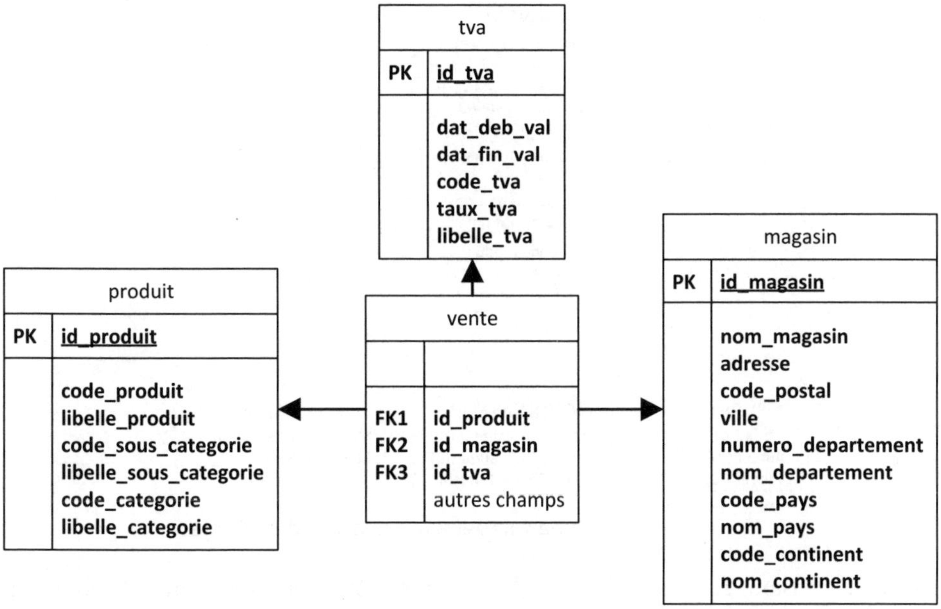

Figure 12.4 **Troisième version d'un modèle relationnel incluant la TVA (table *tva* directement associée à la table *vente*)**

12.2 **Dérivation logique des schémas factuels contenant des relations d'héritage entre niveaux**

Dans la section 2.5, on a abordé d'un point de vue conceptuel le sujet des relations d'héritage entre niveaux d'une dimension. Il est temps à présent de décrire les différentes techniques de dérivation logique de schémas factuels contenant ce type de relations. Pour cela, nous allons partir de l'exemple de la figure 12.5 (cf. page suivante).

Le diagramme de la figure 12.5 reprend une partie du schéma factuel Vente limitée aux dimensions Produit et Date[1].

Si nous nous concentrons sur la dimension Produit, il existe deux méthodes pour effectuer la dérivation logique de cette dimension.

12.2.1 **Première méthode : une table de dimension unique**

La première méthode consiste à créer une table de dimension unique contenant des champs correspondant à l'ensemble des attributs des niveaux Produit, Livre, Ordina-

1. Pour ne pas alourdir les modèles logiques qui vont suivre, je n'ai conservé que les trois premiers attributs des niveaux Livre, Ordinateur et Télévision et je n'ai pas repris les hiérarchies des dimensions Temps et Produit. Pour les besoins de cet exposé, j'ai également ajouté l'attribut de type 2 Prix Conseillé dans le niveau Produit.

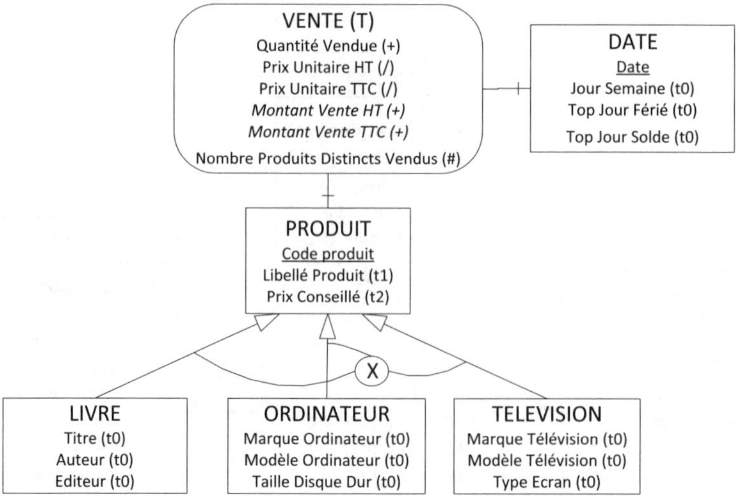

Figure 12.5 **Schéma factuel avec relation d'héritage**

teur et Télévision. La mise en œuvre de cette première méthode permet d'aboutir au modèle de la figure suivante.

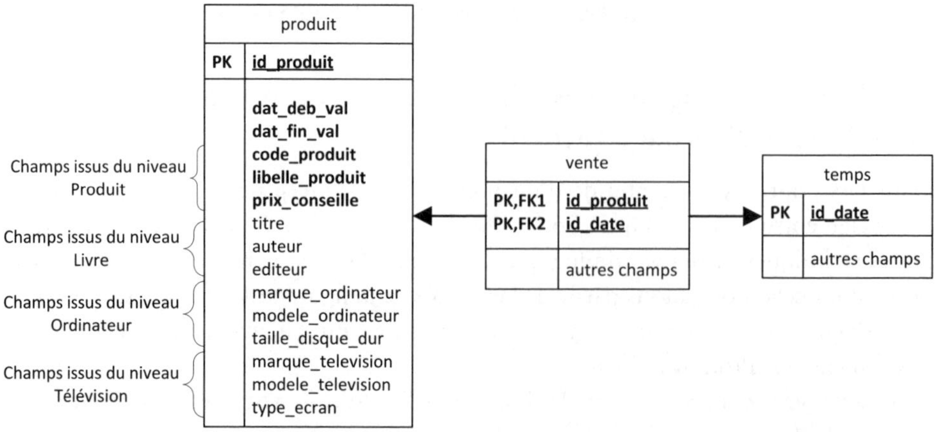

Figure 12.6 **Modèle logique d'un schéma factuel avec relation d'héritage obtenu avec la première méthode**

Remarques : la table produit *de la figure 12.6 contient l'ensemble des produits, c'est-à-dire les livres, les ordinateurs, les télévisions et les autres produits*[1]*. Les champs* titre, auteur *et* editeur *se rapportant aux livres, ils ne seront renseignés que pour les produits de*

1. Le schéma de la figure 12.5 indique qu'il existe une contrainte d'exclusivité entre les niveaux Livre, Ordinateur et Télévision mais pas de contrainte de totalité (cf. section 2.5). Certains produits ne sont donc ni des livres, ni des ordinateurs et ni des télévisions.

type « livre ». Les champs code_produit, libelle_produit *et* prix_conseille *étant issus du niveau Produit, ils seront renseignés pour tous les produits. Pour les produits n'étant ni des livres, ni des ordinateurs, ni des télévisions, seuls les champs* id_produit, code_produit, libelle_produit *et* prix_conseille *seront renseignés. Enfin, l'attribut Prix conseillé étant de type 2, l'on a ajouté les champs* dat_deb_val *et* dat_fin_val *permettant de gérer les changements dans la table* produit.

Cette première méthode a l'avantage d'être relativement simple à implémenter mais a l'inconvénient de multiplier le nombre de champs de la table unique. Dans notre exemple, cela ne pose pas de problème car le nombre d'attributs spécifiques à chaque sous-type de produit est relativement faible. Mais il arrive parfois que ce nombre soit très élevé. En effet, on peut très bien imaginer avoir une dizaine de sous-types de produits possédant chacun une cinquantaine d'attributs spécifiques. Dans ce cas de figure, on aboutirait à une table unique possédant plusieurs centaines de champs dont la très grande majorité serait non renseignés pour un produit donné. Une telle situation serait ingérable.

Par ailleurs, cette première méthode pose également un problème dans le cas où il existe des indicateurs spécifiques à certains types de produits : si un indicateur était spécifique aux produits de type « livre », rien n'empêcherait les utilisateurs de combiner cet indicateur avec les produits de type « ordinateur » ou « télévision », ce qui n'aurait pas de sens.

La deuxième méthode que nous allons voir est un peu plus lourde à mettre en place mais ne possède pas ces inconvénients.

12.2.2 Deuxième méthode : une table de dimension par sous-type

La deuxième méthode consiste à créer une table de dimension pour chaque niveau participant à la relation d'héritage, c'est-à-dire une table de dimension correspondant au niveau général et une table de dimension pour chacun des niveaux spécialisés.

La figure 12.7 illustre l'application de cette deuxième méthode à notre exemple.

produit	
PK	id_produit
	dat_deb_val dat_fin_val code_produit libelle_produit prix_conseille

livre	
PK	id_produit
	dat_deb_val dat_fin_val code_produit libelle_produit prix_conseille titre auteur editeur

ordinateur	
PK	id_produit
	dat_deb_val dat_fin_val code_produit libelle_produit prix_conseille marque_ordinateur modele_ordinateur taille_disque_dur

television	
PK	id_produit
	dat_deb_val dat_fin_val code_produit libelle_produit prix_conseille marque_television modele_television type_ecran

Figure 12.7 **Tables *produit, livre, ordinateur* et *television* obtenues avec la deuxième méthode**

Remarques : la table produit *contient l'ensemble des produits alors que les autres tables ne contiennent qu'un sous-ensemble des produits. Les champs* code_produit *et* libelle_produit *étant communs à l'ensemble des produits, ils sont présents dans les quatre tables. Les champs des différentes tables sont tous obligatoires contrairement aux champs de la table* produit *obtenue à partir de la première méthode.*

Chacune des quatre tables obtenues peut alors être utilisée avec la table de faits *vente* en fonction de l'analyse que l'on souhaite effectuer. Si l'on intègre la table de faits dans notre modèle, on aboutit au modèle de la figure 12.8 page suivante.

Si on s'intéresse aux ventes de l'ensemble des produits, on utilisera alors la première étoile et la table *produit.* En revanche, si on s'intéresse uniquement aux ventes de livres, on utilisera la 2e étoile et la table *livre.* Idem pour les ventes d'ordinateurs et de télévisions.

Le modèle de la figure 12.8 utilisant une table de faits unique, cela implique que, pour un même produit, les valeurs du champ *id_produit* doivent être identiques dans la table commune *produit* et dans la table correspondant au sous-type du produit en question. Par exemple, les valeurs du champ *id_produit* pour le livre *Le père Goriot* doivent être les mêmes dans la table *produit* et dans la table *livre.* Ce principe est illustré par les deux tableaux suivants.

id_produit	*dat_deb_val*	*dat_fin_val*	*code_produit*	*libelle_produit*	*prix_ conseille*
101	01/01/0001	31/12/9999	AAA	Livre *Le père Goriot*	20 €

Tableau 12.1 **Contenu de la table *produit* pour le livre « Le père Goriot »**

id_ produit	*dat_deb_ val*	*dat_fin_val*	*code_ produit*	*libelle_ produit*	*prix_ conseille*	*titre*	*auteur*	*editeur*
101	01/01/0001	31/12/9999	AAA	Livre Le père Goriot	20 €	*Le père Goriot*	Balzac	Editime

Tableau 12.2 **Contenu de la table *livre* pour le livre « Le père Goriot »**

Comme le montrent les tableaux, le contenu des champs communs aux tables *produit* et *livre* est identique pour un même produit.

Le fait que la valeur du champ *id_produit* doit être identique pour un même produit dans les deux tables *produit* et *livre* a la conséquence suivante : chaque changement de valeur d'un attribut de type 2 doit entraîner l'ajout d'un enregistrement dans chacune des deux tables. En effet, supposons que le prix conseillé du livre *Le père Goriot* soit

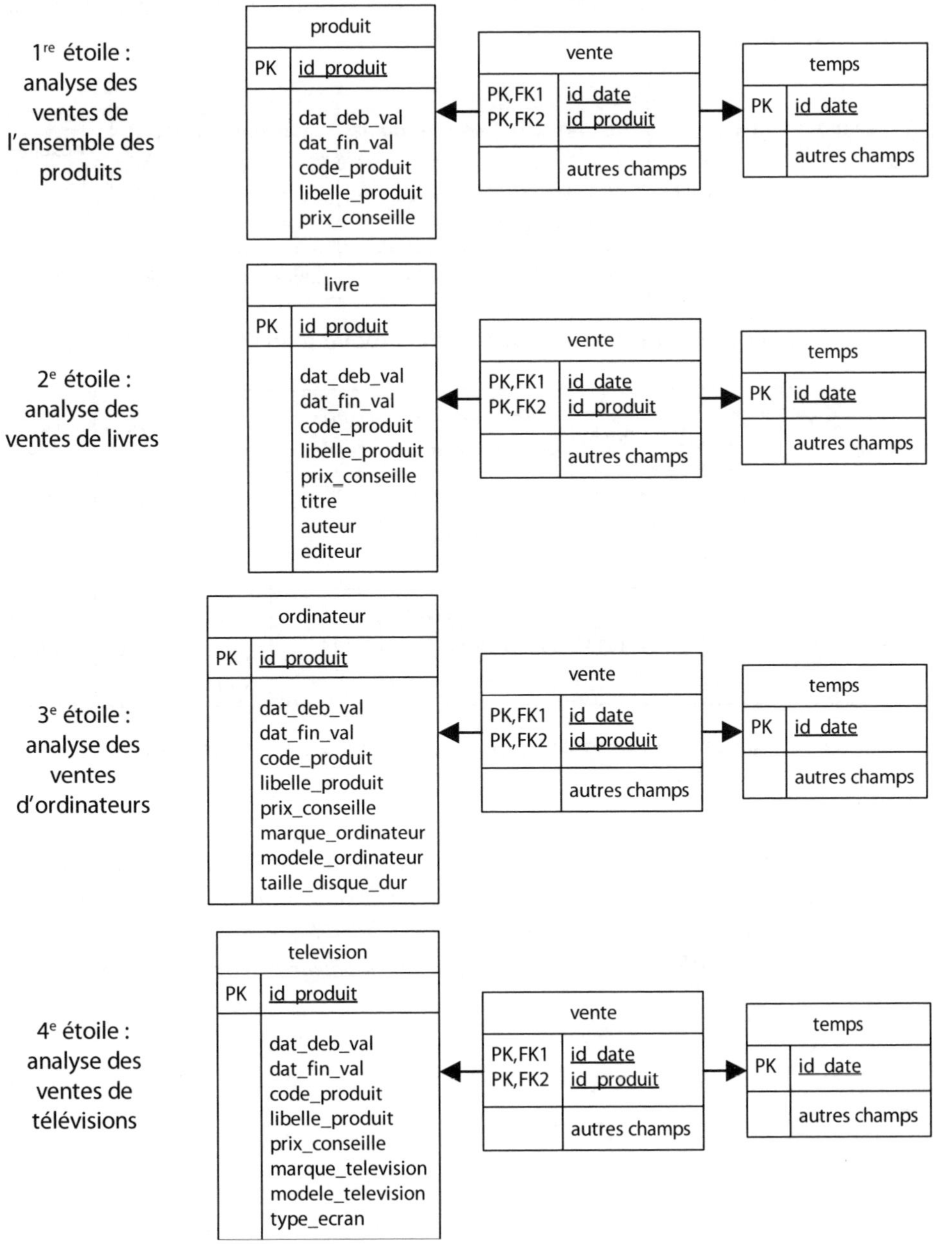

Figure 12.8 **Utilisation des tables *produit*, *livre*, *ordinateur* et *television* avec la table de faits *vente***

modifié au 01/01/2011 en passant de 20 € à 25 €. Ce changement se traduira par les modifications illustrées par les tableaux suivants.

id_produit	*dat_deb_val*	*dat_fin_val*	*code_produit*	*libelle_produit*	*prix_ conseille*
101	01/01/0001	~~31/12/9999~~ **31/12/2010**	AAA	Livre *Le père Goriot*	20 €
381	**01/01/2011**	**31/12/9999**	**AAA**	**Livre *Le père Goriot***	**25 €**

Tableau 12.3 **Impact sur le contenu de la table *produit* d'un changement de type 2**

id_ produit	*dat_deb_ val*	*dat_fin_val*	*code_ produit*	*libelle_ produit*	*prix_ conseille*	*titre*	*auteur*	*editeur*
101	01/01/0001	~~31/12/9999~~ **31/12/2010**	AAA	Livre *Le père Goriot*	20 €	*Le père Goriot*	Balzac	Editime
381	**01/01/2011**	**31/12/9999**	**AAA**	**Livre *Le père Goriot***	**25**	***Le père Goriot***	**Balzac**	**Editime**

Tableau 12.4 **Impact sur le contenu de la table *livre* d'un changement de type 2**

Remarque : si le changement avait concerné un attribut de type 2 du niveau Livre au lieu du niveau Produit, l'impact aurait été le même. On aurait alors également ajouté un enregistrement dans la table produit *bien que cette table ne contienne pas de champ correspondant à l'attribut en question. On aurait alors eu dans la table* produit *deux enregistrements quasi identiques, ne différant l'un de l'autre que par la valeur du champ* id_produit.

Chapitre 13

Valeurs NULL et valeurs par défaut

13.1 Éviter les valeurs NULL

La valeur NULL est une valeur bien spéciale[1] dans les bases de données relationnelles.

Lorsqu'un champ possède la valeur NULL, cela signifie :

- Soit que la donnée est manquante pour ce champ (le champ devrait posséder une « vraie valeur » mais n'en possède pas car cette valeur est inconnue au moment où ce champ est alimenté).
- Soit que la donnée n'existe pas et ne devrait pas exister (la donnée ne s'applique pas à ce champ pour l'enregistrement concerné par la valeur NULL).

L'utilisation de valeurs NULL dans les systèmes d'information décisionnels pose un certain nombre de problèmes, aussi bien pour les champs des tables de dimension, que pour les clés étrangères des tables de faits et les indicateurs de ces dernières. Nous allons à présent étudier des solutions permettant de contourner chacun de ces problèmes.

13.2 La valeur NULL dans les tables de dimension

Tout d'abord, la présence de la valeur NULL introduit une logique ternaire. En effet, dans la logique booléenne classique, le résultat d'une comparaison entre deux valeurs ne peut prendre que l'une des deux valeurs suivantes : VRAI ou FAUX. Par exemple, l'expression « 10 = 10 » est égale à VRAI alors que l'expression « 10 = 20 » est égale à FAUX. Or, la particularité de la valeur NULL est de n'être égale à aucune

1. En réalité, NULL n'est pas véritablement une valeur mais plutôt un marqueur signifiant l'absence de valeur.

autre valeur, même pas à elle-même. Autrement dit, l'expression NULL = NULL n'est pas égale à VRAI. Mais elle n'est pas égale à FAUX non plus. Elle est égale à une troisième valeur que l'on peut appeler INCONNU. De manière générale, tout résultat d'une comparaison faisant intervenir la valeur NULL sera égal à INCONNU. Nous sommes donc en présence d'une logique non pas booléenne mais ternaire car, si l'on tient compte de cette valeur, le résultat d'une comparaison peut prendre l'une des trois valeurs VRAI, FAUX et INCONNU.

Remarque : puisqu'aucune valeur n'est égale à NULL, le langage SQL a introduit les prédicats IS NULL et NOT IS NULL pour tester si un champ possède ou non la valeur NULL.

Cette spécificité de la valeur NULL pose de nombreux problèmes dans l'exploitation des données car elle oblige l'utilisateur à se poser sans cesse la question de savoir si une valeur peut être NULL ou non et à prendre en compte cette possibilité dans la formulation de sa requête.

Prenons un exemple. Supposons que nous ayons une table de dimension *client* incluant le champ *pays_residence* et que ce champ puisse prendre la valeur NULL. Si un utilisateur souhaite connaître le nombre de clients ne résidant pas en France, il formulera naturellement la requête SQL 13.1.

```
SELECT      COUNT(*)
FROM        client
WHERE       pays_residence <> 'France'
```

SQL 13.1

Et bien le résultat qu'il obtiendra ne sera probablement pas celui qu'il attend car les clients dont le pays de résidence est inconnu (NULL) ne seront pas pris en compte dans le résultat de sa requête. Si l'on souhaite prendre en compte les clients dont le champ *pays_residence* est NULL, il faut en effet écrire la requête SQL 13.2.

```
SELECT      COUNT(*)
FROM        client
WHERE       pays_residence <> 'France'
OR          pays_residence IS NULL
```

SQL 13.2

Si le fait d'ajouter la condition `OR pays_residence IS NULL` peut ne pas poser de problème pour un utilisateur avancé, on peut imaginer que cette subtilité dépasse quelque peu l'utilisateur « lambda ».

Pour chaque champ intervenant dans une requête et pouvant être NULL, il faut donc penser à prendre en compte cette possibilité dans la formulation de la requête. Cela peut s'avérer vite complexe si ce nombre de champs est important car il faut alors ajouter de multiples parenthèses entre les différentes conditions AND et OR de la requête.

Il est donc préférable de ne pas valoriser les champs des tables de dimension avec la valeur NULL et d'utiliser en lieu et place la valeur « INCONNU » ou la valeur « N/A » (Non Applicable). Ainsi, si l'on reprend notre exemple du champ *pays_residence* et que l'on remplace la valeur NULL par « N/A », la requête SQL 13.1 prendra bien en compte les pays dont le pays de résidence est inconnu.

13.3 La valeur NULL dans les clés étrangères des tables de faits

Dans certains cas, nous ne sommes pas en mesure d'associer un enregistrement de la table de faits avec un enregistrement d'une table de dimension associée. Cela peut arriver dans le cas où la valeur de la dimension est inconnue au moment où l'on alimente la table de faits, dans le cas où cette valeur est présente dans le fait mais erronée (valeur non présente dans la table de dimension associée) ou bien encore lorsque la valeur de la dimension est optionnelle. Par exemple, la figure 13.1, extrait du MCMD des ventes, montre que le niveau Employé est optionnel pour le rôle Conseiller. Autrement dit, certaines ventes ne sont pas associées à un conseiller.

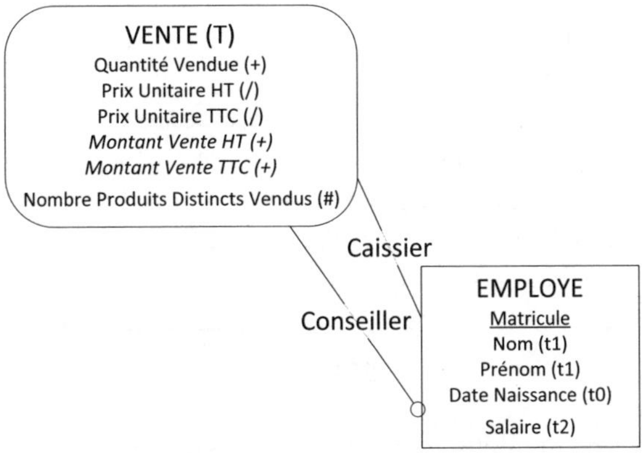

Figure 13.1 **Tous les faits de la relation factuelle Vente ne sont pas associés à un conseiller**

L'approche naturelle de dérivation logique du schéma de lafigure 13.1 consisterait à concevoir le modèle de la figure suivante.

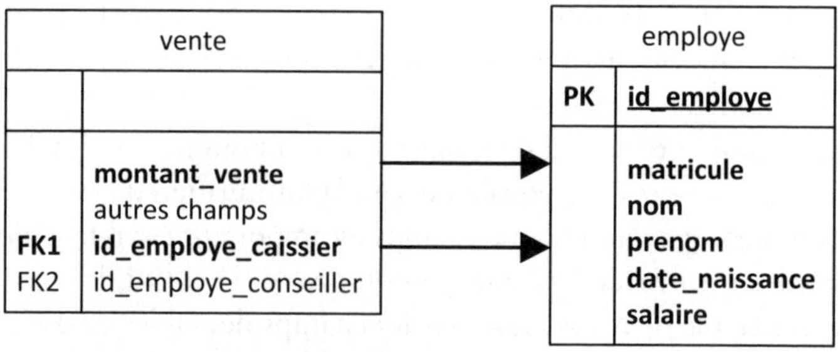

Figure 13.2 **Le champ *id_employe_conseiller* de la table vente n'est pas obligatoire**

Dans la figure 13.2, la table *vente* contient les deux champs *id_employe_caissier* et *id_employe_conseiller* pour matérialiser les deux rôles que peuvent jouer les employés pour chacune des ventes. Mais, contrairement au champ *id_employe_caissier*, le champ *id_employe_conseiller* n'est pas obligatoire. Il est en effet valorisé à NULL pour les ventes ne faisant pas intervenir de conseiller.

La présence potentielle de la valeur NULL dans le champ *id_employe_conseiller* peut poser problème si l'on s'intéresse dans la requête aux employés jouant le rôle de conseiller. Considérons par exemple la requête SQL 13.3 ramenant le montant des ventes suivant les matricules des caissiers et des conseillers.

```
SELECT        caissier.matricule,
              conseiller.matricule,
              SUM(v.montant_vente)
FROM          vente v
INNER JOIN    employe caissier
ON            v.id_employe_caissier=caissier.id_employe
INNER JOIN    employe conseiller
ON            v.id_employe_conseiller=conseiller.id_employe
GROUP BY      caissier.matricule,
              conseiller.matricule
```

SQL 13.3

Cette requête ne comptabilisera pas les ventes sans conseiller. En effet, pour ces ventes, le champ *id_employe_conseiller* est NULL dans la table vente. Or, NULL n'étant égal à aucune autre valeur, la condition `v.id_employe_conseiller= conseiller.id_employe` ne sera jamais réalisée et la 2e jointure entre la table vente et la table employe fera que la requête ne ramènera aucun enregistrement pour ce type de ventes.

Pour contourner ce problème, on peut transformer la 2e jointure de la requête SQL 13.3, qui est une « équi-jointure », en jointure dite « externe ». Il suffit pour cela de remplacer l'expression `INNER JOIN` par l'expression `LEFT OUTER JOIN` (ou `LEFT JOIN`), comme dans la requête SQL 13.4 qui comptabilise toutes les ventes, y compris celles sans conseiller.

```
SELECT            caissier.matricule,
                  conseiller.matricule,
                  SUM(v.montant_vente)
FROM              vente v
INNER JOIN        employe caissier
ON                v.id_employe_caissier=caissier.id_employe
LEFT OUTER JOIN   employe conseiller
ON                v.id_employe_conseiller=conseiller.id_employe
GROUP BY          caissier.matricule,
                  conseiller.matricule
```

SQL 13.4

De manière générale, l'utilisation de jointures externes dans les requêtes est à éviter car ce type de jointures est moins performant que les équi-jointures. De plus, si l'on souhaite intégrer à la requête une condition sur l'un des champs de la table en jointure externe (par exemple, exclure du résultat de la requête les ventes réalisées par un conseiller dont le salaire est supérieur à une certaine valeur), il faut penser à prendre en compte le fait que le champ salaire peut être égal à NULL pour les ventes sans conseiller et ajouter la condition suivante dans la requête : `OR conseiller.salaire is NULL`.

Afin de contourner le problème de l'existence de faits sans valeur de dimension associée et d'éviter de recourir à des jointures externes, la solution appropriée consiste à insérer dans chaque table de dimension un enregistrement par défaut et à associer les faits pour lesquels une dimension n'a pas de valeur à cet enregistrement par défaut.

Si l'on reprend notre exemple, la solution consiste à ajouter dans la table *employe* l'enregistrement du tableau 13.1.

id_employe	*matricule*	*nom*	*prenom*	*date_naissance*	*salaire*
0	XXX	N/A	N/A	31/12/9999	0

Tableau 13.1 **Enregistrement par défaut de la table *employe***

Ainsi, tous les faits de la table *vente* pour lesquels il n'existe pas de conseiller seront associés à cet enregistrement et porteront la valeur 0 dans le champ *id_employe_conseiller*. Tous les enregistrements de la table *vente* auront alors une valeur dans le champ *id_employe_conseiller* et nous ne serons donc plus obligés de recourir à une jointure externe entre la table *vente* et la table *employe*.

13.4 La valeur NULL dans les indicateurs

Il peut également arriver que la valeur d'un indicateur ne soit pas connue pour un fait donné (ou qu'un indicateur n'ait pas de sens pour un fait). Dans ce cas, on peut décider soit de valoriser cet indicateur avec la valeur NULL, soit de le valoriser avec la valeur 0. Il faut alors être vigilant car ce choix n'est pas sans conséquence sur les résultats des calculs d'indicateurs dérivés ou des calculs d'agrégation.

En ce qui concerne le calcul des indicateurs dérivés, il faut savoir que tout calcul impliquant une valeur NULL renvoie la valeur NULL : 0 + NULL = NULL ou encore 0 * NULL = NULL. Si l'on prend l'exemple de l'indicateur dérivé Montant Vente HT de la relation factuelle des ventes dont la formule de calcul est Quantité Vendue * Prix Unitaire HT, cet indicateur sera valorisé à NULL dès lors que l'un des deux indicateurs Quantité Vendue ou Prix Unitaire HT est égal à NULL. Si l'on souhaite que dans un tel cas de figure, l'indicateur Montant Vente HT soit valorisé à 0 au lieu de NULL, il faut alors remplacer dans la formule de calcul la valeur NULL par la valeur 0 au moyen de la fonction SQL `NVL`, comme ceci :

```
NVL(quantite_vendue,0) * NVL(prix_unitaire_ht,0).
```

En ce qui concerne les calculs d'agrégation, les fonctions SQL d'agrégation font en sorte que les valeurs NULL ne soient pas prises en compte dans les résultats des requêtes[1]. Pour la fonction `SUM`, la valeur NULL est donc équivalente à la valeur 0 mais cela n'est pas le cas pour la fonction `AVG`. En effet, si l'on considère une table contenant les valeurs du tableau suivant, la formule `AVG(indicateur1)` retournera la valeur 50 alors que la formule `AVG(indicateur2)` retournera 75.

indicateur1	*indicateur2*
50	50
100	100
0	NULL

Tableau 13.2

1. À l'exception de la fonction `COUNT(*)` qui tient compte des NULL.

En résumé, on peut dire qu'il faut proscrire le stockage de valeurs NULL en tant que champs des tables de dimension et clés étrangères des tables de faits. Il faut utiliser à la place des valeurs par défaut, cela afin d'éviter de devoir tester l'existence des valeurs NULL dans les requêtes et d'éviter des problèmes de jointures. En revanche, l'existence de valeurs NULL dans les champs représentant des indicateurs a parfois sa raison d'être, notamment pour les indicateurs s'agrégeant au moyen de la fonction `AVG`.

Chapitre 14

Tables de faits fusionnées et agrégats

Ce dernier chapitre est composé de deux parties : dans la première partie, je présenterai ce que l'on appellera les **tables de faits fusionnées** et, dans la seconde, nous étudierons la notion d'**agrégat**.

14.1. Tables de faits fusionnées

Les tables de faits dites « fusionnées » rassemblent des indicateurs appartenant à des tables de faits distinctes. Elles permettent de satisfaire des besoins de forage transversal (*drill-across*) sans avoir à « requêter » plusieurs tables de faits et à combiner les résultats de chaque requête.

Reprenons en guise d'illustration le schéma factuel de la figure 6.4[1] et effectuons une dérivation logique de ce schéma avec une approche en étoile. Cette dérivation est représentée par la figure 14.1.

1. Duquel nous avons retiré, par souci de simplification, le niveau Semaine et certains attributs de la dimension temporelle.

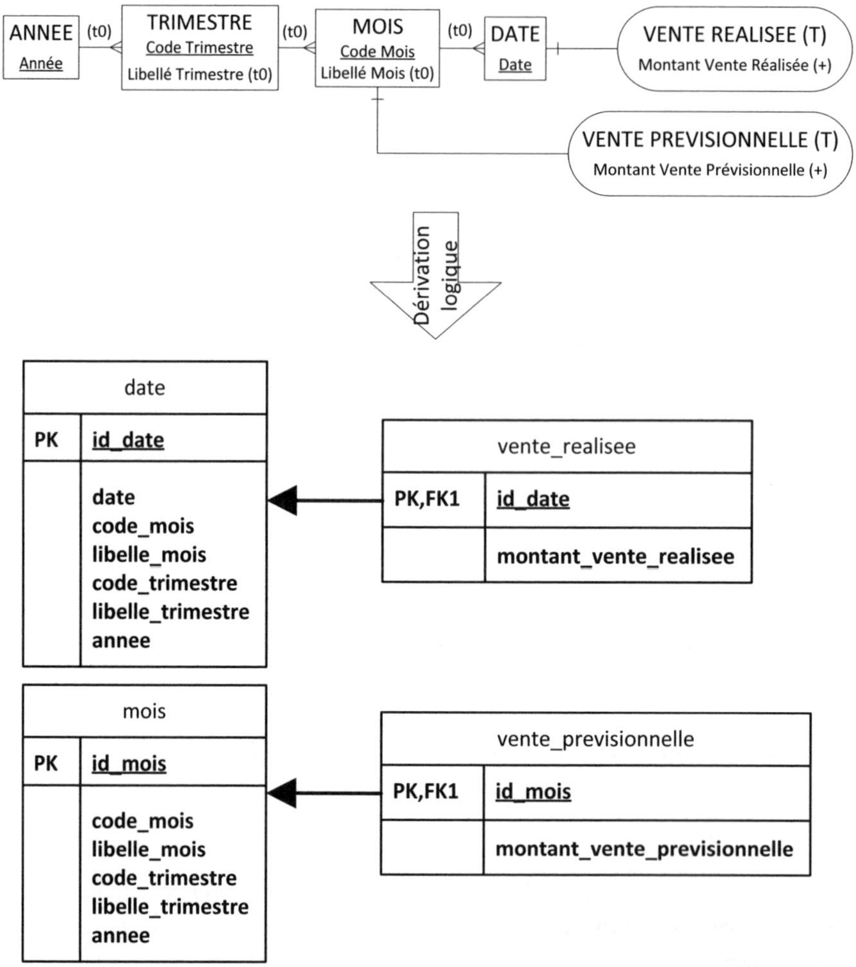

Figure 14.1 **Dérivation logique des schémas factuels Vente Réalisée et Vente Prévisionnelle**

Supposons à présent que l'on souhaite afficher au sein d'un même rapport les montants des ventes réalisées et ceux des ventes prévisionnelles pour chacun des mois de l'année 2011. Pour obtenir ce rapport, on peut écrire la requête SQL 14.1. Dans cette requête, nous avons sommé par mois les montants des ventes réalisées en 2011 (1er sous-SELECT) ainsi que ceux des ventes prévisionnelles de 2011 (2e sous-SELECT), puis effectué une jointure de type `FULL OUTER JOIN`[1] (double jointure externe) entre les résultats des deux sous-SELECT et enfin sélectionné les données issues de la jointure.

1. Le `FULL OUTER JOIN` permet de tenir compte de l'absence potentielle de faits de ventes réalisées ou de ventes prévisionnelles pour un mois donné.

```
SELECT              CASE WHEN vr_mois.libelle_mois IS NULL
                         THEN vp_mois.libelle_mois
                         ELSE vr_mois.libelle_mois
                    END,
                    vr_mois.montant_vr,
                    vp_mois.montant_vp
FROM                (SELECT     d.libelle_mois,
                                SUM(vr.montant_vente_realisee)
                                montant_vr
                    FROM        vente_realisee vr
                    INNER JOIN date d ON vr.id_date = d.id_date
                    WHERE       d.annee = 2011
                    GROUP BY    d.libelle_mois) vr_mois

FULL OUTER JOIN (SELECT     m.libelle_mois,
                            SUM(vp.montant_vente_previsionnelle)
                            montant_vp
                 FROM       vente_previsionnelle vp
                 INNER JOIN mois m ON vp.id_mois = m.id_mois
                 WHERE      m.annee = 2011
                 GROUP BY   m.libelle_mois) vp_mois

ON                   vr_mois.libelle_mois = vp_mois.libelle_mois
```

SQL 14.1

La requête SQL 14.1 possède un triple inconvénient :

- Elle est relativement complexe et donc difficile à écrire pour un utilisateur débutant en SQL.
- Tous les outils de restitution ne sont pas capables de la générer.
- Elle est peu performante car elle nécessite de parcourir deux tables de faits et contient une jointure de type `FULL OUTER JOIN`, en général plus lente à s'exécuter qu'une jointure classique de type `INNER JOIN`.

Pour pallier ces inconvénients, nous pouvons mettre en place la table de faits *vente_realisee_previsionnelle* de la figure suivante, table de faits que l'on qualifie de « fusionnée » car elle fusionne les indicateurs des deux tables de faits *vente_realisee* et *vente_previsionnelle*.

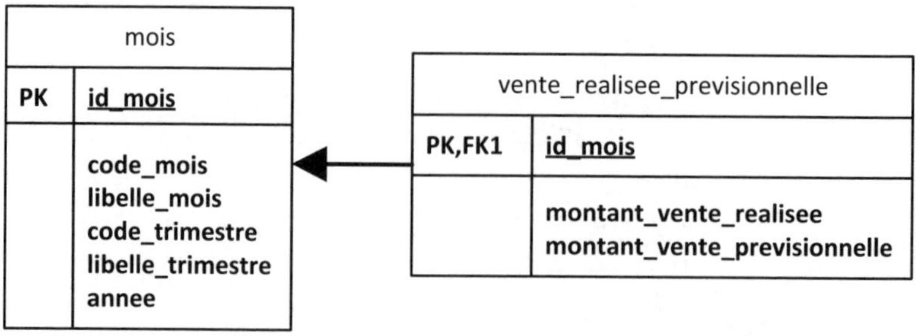

Figure 14.2 **Table de faits fusionnée *vente_realisee_previsionnelle***

La table *vente_realisee_previsionnelle* pourra être utilisée de manière avantageuse en lieu et place des deux tables de faits d'origine lorsque les utilisateurs souhaiteront comparer les ventes réalisées aux ventes prévisionnelles.

Remarque 1 : la table de faits vente_realisee_previsionnelle *est une table technique qui ne correspond à aucune relation factuelle. En effet, nous avons vu dans la section 6.3 qu'une relation factuelle qui rassemblerait les indicateurs Montant Vente Réalisée et Montant Vente Prévisionnelle n'a pas lieu d'être car sa présence viendrait à l'encontre du principe de conformité des indicateurs étant donné qu'elle ne contient pas d'indicateur qui lui est propre (il ne s'agit pas d'une relation factuelle de synthèse).*

Remarque 2 : la table de faits fusionnée vente_realisee_previsionnelle *rassemble des indicateurs provenant de deux tables de faits uniquement mais on peut très bien concevoir des tables de faits fusionnant des indicateurs issus d'un nombre supérieur de tables de faits.*

14.2 **Agrégats**

Un agrégat est une structure de données (table ou vue matérialisée) dont l'objectif est de diminuer le nombre d'enregistrements accédés par les requêtes et ainsi réduire le temps de lecture des données.

14.2.1 **Exemples de tables de faits agrégées**

À des fins d'illustration, considérons pour exemple le schéma factuel de la figure 14.3.

Il s'agit d'un schéma factuel similaire à celui de notre cas d'école du chapitre 1 mais simplifié et auquel a été ajoutée la dimension Client.

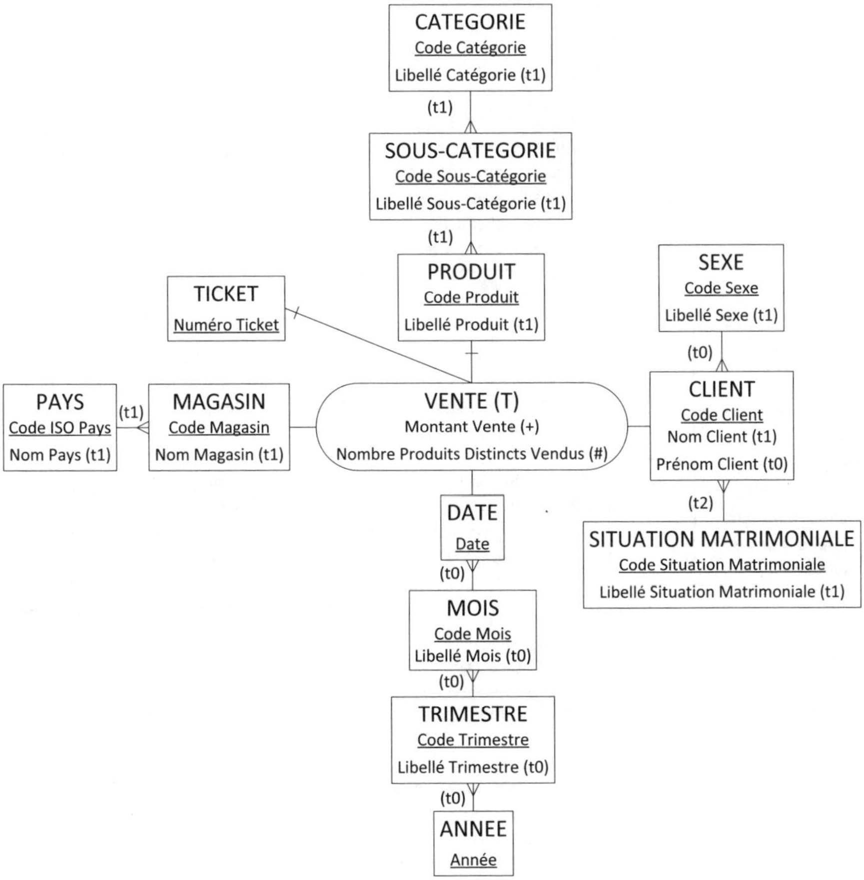

Figure 14.3 **Schéma factuel Vente**

Le modèle logique dérivé de ce schéma factuel avec une approche en étoile est représenté par la figure 14.4 page suivante.

La table de faits *vente* contient autant d'enregistrements que de produits vendus dans les différents magasins de l'entreprise de distribution. Si l'on suppose que cette entreprise possède 30 millions de clients, qu'un client se rend dans un magasin en moyenne une fois par mois et que le panier moyen est constitué d'environ 10 produits, le nombre de lignes de la table *vente* sera de 300 millions de lignes par mois.

Une requête consistant par exemple à comparer les montants des ventes par produit de l'année 2012 par rapport à ceux de l'année 2011 nécessite donc la lecture de 7,2 milliards de lignes (300 millions multiplié par 24 mois). Une telle requête peut mettre plusieurs heures à s'exécuter.

Pour améliorer les temps de réponse de cette requête, l'on peut créer et alimenter la table de faits *agg_vente* présentée dans la figure 14.5.

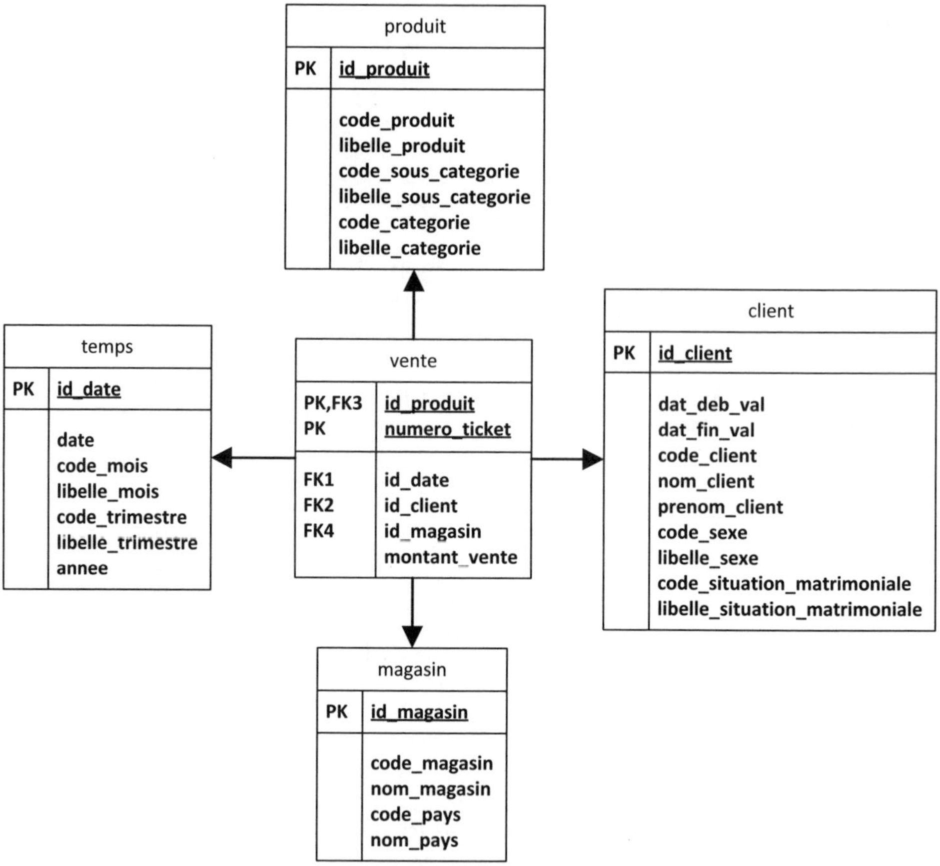

Figure 14.4 **Modèle logique en étoile dérivé du schéma factuel Vente**

La table *agg_vente* contient la somme des montants de vente par date et par produit. Les dimensions Ticket, Client et Magasin n'étant pas nécessaires pour répondre à notre question, elles n'apparaissent plus dans le modèle de la figure 14.5.

Le nombre d'enregistrements de la table *agg_vente* sera probablement très inférieur à celui de la table de faits d'origine. En effet, si le nombre de produits vendus par l'entreprise est de 10 000, son nombre de lignes sera au maximum de 7,3 millions pour 2 ans d'historique, soit 1 000 fois moins que celui de la table de faits *vente*. Mais tous les produits n'étant probablement pas vendus tous les jours, son nombre de lignes sera en réalité encore inférieur.

Le gain de performance apporté par l'utilisation de la table *agg_vente* est donc considérable puisqu'on peut imaginer diviser par un facteur supérieur à 1 000 son

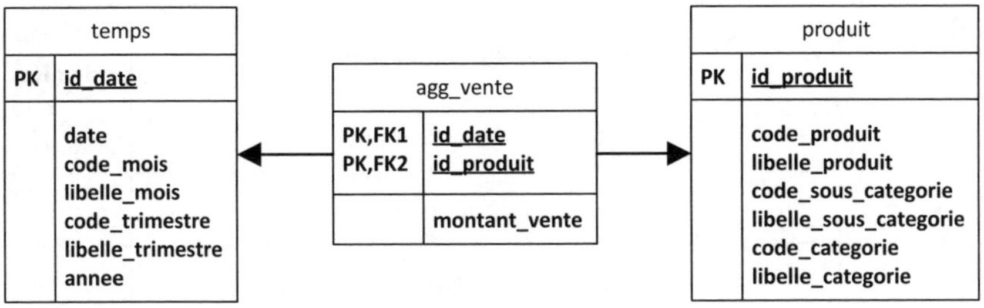

Figure 14.5 **Table de faits agrégée *agg_vente***

temps de lecture par rapport à celui de la table de faits d'origine. Mais on pourrait encore améliorer le temps de réponse de notre requête en créant la table *agg_vente_2* de la figure suivante.

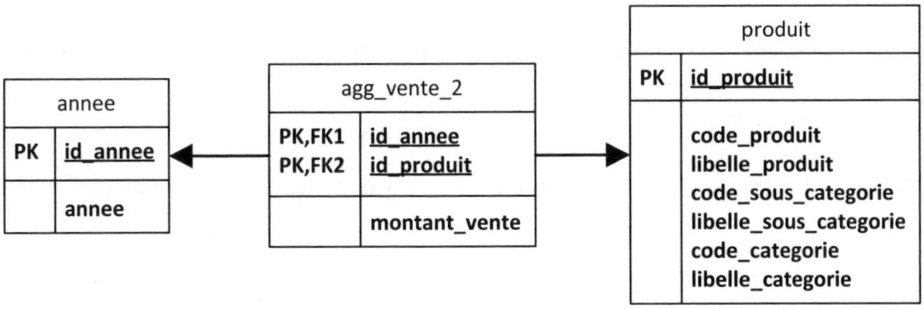

Figure 14.6 **Table de faits *agg_vente_2***

La table *agg_vente_2* contient la somme des ventes par produit et par année. Elle contient donc au maximum 20 000 lignes pour deux ans d'historique. Pour créer cette table, nous n'avons pas retiré de dimensions comme nous l'avions fait pour créer la table *agg_vente* mais nous avons agrégé les données suivant la dimension temporelle en sommant les ventes par année. (Il a également fallu créer la table de dimension *annee*.)

14.2.2 Choix des tables de faits agrégées

Le tableau 14.1 présente les niveaux d'agrégation potentiels pour chacune des dimensions du schéma factuel Vente.

Nom Dimension	Niveaux d'agrégations possibles	Nombre de niveaux
Date	Date, Mois, Trimestre, Année	4
Ticket	Ticket, Tous Tickets	2
Produit	Produit, Sous-Catégorie, Catégorie, Tous Produits	4
Client	Client, Sexe * Situation Matrimoniale, Sexe, Situation Matrimoniale, Tous Clients	5
Magasin	Magasin, Pays, Tous Magasins	3

Tableau 14.1 **Niveaux d'agrégation potentiels des différentes dimensions**

Par exemple, pour la dimension Client, on peut choisir soit :

- de conserver le niveau Client (et donc de ne pas agréger les données suivant cette dimension) ;
- d'agréger les faits au niveau Sexe ou Situation Matrimoniale ;
- d'agréger au niveau des différentes combinaisons de sexes et de situations matrimoniales ;
- d'agréger sur l'ensemble des clients (« Tous Clients »), c'est-à-dire de n'associer la table de faits agrégée à aucun attribut de la dimension Client.

Le nombre de combinaisons possibles de niveaux d'agrégation est donc égal à 480 (4 × 2 × 4 × 5 × 3). Si l'on retire la combinaison (Date, Ticket, Produit, Client, Magasin) qui correspond au schéma factuel de base, on arrive à un nombre de 479 tables de faits agrégées possibles.

Il n'est bien entendu pas question de créer 479 tables de faits agrégées : cela serait beaucoup trop lourd en termes de coûts de développement et de maintenance et le temps nécessaire à l'alimentation de toutes ces tables serait probablement prohibitif. Le choix des tables agrégées à construire doit donc être effectué en fonction du bénéfice apporté (autrement dit des gains de performance) en regard du coût d'implémentation et de maintenance.

Pour déterminer les gains de performance potentiels apportés par une table de faits agrégée, il est très utile d'analyser les requêtes des utilisateurs du système et de déterminer quelles sont celles qui sont le plus fréquemment exécutées et quelles sont celles dont le temps d'exécution est le plus long. Si les besoins des utilisateurs sont suffisamment bien connus à l'avance, on peut très bien prévoir, dès la phase de conception, la mise en place de tables de faits agrégées ; mais dans la plupart des cas, il est nécessaire de revoir régulièrement (en fonction des usages) la liste des agrégats une fois le système en place.

Une fois les besoins ou les requêtes des utilisateurs étudiés, on est en mesure d'établir une liste de tables de faits agrégées candidates à une implémentation. Il est ensuite nécessaire d'estimer, par l'intermédiaire de requêtes sur la table de faits d'origine, le nombre d'enregistrements de chacune des tables d'agrégat candidates. On retiendra alors les tables dont le nombre de lignes est minimal tout en répondant au maximum de requêtes des utilisateurs. Il s'agit à chaque fois de faire un compromis : une table très agrégée apporte un gain de performance considérable mais est en général très peu utilisable car trop agrégée pour pouvoir répondre à la plupart des besoins.

Si le nombre d'enregistrements de la table de faits d'origine et des tables de faits agrégées est un critère important, il ne s'agit pas d'un critère absolu. Il est à mettre en regard des temps d'exécution des requêtes. Pour illustrer ce propos, reprenons l'exemple de la table *agg_vente* de la figure 14.5 qui contient environ 7 millions de lignes pour 2 ans d'historique. Si toutes les requêtes portant sur cette table sont exécutées en quelques secondes, il ne sera certainement pas utile de mettre en place la table *agg_vente_2*, même si cette table ne contient que 20 000 lignes et qu'elle permet d'obtenir des réponses en quelques millisecondes. De plus, si toutes les requêtes portant sur une table de faits d'origine sont exécutées en moins d'une minute, il n'est peut-être pas nécessaire de mettre en place une table de faits agrégée, cela quel que soit le nombre d'enregistrements de la table d'origine.

14.2.3 Gestion temporelle de type 1 et tables de faits agrégées

En règle générale, les tables de faits agrégées sont alimentées de manière incrémentale après l'alimentation des tables de faits de base : si la table de faits *vente* est alimentée chaque jour à partir des ventes de la veille, la table agrégée *agg_vente* pourra également être alimentée quotidiennement à partir des faits de la table *vente* relatifs à la journée de la veille. Ainsi, il n'est pas nécessaire de réalimenter entièrement tous les jours la table *agg_vente* ni d'effectuer de mises à jour des enregistrements de cette table.

Cependant, une mise à jour incrémentale par simple insertion d'enregistrements dans les tables de faits agrégées n'est pas toujours possible : il est parfois nécessaire de réalimenter tout ou partie de la table agrégée.

Un problème se pose en effet lorsque le grain de la table agrégée sur la dimension temporelle n'est pas le même que celui de la table de faits de base. Considérons l'exemple de la table *agg_vente_2* qui contient des récapitulatifs annuels des ventes par produit : pour alimenter cette table, il ne suffit pas d'y insérer les faits de la veille contenus dans la table *vente*. Le cumul annuel des ventes d'un produit étant susceptible d'évoluer chaque jour, il faut en effet réalimenter la table *agg_vente_2* chaque jour pour tous les faits relatifs à l'année en cours. Cela dit, une fois l'année écoulée, les faits de la table agrégée relatif à l'année en question ne seront plus modifiés.

Mais le cas le plus fréquent nécessitant une réalimentation de la table de faits agrégée survient lorsque cette table agrège les données suivant un attribut ou une relation hiérarchique dont la gestion temporelle est de type 1. Pour illustrer ce cas de figure, considérons la table de faits agrégée *agg_vente_3* sommant les montants des ventes par date et sous-catégorie de produits.

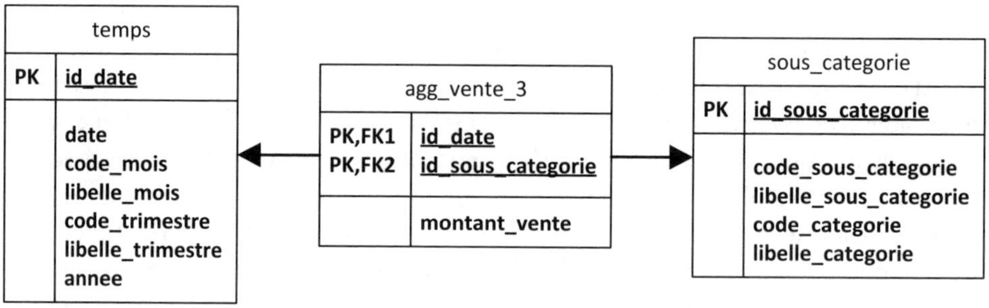

Figure 14.7 **Table de faits *agg_vente_3***

Supposons à présent que le produit « Le père Goriot » change de sous-catégorie en passant de « Roman » à « Roman du XIXe siècle ». Ce changement survenant dans la table *produit* nécessite le cas échéant de modifier le contenu de la table *sous_categorie* en y ajoutant la sous-catégorie « Roman du XIXe siècle » si celle-ci n'existait pas auparavant.

Mais cela n'est pas tout. La relation hiérarchique entre les niveaux Produit et Sous-Catégorie étant de type 1, l'ensemble des ventes du produit « Le père Goriot » doit désormais être considéré comme des ventes de la catégorie « Roman du XIXe siècle » et non plus de la catégorie « Roman ». Cela implique de modifier le contenu de la table *agg_vente_3* en soustrayant aux ventes de la catégorie « Roman » les ventes du produit *Le père Goriot* et en ajoutant ces ventes à celles de la catégorie « Roman du XIXe siècle ».

Plutôt que d'effectuer des mises à jour ciblées telles que celles que l'on vient de décrire, il pourra être plus simple de réalimenter entièrement la table *agg_vente_3* à chaque fois qu'un produit change de sous-catégorie. Il convient dès lors de faire en sorte que ce type de changement au niveau de la table *produit* soit détecté et entraîne une réalimentation automatique de la table *agg_vente_3*.

14.2.4 Tables de faits agrégées et indicateurs non agrégeables

Dans la section 4.5.3, nous avons abordé les indicateurs non agrégeables. Il faut savoir qu'une requête faisant référence à ce type d'indicateurs ne peut le plus souvent pas exploiter une table de faits agrégée.

Considérons le schéma factuel de la figure 14.3 et supposons que l'on souhaite par exemple obtenir le nombre de produits distincts vendus par année et par magasin et que l'on dispose de la table de faits agrégée *agg_vente_4* représentée dans la figure suivante.

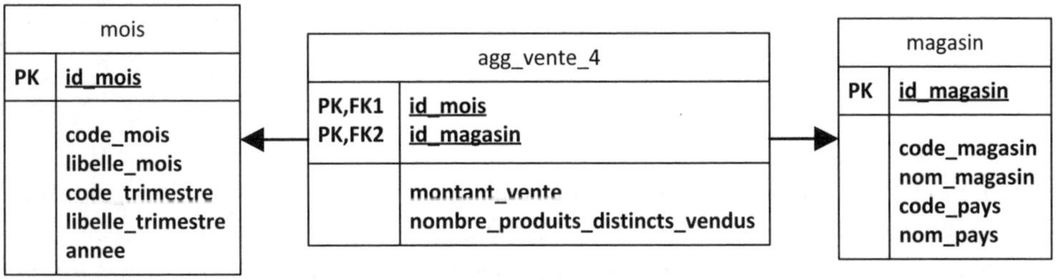

Figure 14.8 **Table de faits *agg_vente_4***

La table *agg_vente_4* contient l'indicateur Nombre Produits Distincts Vendus pour chaque magasin et chaque mois. Cependant, notre besoin est d'obtenir les valeurs de cet indicateur par magasin et par année. Or, pour cela, il faut prendre en considération chacune des ventes d'un produit effectuées au cours d'une année dans chaque magasin : ces valeurs ne peuvent pas être obtenues à partir des valeurs mensuelles de l'indicateur car celui-ci n'est pas agrégeable. Le besoin ne peut donc être satisfait qu'en utilisant la table de faits d'origine qui contient les ventes unitaires ou bien une table de faits agrégée dont la granularité serait identique à celle de notre requête (magasin et année).

14.2.5 Navigateur d'agrégats

Si les tables de faits agrégées permettent souvent de générer de formidables gains de performance, encore faut-il que les requêtes des utilisateurs les exploitent en lieu et place des tables de faits d'origine. Or, l'exploitation d'une table de faits agrégée nécessite une adaptation du code SQL de la requête de l'utilisateur. Considérons une nouvelle fois la requête consistant à comparer le montant des ventes par produit de l'année 2012 par rapport à l'année 2011. Cette requête est exprimée par le code SQL 14.2.

```
SELECT       t.annee,
             p.libelle_produit,
             SUM(v.montant_vente)
FROM         vente v
INNER JOIN   temps t ON v.id_date = t.id_date
INNER JOIN   produit p ON v.id_produit = p.id_produit
WHERE        t.annee in (2011,2012)
GROUP BY     t.annee,
             p.libelle_produit
```

SQL 14.2

Si l'on souhaite utiliser la table *agg_vente* à la place de la table *vente*, il faut modifier ce code en remplaçant la table *vente* par la table *agg_vente* dans la clause FROM. Et si l'on souhaite utiliser à la place la table *agg_vente_2*, il faut non seulement modifier la clause FROM mais également remplacer la table *temps* par la table *annee* dans la première clause INNER JOIN.

Or, la mise en place d'agrégats a une vocation purement technique et il est difficile de demander aux utilisateurs non seulement d'avoir la connaissance des différentes tables agrégées mises en place, mais également d'adapter leurs requêtes existantes pour qu'elles exploitent ces tables d'agrégats.

Un **navigateur d'agrégats** est un composant de l'architecture d'un SID dont le rôle est de rendre les agrégats « transparents » ou « invisibles » pour les utilisateurs. Autrement dit, l'utilisation d'un navigateur d'agrégats permet de faire en sorte que l'utilisateur n'ait pas besoin de connaître les agrégats existants. Celui-ci formule sa requête (en SQL ou via un outil de restitution) et le navigateur d'agrégats la reformule automatiquement en sélectionnant l'agrégat permettant de répondre le plus rapidement possible (c'est-à-dire celui contenant le moins d'enregistrements) à cette requête.

Le navigateur d'agrégats peut être :

- soit un composant de l'outil de restitution,
- soit un composant intégré à la base de données,
- soit un outil tiers.

Lorsqu'il fait partie de l'outil de restitution, celui-ci détermine la table d'agrégats qui est exploitable pour répondre à la demande de l'utilisateur et qui contient le moins de lignes, puis génère le code SQL approprié s'appuyant sur la table qu'il a auparavant sélectionnée. L'intégration d'un navigateur d'agrégats dans un outil de restitution constitue une fonctionnalité intéressante et il faut considérer sérieusement son utilisation en l'absence d'alternative. Néanmoins, par rapport à la solution qui sera présentée dans la section suivante, l'inconvénient d'utiliser un navigateur d'agrégats intégré à l'outil de restitution est triple :

- Afin que l'outil puisse les exploiter, les tables d'agrégats et les tables de dimension connexes doivent être déclarées dans l'outil de restitution. Toute mise en place d'un nouvel agrégat requiert donc d'effectuer des modifications au sein de cet outil.
- Il dépend de l'outil de restitution. Donc toute modification d'architecture consistant à remplacer cet outil par un autre logiciel (ou à utiliser en complément cet autre logiciel) nécessite de remettre en place la « navigation agrégée » dans cet autre logiciel (ou à considérer une autre option si ce nouveau logiciel n'offre pas la fonctionnalité de navigateur d'agrégats).
- Les requêtes SQL directement codées par les utilisateurs ou embarquées dans des programmes d'extraction de données ne bénéficient pas du navigateur d'agrégats.

14.2.6 **Vues matérialisées**

Certains SGBDR intègrent un navigateur d'agrégats permettant de réécrire automatiquement le code d'une requête SQL qui lui est soumise (fonctionnalité souvent appelée « *Query Rewrite* ») afin que cette requête exploite l'agrégat offrant la meilleure performance. Les agrégats en question sont définis en tant qu'objets spécifiques de la base de données et couramment appelés **vues matérialisées**.

Remarque : les différents éditeurs de bases de données emploient des termes différents pour nommer ce type d'agrégats (« materialized view *» sous Oracle, «* materialized query table *» sous DB2 ou encore «* indexed view *» sous SQL Server).*

Tout comme une vue classique, une vue matérialisée est définie à partir d'une requête de type SELECT. Mais, contrairement à une vue classique, cette requête n'est pas exécutée à chaque fois que la vue est « appelée » mais uniquement lors de la mise à jour de la vue matérialisée, le résultat de cette requête étant ensuite stocké dans la base de données. Il existe plusieurs types de vues matérialisées mais les plus courantes sont celles qui effectuent une agrégation sur une table de faits.

Contrairement à une table de faits agrégée classique, une vue matérialisée n'est pas alimentée via un traitement ETL mais de manière transparente, par le moteur de la base de données. Cette alimentation peut être effectuée selon les cas de manière automatique (à chaque fois que les données sources de la vue sont modifiées) ou à la demande. Par ailleurs, elle peut être réalisée soit de manière incrémentale (mise à jour de la vue matérialisée avec les données sources nouvellement apparues), soit de manière complète (alimentation en annule et remplace).

L'utilisation des vues matérialisées est totalement transparente à la fois pour les outils de restitution et pour les utilisateurs codant directement leurs requêtes SQL. En effet, grâce au navigateur d'agrégats intégré à la base de données, cette dernière réécrit automatiquement le code SQL généré par l'outil de restitution ou écrit par l'utilisateur afin qu'une vue matérialisée soit exploitée en lieu et place de la table de faits mentionnée dans la requête d'origine. Il n'est donc pas nécessaire que les requêtes SQL d'extraction des données fasse référence aux vues matérialisées et ni les outils de restitution ni les utilisateurs n'ont besoin de connaître ces vues.

Partie III

ANNEXES

Sigles

CIF : Corporate Information Factory

CRM : Customer Relationship Management

DBA : DataBase Administrator (administrateur de bases de données)

DM : Data Mart

DW : Data Warehouse

EDW : Enterprise Data Warehouse

ETL : Extract – Transform – Load

FK : Foreign Key

MCD : modèle conceptuel de données

MCMD : modèle conceptuel multidimensionnel

MLD : modèle logique de données

MPD : modèle physique de données

MDM : Master Data Management

OLAP : On-Line Analytical Processing

PGI : progiciel de gestion intégré

PK : Primary Key

SGBD : système de gestion de base de données

SGBDR : système de gestion de base de données relationnelle

SID : système d'information décisionnel

SIO : système d'Information opérationnel

SQL : Structured Query Language

UML : Unified Modeling Language

Bibliographie

ADAMSON, C. (2006). *Mastering Data Warehouse Aggregates.* Wiley.

ADAMSON, C. (2010). *Star Schema The Complete Reference.* Mc Graw Hill.

AUDIBERT, L. (2009). *Bases de données - de la modélisation au SQL.* Ellipses.

BERESFORD, J. (s.d.). *Handling Recursive Hierarchies in SQL Server.* Obtenu sur BI Monkey.

BIRCHALL, G. (2011). *DB2 LUW V9.7 SQL Cookbook.*

CORR, L., & STAGNITTO, J. (2011). *Agile Data Warehouse Design: Collaborative Dimensional Modeling, from Whiteboard to Star Schema.* DecisionOne Press.

GOLFARELLI, M., & RIZZI, S. (2009). *Data Warehouse Design: Modern Principles and Methodologies.* Mc Graw Hill.

GOUARNÉ, J.-M. (1998). *Le Projet décisionnel. Enjeux, modèles et architectures du Data Warehouse.* Eyrolles.

KAMFONAS, M. J. (October/November 1992). *Recursive Hierarchies: The Relational Taboo!* The Relational Journal.

KIMBALL, R. (1997). *A Dimensional Modeling Manifesto.* DBMS.

KIMBALL, R. (2002). *Entrepôts de données. Guide pratique de modélisation dimensionnelle,* 2e édition (traduction française de *The Data Warehouse Toolkit*). Vuibert.

KIMBALL, R. (September 1998). *Help for Hierarchies.* DBMS.

KIMBALL, R., ROSS, M., BECKER, B., MUNDY, J., & THORNTHWAITE, W. (2010). *The Kimball Group Reader.* Wiley.

LABERGE, R. (2011). *The Data Warehouse Mentor : Practical Data Warehouse and Business Intelligence Insights.* Mc Graw Hill.

MALINOWSKI, E., & ZIMANYI, E. (2008). *Advanced Data Warehouse Design: From Conventional to Spatial and Temporal Applications.* Springer.

Index

A

B

C

D

E

M

P

Q

R

T

U

V

Certifié PEFC
Ce produit est issu de forêts gérées durablement et de sources contrôlées.
PEFC 10-31-2568
pefc-france.org

Achevé d'imprimer en septembre 2013 par EMD S.A.S. (France)
N° éditeur : 2013/0441 - Dépôt légal : septembre 2013
N° d'imprimeur : 28540